高中数学专题学习

——"三有"自悟教学策略的实践研究

杨丽婷　著

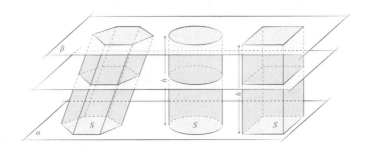

上海教育出版社
SHANGHAI EDUCATIONAL
PUBLISHING HOUSE

序

教师的专业成长,需要有实践中的磨砺,有思想与方法上的提炼与总结,再回到实践中检验与提升,如此循环往复不断提升.我相信优秀教师就是在这样不断的自我修炼与修正的过程中雕琢而成的.

自 2018 年起,杨丽婷老师领衔的上海市优青团队就在他们卓有成效的教学实践的基础上,开展了"通过引导学生在数学学科上的自悟,提升学生数学素养"的系列研究,在复旦大学附属中学数学教研组优秀教学传统的基础上,从理论上总结他们的教学思想,提出了"有情境、有指向、有程序"的教学策略.这些研究已经在他们团队的前两本专著中得到了充分的论证与展示,而现在的这第三本专著《高中数学专题学习——"三有"自悟教学策略的实践研究》,是在理论研究与总结的基础上再次回过头来审视教学活动,是他们用自己的研究成果来反哺教学实践的一次有创新意义的实践.

这本专著对高中数学三个专题二十个章节的内容作了梳理,基本涵盖了高中数学关键的知识点.通过大面积的实践总结,将"'三有'自悟教学策略"落在实处,对教师教学中或是分析教材的过程中可能涉及的问题进行了整理罗列并解释,表达了在该教学策略的指导下,对于相关高中数学概念的理解与诠释,为更多的教育同行提供在培养学生数学素养方面的理论基础与课堂教学范例.该专著的每一个章节都包含了自主学习和教师引导两大环节,既体现了学生的自学自悟,即是在一定的框架下对于某一特定的目标让学生自己心领神会的过程,也落实了教师如何通过问题对学生进行有效的引导,以促使学生自悟真实发生.在这些案例中,作者非常匠心地通过"问题链条"这一手段,深化学生的数学思考,达成不断拓展学生数学思维的广度和深度的目标.作者通过"为学生的自悟提供情境""明确自悟的目标""设定自悟的问题链条"以及"进行自悟的目标核查"等四个步骤的设计,帮助学生提炼思考的过程和强化深度思考,为学生的思考提供坚实的支架,使得学生的自悟自然产生、真实发展.

一线教师的教学研究若脱离了教学实践,无疑是无源之水;而若没有理论上的总结与提炼,充其量也就是经验总结.杨丽婷老师领衔的上海市优青团队的三本专著,是从实践上升到理论,再用理论来指导实践、提升实践能级的优秀典范,不仅为数学教师的教学提供了可参考、可复制的案例,也为一线教师的教育教学研究,提供了参考路径.

上海市数学特级教师、正高级教师
李秋明

自序

从 2018 年开始,在延续了前面四年的"关于提升高中生数学素养"的研究基础上,在《普通高中数学课程标准(2017 年版)》理念的指导下,我开始探究如何在日常高中数学教学中提升学生的数学素养.

究竟怎样的教学设计能够提升学生的数学素养?经过研究与实践,我发现《普通高中数学课程标准(2017 年版)》要求数学教学不仅要考虑数学学科的科学特点,更应该遵循学生本身学习数学的规律.要从学生的角度出发,让学生亲身经历数学知识概念发生发展的过程,使其理解数学学习的方向、方式和方法,同时发展自主学习数学的能力,自"悟"自"得".正如史宁中教授所言:"学生数学学科核心素养的形成和发展,是在教师的启发和引导下,学生通过自己的独立思考或与他人交流,最终自己'悟'出来的,是一种逐渐养成的思维习惯和思想方法."由此可见,学生在数学上的自悟对其数学素养的提升至关重要.但是,在实际数学教学的过程中,学生的自悟谈何容易.因为自悟是学生自主的活动,强调的是个体的收获;同时自悟又是一个潜在的行为,很难被观察到,这就不便于教师对学生进行具体指导.所以,如何有效地引导学生在数学学科上的自悟是提升学生数学素养的关键和核心.

经过研究和学习,同时基于在一线教学近二十年的教学经验和经历,我发现"有情境、有指向、有程序"的教学策略能够对学生进行有效引导,促成学生对数学"自悟"的真实发生."有情境"——以生活情境、学术情境和心理情境为引发学生自悟的多维空间;"有指向"——清晰目标和问题链条的设定是激发学生自悟的指向和抓手;"有程序"——"三环节四步骤"的数学教学方式是引导学生自悟的必然过程.

2019 年,我们团队完成了第二本课题专著——《高中数学专题学习——指向学生悟性培育的情境和问题》,这本专著梳理了高中数学三个专题二十个章节的内容.每一个章节都包含了两部分:第一部分是学习资料包,这一部分尽可能地包括该章节中涉及的情境资料,包含了涉及"心理情境"的小学和初中(沪教版教材)已经学习过的数学知识和概念以及涉及"学术情境"的数学史回溯、数学史发展的原因阐述、相关的数学拓展概念和知识;第二部分是教学问题导引,这一部分对教师教学中或是阅读教材(沪教版)时可能会涉及的问题进行了整理、罗列及解释,表达了我们对于相关高中数学概念的理解.

利用第二本专著中提供的资源,遵循"三有"的教学策略,我积极地进行实践研究并完成了本书,一方面希望通过自己的研究以及自己在一线教学的实践,为更多的教育同行提供在培养学生数学素养方面的课堂教学经验;另一方面旨在抛砖引玉,希望更多的教师可以参与到这样的研究和实践中来.

本书共分为三个专题二十个章节.专题一是方程与代数,包含了基本不等式、简单的线性规划问题、数学归纳法、无穷等比数列各项的和、复数的概念、二项式系数的性质等内容;专题二是函数与分析,包含了二次函数图像的性质、函数的概念、函数的奇偶性、幂函数、指数函数、两角和与差的余弦公式、反正弦函数等内容;专题三是图形与几何,包含了椭圆的标准方程、双曲线的标准方程、抛物线的标准方程、平面的基本性质、三垂线定理及其逆定理、棱柱和圆柱的体积、用向量求点到平面的距离等内容.

每一个章节都包含了两大环节六个板块的内容,两大环节是指自主学习环节和教师引导环节.

自主学习环节分为三个板块——目标分析,问题指向,结果观察.

目标分析

学生自学自悟的过程,并不是随心所欲的过程.自悟是在一定的框架下对于某一特定的目标让学生自己心领神会的过程;而心领神会的过程是隐形的、是无法干预的,只能将其作为目标管理,通过最后的结果来反馈学生思考的过程.所以,学生在自学过程中,就应该确定清晰的自学自悟目标,从而有意识、有方向地发现问题.在实践中,我们是让学生自主学习已有的教学资源(详见《高中数学专题学习——指向学生悟性培育的情境和问题》),并按照课程标准中高中数学素养的解析(详见《高中数学专题学习——基于数学素养培养的视角》)设定学生自主学习环节的目标.

问题指向

自悟的目标是否达成,如何检验? 在本书中,是通过设置与自悟目标相匹配的问题链条来检验的.这些问题链条并不是将课堂教学中的问题放在课前,由一些数学题目简单堆砌而成,而是核心问题和基本问题的有机组合.核心问题由数学的基本概念知识、数学史等组成,代表学生自主学习时数学思维应该发展的最终方向.基本问题则是这些数学思维发展的支架,是为解决核心问题而设置的思维台阶.基本问题承担着激发和驱动学生思维发展的任务,能与学生的认知产生冲突从而吸引学生,诱导学生可以不断地寻求资源思考下去.然后将自悟目标与问题链条进行匹配,通过学生的作答,来检测学生是否达成自悟目标.

结果观察

这一板块是通过对整个实验班级学生关于指向自悟目标问题的作答进行统计和分析,具体了解学生对相关内容自学自悟的情况,这也为后续教学设计中的重点和难点的确定提供了依据,从而使得整个教学设计更有利于学生自悟的生成.这一板块中会分享部分学生的作答,即使作答中有不严谨或错误之处,也予以保留.这部分内容旨在展示真实的学生作答,教师借助这些内容可以做到有的放矢.

教师引导环节也分为三个板块——重点分析,教学过程,反思凝练.

重点分析

自主学习环节中结果的统计与分析,为教学重点和难点的确定找到了依据.这一板块是根据统计结果分析原因,明确教学重点和难点.

教学过程

教学的重点和难点如何在教学过程中凸显? 学生在自学自悟过程中遇到的问题如何解决? 在这一板块,通过教师问与学生答的形式解决.该板块是课堂教学的实录,让读者身临其境地通过三个阶段——发现问题,分析问题,解决问题——了解教学过程中如何通过问题对学生进行有效引导,以促使学生的自悟真实发生.这一板块的内容是课堂教学的师生对话,可能有不严谨或口语化的表达,旨在让大家了解真实的课堂教学.

反思凝练

作者在整个教学过程结束之后,表达自己对于相关数学内容的更多理解和思考,借以抛砖引玉,引起读者更多的共鸣,使得其他教师在教授不同学生群体时能够有更精彩的构思,也可以让学生在阅读这本参考书时开阔眼界,加深思考.

作为实践的结尾,作业布置是一定需要的,但在本书中并没有涉及,这是因为在第一本课题专著《高中数学专题学习——基于数学素养培养的视角》中,已经完成了高中数学的五大模块十九个章节,共 309 个课时的全部内容基于数学素养培养的表现标准的制定,所以对于每个数学概念作业的布置和内容的检测都可以在第一本专著中找到合适的题目,感兴趣的教师或学生可以去参阅.

本书借鉴了广大教育工作者的研究成果,对于引用的著作、论文都尽量注明了出处.但是由于时间仓促以及认识水平能力有限,谬误疏漏在所难免,敬请原谅,不足之处也希望得到教育界同仁指正.

杨丽婷

"有情境，有指向，有程序"——学生自悟教学策略初探

1 有情境——以生活情境、学术情境和心理情境为引发学生自悟的多维空间

1.1 生活情境

数学来自于生活，但高于生活.生活的语言并不能全部用来表示数学，数学有它独特的科学语言.所以在数学的学习过程中，很多时候都会与学生在生活中的感知感悟产生距离.所谓的生活情境，是指在教学中把数学和学生的生活经历、生活事件或是可能对应的生活场景进行关联，让学生把自己的生活感受和数学知识、思想、方法等做到有效链接，这样能够破除学生对于数学学习的畏难情绪和陌生感觉，让数学的抽象与生活中的感性、直观、具象相联系，这样的生活情境才能够让学生对学习数学有兴趣，愿意走进数学，为"自悟"的生成提供必要的环境.例如，在学习数列极限时，教师经常会用数列重排的例子让学生理解数列极限研究的是数列无穷发展下去的趋势，也即"数列 $b_1, b_2, \cdots, b_n, \cdots$ 是数列 $a_1, a_2, \cdots, a_n, \cdots$ 的任何一种重新排列，若数列 $\{a_n\}$ 有极限 A，则数列 $\{b_n\}$ 也有极限，极限为 A".但是这对于学生而言，理解和感悟都有困难，所以此时可以引入生活情境帮助学生理解.假设在火车站的售票口排了一行（无穷长）队伍，排队的每个人按照先来后到的顺序排成一列，这列队伍的人的身高值是有极限的.但是突然卖票窗口发生改变，所有排队的人将要重新前往新的窗口进行排列，这时他们排队的顺序发生了改变.请问这种情况下，这列队伍的人的身高值还有没有极限.答案显而易见，这列队伍的人

的身高值仍然是有极限的,并且和重新排列前的队伍的人的身高值的极限是一样的.引用这样一个生活情境,目的就是帮助学生领悟数列极限的本质是研究数列无穷发展下去的趋势,虽然有些生活情境不一定完全真实,例如该例子中无穷长的队伍是不存在的,但是因为贴近生活,便于学生理解,也更易于学生走进数列极限的本质,这是非常有意义的.

1.2 学术情境

荷兰著名数学家弗赖登塔尔(H. Freudenthal)说"没有一种数学思想,以它被发现时的那个样子公开发表出来.一个问题被解决后,相应地发展为一种形式化技巧,结果把求解过程丢到一边,使得火热的发明变成了冰冷的美丽".的确,数学概念高度形式化的语言、严谨的逻辑体系在没有了解它形成的过程、历史和渊源时,往往让人感受不到美丽,只能感受到冰冷.所以设置学术情境,就是为了让学生有机会了解数学发展的文化和历史,让他们能够去感受数学背后的美丽.所谓的构建学术情境,可以是专门的数学图书室、数学学习教室等;更重要的是有与数学文化有关的材料,这些材料可以是数学史,也可以是教师录制的一些介绍数学史、数学发展的微视频等.这种学术情境是学生学习数学的必要文化背景,是学好数学的前提,让学生有条件"自悟".例如,学习"两角和与差的正弦和余弦"时,就可以让学生了解古希腊天文学家托勒密(C. Ptolemy)为了制造出从 $\frac{1°}{2}$ 到 $180°$ 每隔 $\frac{1°}{2}$ 的所有弧的弦表,提出的托勒密定理:圆内接四边形两条对角线的乘积等于两组对边乘积之和.利用该定理,已知两角所对的弦的长,就可以求出它们的和或差所对的弦的长,这样就可以推导出两角和与差的正弦和余弦公式.可是这样的历史推导过程是有局限性的,因为公式中角的范围并不是任意角.这一情境的创设为学生自悟而得任意角的正弦和余弦公式的推导过程创造了必要的条件.

1.3 心理情境

数学的相关内容本身是专业的科学知识,越是专业的知识,作为生活中的学生要进入到这样的一个环境中有所感悟就越有难度.英国《卫报》曾经报道全世界约四分之一的人患有"数学焦虑症",也就是说很多学生在还没有开始进行数学学习时对数学就很恐惧.在这样的情绪下,如何会有自悟的生成? 所以心理情境的设定,对于学生自悟生成意义重大.所谓的心理情境,就是在教学中教师通过相关数学小故事的介绍、数学历史的学习、数学小游戏活动的开展或是对先前学习过知识的回顾等手段来软化学生学习数学时的情绪,减轻他们对数学学习的焦虑,为学生学习数学创设积极健康的心理环境,让学生愿意主动思考数学、感悟数学,主动积极地去自悟自得.例如,学习"函数的奇偶性"时,教师可以通过微视频或者学习资料包的形式,将轴对称图形、两个图形关于某条直线对称、中心对称图形等初中学习过的内容在课堂教学前告知学生,让学生在心理上比较容易接受,并且让学生提前了解高中数学中函数的奇偶性与初中的轴对称、中心对称等内容相关,究竟有何关系就是在学习过程中要关注和解决的问题,这也为学生的自悟生成提供了心理基础,让学生在接下来的学习中更方便理解数学概念.

2 有指向——清晰目标和问题链条的设定是激发学生自悟的指向和抓手

2.1 清晰目标

自悟的过程不是教师放手不管的过程,更不是学生随心所欲的过程.自悟是在一定的框架下对于某一特定的目标让学生自己心领神会的过程.同时,心领神会的过程是隐形的、是无法干预的,只能将其作为目标管理,通过结果来反馈学生思考的过程.因此,要让学生能够自悟,就应该让学生清晰自悟的目标.自悟的目标就是指教师对于某一数学概念期待学生可以感悟到的结果.例如,在学习"函数的概念"时,自悟的目标是:感悟函数不同发展阶段的特点,特别是初中学习的函数的特点;归纳总结函数不断发展的原因.再如,学习"反正弦函数"时,自悟的目标可以是:理解反正弦函数学习的必要性;理解反正弦函数的概念和符号的具体含义;体会反正弦函数概念研究的严谨性.学生可以在这样的目标指引下有方向地自悟.

2.2 问题链条

数学自悟并不能通过反复操练形成,只有对数学长期的、深刻的、持之以恒的思考才能推动悟的生成.用"精诚所至,金石为开"这句成语来理解自悟的生成需要深刻的思考就再贴切不过了.那么,如何能够让学生做到持续深刻思考呢?可以通过"问题链条"延长学生数学思考的时间来达成不断拓展学生数学思维的广度和深度的目标;同时"问题链条"可以防止学生自悟的丢失,以每一个问题的完成来强化学生不断思考的信念,促使学生能够持之以恒地思考.所谓的"问题链条",是教师可以提供一系列"有联系的"问题,这些问题应当能够抓住思维发生发展的顺序及其关键点.它们可能分散出现在教学的不同环节,但是,它们之间仿佛存在着一根无形的链条,将彼此联系在一起.例如,"反正弦函数"学习的过程中,问题链条的设置可以是:(1)天文测量、航海测量都是利用三角形边角之间的关系来测量的.在三角测量的计算过程中存在两类相反的问题,一类是已知角求比值,这是三角函数中解决了的问题;而另一类是已知比值求角.那么,如何用正弦值表示相应的角呢?

(2)如果已知角的正弦值是 $\frac{1}{3}$,那么该角如何表示呢?(3)正弦函数是否存在反函数呢?(4)正弦函数不存在反函数,那么怎样利用正弦函数,由正弦值确定相应的角呢?(5)选取怎样的区间,使得 $y=\sin x$ 存在反函数呢?(6)为什么引进符号 $\arcsin x$ 来表示反正弦函数? ……通过这样的问题链的设计达成学生自悟的生成——对数学概念力求"知其然,知其所以然",提高数学逻辑推理的学科核心素养,形成科学思维方式以及勇于探索的精神.

3 有程序——"三环节四步骤"的数学教学方式是引导学生自悟的必然过程

自悟不能完全依靠学生自身在没有任何帮助的情况下自行解决,自悟一定是要在教师的相应引导下才能发生,才会深刻.教师需要设置一定的步骤和环节帮助学生提炼思考的过程和强化深度思考,让这些步骤、环节、过程成为思考的支架,使得学生的自悟真实发生.

具体的三环节是:课前学生的自主学习,课上师生互动问题教学,课后作业的拓展延伸.四步骤是:第一步,为学生的自悟提供情境,包括生活情境、学术情境、心理情境;第二步,明确自悟的目标;第三步,设定自悟的问题链条;第四步,进行自悟的目标核查.这四个步骤贯穿于三个环节之中,并且有很大的灵活性,在某一环节可结合起来全部使用,也可突出其中两三个方面.

　　四个步骤中的前三个步骤在前文中都有提及,需要解释的是第四个步骤——目标核查.什么是自悟的目标核查呢?目标核查就是将第二步中的自悟目标最终与学生的学习结果进行比对,检验学生是否达成.这是因为自悟的过程是隐形的、是无法干预的,所以只能将其作为目标管理,通过结果来反馈学生自悟的过程.怎么进行自悟的目标核查呢?方式方法是多样的,可以在课堂教学中通过向学生提问进行核查,也可以通过学生在课后作业中对数学研究性问题的回答来检验,更可以通过数学小论文以及数学小课题的研究来实现.总之,目标核查之后根据学生的自悟情况可以不断调整前面三个步骤的内容,使得学生对数学的自悟自得真实发生.例如,"函数的概念"的设计如表1所示:

表 1

环节	名称	内容	步骤
环节一	自主学习	1. 提供初中学习过的函数的相关知识.(函数的概念、函数的表示方法、正比例函数、反比例函数等) 2. 提供函数发展的历史史料、微视频等.(函数的起源、函数的代数说、函数的任意解析式说、函数的依赖说)	提供情境
		1. 感悟函数不同发展阶段的特点,特别是初中学习的函数的特点. 2. 归纳总结函数不断发展的原因.	明确目标
		问题 1　初中函数概念中自变量与因变量之间确定的依赖关系是指什么? 问题 2　$y=0$ 是不是函数? 问题 3　高中的函数概念与初中的函数概念的区别是什么?为什么会有这样的区别?	问题链条

（续表）

环节	名称	内容	步骤
环节二	问题教学	问题 1　初中学习的函数概念是什么？ 问题 2　$y=0$ 是不是函数,原因是什么？ 问题 3　初中学习的函数概念中什么叫做变量？ 问题 4　初中学习的函数概念中什么叫做 y 随着 x 的变化而变化？怎么随着变化？ 问题 5　初中的函数概念中自变量与因变量之间确定的依赖关系是指什么？ 问题 6　如何对描述性语言的函数概念进行"翻译",用严格数学的语言给出定义？ 问题 7　函数的三要素是指什么？ 问题 8　相等的函数的概念是什么？ 问题 9　函数 $f(x)=x,x\in\{-1,0,1\}$ 和 $g(x)=x^3$,$x\in\{-1,0,1\}$ 是否相等？为什么？	问题链条 目标核查
环节三	拓展延伸	1. 完成一篇数学小论文——《你所认识的"函数"》. 2. 数学语言的特点是什么？你能够举例说明吗？	目标核查

在这两年的教学中,我们努力在课堂中实践这一教学策略,希望这样的策略可以为学生数学悟性的培育做出引导;希望这样的策略可以为学生数学素养的提升提供更为具体的实践操作依据.同时,我们也期待有更多的专家、同仁可以参与到这样一个以培育学生自悟为核心的数学教育教学实践的新课题中来,不断丰富和完善我们的研究,使得这一策略在切实提高数学课堂教学的有效性,提升学生数学素养的研究中发挥作用.

杨丽婷

目录

专题一　方程与代数

一　基本不等式　...3

二　简单的线性规划问题　...12

三　数学归纳法　...22

四　无穷等比数列各项的和　...33

五　复数的概念　...44

六　二项式系数的性质　...54

专题二　函数与分析

一　二次函数图像的性质　...69

二　函数的概念　...84

三　函数的奇偶性　...93

四　幂函数　...100

五　指数函数　...111

六　两角和与差的余弦公式　...120

七　反正弦函数　...130

专题三　图形与几何

一　椭圆的标准方程　...141

二　双曲线的标准方程　...153

三　抛物线的标准方程　...164

四　平面的基本性质　...175

五　三垂线定理及其逆定理　...186

六　棱柱和圆柱的体积　...195

七　用向量求点到平面的距离　...207

参考文献　...217

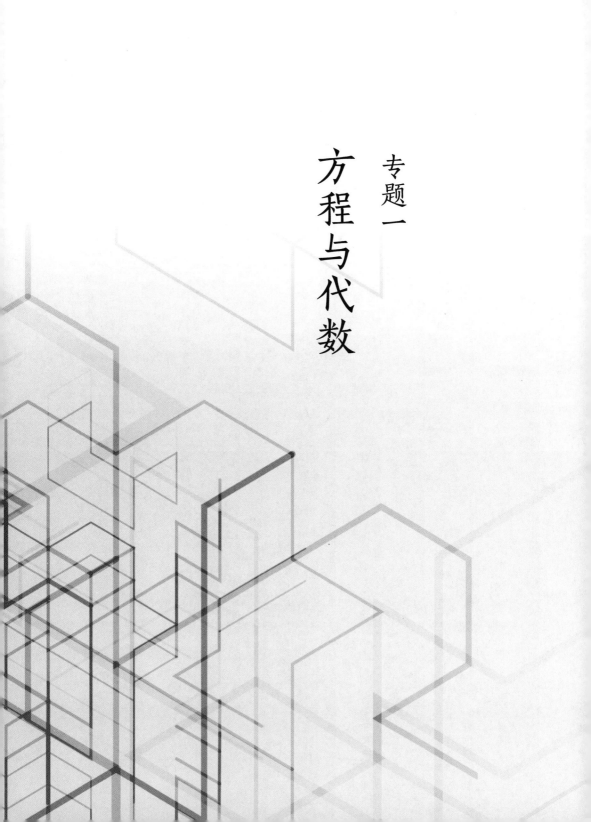

专题一

方程与代数

一 基本不等式

自主学习环节

一、目标分析

这一节的内容是在不等式的性质以及不等式的解法之后,在不等式证明之前,所以这部分内容具有承上启下的作用,既是对于前一阶段学习内容的整理和提升,也是对于后一阶段内容的铺垫.这节课强调的是基本不等式产生的来龙去脉,之后的一节课是基本不等式的应用.基于以上分析,设置学生自主学习的目标是:

1. 了解基本不等式产生的前因后果;

2. 体会运用类比联想推广基本不等式的结论,并进行证明;

3. 学会运用换元的思想推广基本不等式的结论,并进行证明.

二、问题指向

在学生自主学习的环节中设置了 5 个问题,这些问题都是为了帮助学生更好地达成自主学习的目标.

序号	问题内容	指向
1	基本不等式是指怎样的不等式? 为什么称其为"基本"不等式?	目标 1
2	如何证明基本不等式?	目标 1
3	由不等式 $a^2+b^2 \geqslant 2ab$ 进行类比联想,如果将该不等式的未知元个数增加,你会得到怎样的不等式? 如何证明?	目标 2
4	由不等式 $a^2+b^2 \geqslant 2ab$ 进行类比联想,如果将该不等式的未知元次数升高,你会得到怎样的不等式? 如何证明?	目标 2

（续表）

序号	问题内容	指向
5	基于不等式 $a^2+b^2 \geqslant 2ab$，如果利用换元思想将该不等式的未知元次数降低，你会得到怎样的不等式？如何证明？	目标 3

三、结果观察

1. 基本不等式是指怎样的不等式？为什么称其为"基本"不等式？

通过自主学习,学生都能够了解教材中的基本不等式的概念,也能通过自己对于基本不等式的理解给出解释,在授课过程中通过具体的设计应该能让学生感受到基本不等式的"基本"含义.

学生作答一：

(1) $a^2+b^2 \geqslant 2ab$；

(2) $a+b \geqslant 2\sqrt{ab}$；

(3) $\dfrac{a+b}{2}$ 为 a,b 的算术平均数.

从定量几何的角度看,ab 表示长、宽分别为 a,b 的矩形面积,$\sqrt{ab}$ 为非负数 a,b 的几何平均,则为几何、代数中的基本量.

学生作答二：

恒成立的不等式,可以作为证明其他不等式的基础.

学生作答三：

所有不等式的基本模型,是推出其他不等式的前提.

2. 如何证明基本不等式？

所有学生都可以严格证明基本不等式,但是十分遗憾的是方法比较一致,所以可以在授课过程中介绍其他证明基本不等式的方法,丰富学生的证明思路.

学生作答一：

若 $a,b \in \mathbf{R}^+$，则 $(a-b)^2 \geqslant 0$ 恒成立. 所以 $a^2+b^2 \geqslant 2ab$（当且仅当 $a=b$

> 时等号成立).
>
> 学生作答二:
>
> 因为 $a^2+b^2-2ab=(a-b)^2\geqslant 0$,所以 $a^2+b^2\geqslant 2ab$(当且仅当 $a=b$ 时等号成立).
>
> 学生作答三:
>
> 若 $a,b\in \mathbf{R}^+$,易得 $(a-b)^2\geqslant 0$ 恒成立.
>
> 因为 $a^2+b^2-2ab\geqslant 0$,所以 $a^2+b^2\geqslant 2ab$(当且仅当 $a=b$ 时等号成立).

3. 由不等式 $a^2+b^2\geqslant 2ab$ 进行类比联想,如果将该不等式的未知元个数增加,你会得到怎样的不等式?如何证明?

学生的推广有两类,具体见学生作答.这表明事实上学生可以联想猜测出固定不等式的未知元的次幂,增加未知元的个数的不等式的结论.

> 学生作答一:
>
> $a^2+b^2+c^2\geqslant 2ab+2bc+2ac$.
>
> $x_1^2+x_2^2+\cdots+x_n^2\geqslant 2x_1x_2+2x_2x_3+\cdots+2x_{n-1}x_n$.
>
> 证明:由 $(x_1+x_2+\cdots+x_n)^2\geqslant 0$ 可证.
>
> 学生作答二:
>
> $a^2+b^2+c^2\geqslant 2ab+2bc+2ac$.
>
> 证明:$a^2+b^2+c^2-2ab-2bc-2ac=\dfrac{1}{2}\left[(a-c)^2+(a-b)^2+(b-c)^2\right]\geqslant 0$.
>
> 所以 $a^2+b^2+c^2\geqslant 2ab+2bc+2ac$.

4. 由不等式 $a^2+b^2\geqslant 2ab$ 进行类比联想,如果将该不等式的未知元次数升高,你会得到怎样的不等式?如何证明?

这个问题只有 20% 左右的学生给出了固定未知元个数、升高未知元次数的结论,此时应该对未知元的范围加以限制.70% 左右的学生将未知元的次数和个数都增加了,得到了三元的基本不等式结论.在授课时,应该强调这部分内容的联想猜测.

学生作答一：

$a^3+b^3 \geqslant a^2b+b^2a$.

证明：左边 $=a^3+b^3=(a+b)(a^2-ab+b^2)$.

右边 $=ab(a+b)$.

因为 $a>0, b>0$, 则需证明 $a^2-ab+b^2 \geqslant ab$.

又 $a^2-2ab+b^2=(a-b)^2 \geqslant 0$, 所以 $a^3+b^3 \geqslant a^2b+b^2a$.

学生作答二：

$a^3+b^3+c^3 \geqslant 3abc\,(a,b,c \in \mathbf{R})$.

证明：$a^3+b^3+c^3-3abc =(a+b)^3+c^3-3a^2b-3ab^2-3abc$

$=(a+b+c)[(a+b)^2-(a+b)c+c^2]-$

$\quad 3ab(a+b+c)$

$=(a+b+c)(a^2+b^2+2ab-ac-bc+c^2-3ab)$

$=(a+b+c)[a^2+b^2+c^2-ab-ac-bc]$

$=(a+b+c)\cdot\dfrac{1}{2}[(a-b)^2+(b-c)^2+(a-c)^2]$

$\geqslant 0$.

当且仅当 $a=b=c$ 时等号成立.

学生作答三：

$a^3+b^3+c^3 \geqslant a^2b+b^2c+c^2a\,(a,b,c \in \mathbf{R})$.

证明：取两组数 a,b,c 和 a^2,b^2,c^2. 不妨设 $a \geqslant b \geqslant c>0$, 则 $a^2 \geqslant b^2 \geqslant c^2$.

由反序和 $\leqslant$ 乱序和 $\leqslant$ 同序和, 得 $a \cdot a^2+b \cdot b^2+c \cdot c^2 \geqslant a^2 \cdot b+b^2 c+$
$c^2 \cdot a$, 即 $a^3+b^3+c^3 \geqslant a^2b+b^2c+c^2a$.

5. 基于不等式 $a^2+b^2 \geqslant 2ab$, 如果利用换元思想将该不等式的未知元次数降低, 你会得到怎样的不等式？如何证明？

大部分学生可以猜测出不等式的未知元次数降低之后的结论, 80% 左右的学生是用类似于问题 2 的方法证明的, 忽略了换元思想. 只有 20% 左右的学生会用换元思想来证明该不等式, 所以这将是授课过程中的重点环节.

学生作答一：

$a \geqslant 0, b \geqslant 0, a+b \geqslant 2\sqrt{ab}.$

证明：因为 $(\sqrt{a}-\sqrt{b})^2 \geqslant 0$，所以 $a+b \geqslant 2\sqrt{ab}.$

学生作答二：

令 $a^2=A, b^2=B.$ 则 $A+B \geqslant 2\sqrt{AB}.$

教师引导环节

一、重点分析

通过对学生自主学习结果的观察以及对学生给出答案的分析,可以发现学生对于基本不等式的概念比较清楚,对于基本不等式的证明过程能理解到位,对于"基本"的理解能给出相应的解释,对于运用类比思想将基本不等式进行推广能给出比较丰富的结论,但是证明不太合乎规范.所以教学的重点和难点在于：

① 通过类比联想,将不等式 $a^2+b^2 \geqslant 2ab$ 的未知元个数增加,猜测得到不等式 $a^2+b^2+c^2 \geqslant ab+bc+ca$,并给出证明；

② 通过类比联想,将不等式 $a^2+b^2 \geqslant 2ab$ 的未知元次数升高,猜测得到不等式 $a^3+b^3 \geqslant a^2b+b^2a\,(a,b \in \mathbf{R}^+)$,并给出证明,继而推证出不等式 $a^3+b^3+c^3 \geqslant 3abc\,(a,b,c \in \mathbf{R}^+)$；

③ 利用换元思想,将不等式 $a^2+b^2 \geqslant 2ab$ 的未知元次数降低,猜测得到不等式 $a+b \geqslant 2\sqrt{ab}\,(a,b \in \mathbf{R}^+)$,并给出证明.

教学过程的推进以及课堂教学问题的设置,都是围绕以上重点和难点来展开的.

二、教学过程

师:前面我们研究了不等式的基本性质,今天我们就利用不等式中一项简单的性质去推导和研究几个重要的不等式.众所周知,任何一个实数的平方非负,即若 $n \in \mathbf{R}$,则 $n^2 \geqslant 0$.用任意两个实数 a,b 的差 $a-b$ 代替 n,可以得到 $(a-b)^2 \geqslant 0$,将其展开,可以得到 $a^2+b^2 \geqslant 2ab$.由于这个不等式中等号成立的特殊情况在今后有着广泛的运用,因此通常我们都要指出这个不等式等号成立的充要条件.那么,这个不等式等号成立的充要条件是什么呢?

生:是 $a=b$.

师:的确,这个不等式中等号成立的充要条件就是 $a=b$,因为 $a=b \Leftrightarrow (a-b)^2=0$.我们在表达充要条件的意思时经常会用"当且仅当","当"表示条件是充分的,"仅当"表示条件是必要的.所以我们又常说"当且仅当 $a=b$ 时不等式中的等号成立".

事实上这个不等式告诉我们两个实数的平方和不小于其乘积的两倍,反映了两个实数平方和的性质.既然这个结论反映了两个实数平方和的性质,那么我们自然而然会问"什么呢".

生:三个实数平方和的性质是什么?

师:很好,那么三个实数平方和的性质是什么呢?(停顿)怎么回答这个问题呢? 其实三个实数的平方和也好,四个实数的平方和也罢,都是反映实数平方和的性质,它们都有共同点,所以我们能否通过类比联想,通过已知的不等式 $a^2+b^2 \geqslant 2ab$,猜想出三个实数平方和的性质呢? 要想猜得出,势必要仔细分析不等式 $a^2+b^2 \geqslant 2ab$ 的特点.不等式 $a^2+b^2 \geqslant 2ab$ 的特点是什么呢?

生:一、该不等式的两边都是齐二次式;二、不等式左边有两项,右边只有一项.

师:不错,该不等式的两边都是齐二次式;不等式左边有两项,右边只有一项.我们现在看看右边这一项是从哪里来的.(自问自答)是从 $(a-b)^2=a^2+b^2-2ab$ 中得到的,为什么 $(a-b)^2$ 的展开式就是 a^2+b^2-2ab 呢? 这是因为 $(a-b)^2=(a-b)(a-b)=a^2-ab-ba+b^2$,所以右边的 $2ab$ 实质是 $ab+ba$.所以我们的已知不等式又可以改写作 $a^2+b^2 \geqslant ab+ba$,这样的话,我们发现不等式 $a^2+b^2 \geqslant ab+ba$ 的左右两边都有两项,而且右边是轮换不等式;每一项都是齐二次的.明确了已知不等式 $a^2+b^2 \geqslant 2ab$ 的特点,我们猜猜看三个实数平方和的结论是什么.

生:$a,b,c \in \mathbf{R}$,$a^2+b^2+c^2 \geqslant ab+bc+ca$.

师:为什么呢? 如何证明?

生:因为 $a^2+b^2 \geqslant 2ab$,$b^2+c^2 \geqslant 2bc$,$c^2+a^2 \geqslant 2ca$,将三式叠加就可以得到 $a^2+b^2+c^2 \geqslant ab+bc+ca$.

师:那么,等号成立的充要条件是什么呢?

生:是上述三个不等式的等号同时成立,即当且仅当 $a=b=c$ 时等号成立.

师:我们知道了三个实数平方和的性质,那么四个、五个……实数平方和的性质可以推导了吗?

学生异口同声称是.

师:我们已经知道了两个实数平方和的性质,那么大家还会想到什么呢?

生:两个实数立方和的性质是什么?

师:所以接下来,我们同样用类比联想的方法猜猜看两个实数立方和的性质是什么.先来回顾一下我们总结的不等式 $a^2+b^2 \geqslant 2ab$ 的特点(左右两边都有两项,而且右边是轮换不等式;每一项都是齐二次的).谁来猜猜看?

生:$a,b \in \mathbf{R}, a^3+b^3 \geqslant a^2b+b^2a$.

师:对吗? 我们举个实例看看! 例如,$a=1,b=-2$,不等式左边是 -7,右边是 2.显然不成立,那么我们来看看它为什么不对! 证明不等式最本质的做法就是做差,即看 $a^3+b^3-(a^2b+b^2a)$ 是否大于等于零.

因为 $a^3+b^3-(a^2b+b^2a)=a^2(a-b)+b^2(b-a)=(a-b)(a^2-b^2)=(a-b)^2(a+b)$,显然要使这个式子大于等于零,必须要求 $a+b \geqslant 0$,这样我们的条件"$a,b \in \mathbf{R}$"就弱了,怎么办呢?

不等式本质是为解决实际问题而服务的,而实际问题中,经常碰到的是正数问题,所以在这里我们将条件加强,即"$a,b \in \mathbf{R}^+$",则 $a^3+b^3 \geqslant a^2b+b^2a$ 成立,同样从上面的推证发现,该不等式取到等号的充要条件是 $a=b$.

两个正实数立方和的性质知道了,那么三个正实数立方和的性质怎样呢? 大家同样先猜猜看,再证明.

生:$a,b,c \in \mathbf{R}^+, a^3+b^3+c^3 \geqslant a^2b+b^2c+c^2a$.

师:同学们,对吗?(经过一段时间的举反例没有成功)那么我们来证证看!

因为 $a^3+b^3 \geqslant a^2b+b^2a, b^3+c^3 \geqslant b^2c+c^2b, c^3+a^3 \geqslant c^2a+a^2c$,三式累加可以得到

$$2(a^3+b^3+c^3) \geqslant a^2b+b^2a+b^2c+c^2b+c^2a+a^2c$$
$$=(a^2b+c^2b)+(b^2a+c^2a)+(b^2c+a^2c).$$

不等式右边整理可以得到

$$(a^2b+c^2b)+(b^2a+c^2a)+(b^2c+a^2c)=b(a^2+c^2)+a(b^2+c^2)+c(a^2+b^2).$$

利用前面的结论可以得到

$$b(a^2+c^2)+a(b^2+c^2)+c(a^2+b^2)\geq 2abc+2abc+2abc=6abc.$$

所以我们得到了一个更为整齐漂亮的不等式 $a^3+b^3+c^3\geq 3abc(a,b,c\in\mathbf{R}^+)$,当且仅当 $a=b=c$ 时等号成立.而先前同学猜测的不等式"$a,b,c\in\mathbf{R}^+,a^3+b^3+c^3\geq a^2b+b^2c+c^2a$",大家回去再用其他证明方法证证看.(事实上这个不等式的证明可以用顺序和大于乱序和证得)这样我们就又知道了三个正实数立方和的性质.

师:我们刚刚基于两个实数平方和的性质,通过类比联想,推广得到了三个实数平方和的性质,这事实上是将不等式 $a^2+b^2\geq 2ab$ 未知元的个数增加了,未知元的个数从两个增加到了三个;后来我们是从两个实数平方和的性质出发,通过类比联想,推广得到了两个实数立方和的性质,这事实上是将不等式 $a^2+b^2\geq 2ab$ 未知元的次数升高了,未知元的次数从二次升高到了三次.我们可以将不等式的未知元个数从两个增加到三个甚至到 n 个,把不等式的未知元的次数从二次升高到三次甚至到 n 次,结论又将怎样呢? 这就是留给大家的作业! 解题的思想方法仍旧是先通过类比联想猜想,再证明.那么,现在我们还能将不等式 $a^2+b^2\geq 2ab$ $(a,b\in\mathbf{R})$ 如何推广呢?

生:还能将不等式未知元的次数降低,考虑未知元一次的情况.即 $a,b\in\mathbf{R}^+$, $a+b\geq 2\sqrt{ab}$.

师:为什么呢?

生:因为 $a,b\in\mathbf{R}^+$,$(\sqrt{a}-\sqrt{b})^2\geq 0$,展开即得.

师:很好! 但事实上,我觉得 $a,b\in\mathbf{R}^+$,$(\sqrt{a}-\sqrt{b})^2\geq 0$ 与 $a,b\in\mathbf{R}$,$a^2+b^2\geq 2ab$ 是完全一样的.因为我只要令 $a=\sqrt{A}$,$b=\sqrt{B}$,则根据 $a,b\in\mathbf{R}$,$a^2+b^2\geq 2ab$,马上可以得到 $A+B\geq 2\sqrt{A}\sqrt{B}$,这就是数学中的换元思想.所以我们有了 $a,b\in\mathbf{R}^+$,$a+b\geq 2\sqrt{ab}$,当且仅当 $a=b$ 时等号成立.

同样利用换元思想,我们可以得到 $a,b,c\in\mathbf{R}^+$,$a+b+c\geq 3\sqrt[3]{abc}$,当且仅当 $a=b=c$ 时等号成立.在以上推出的六个不等式($a,b\in\mathbf{R}$,$a^2+b^2\geq 2ab$;$a,b,c\in$

$\mathbf{R}, a^2+b^2+c^2 \geqslant ab+bc+ca; a,b \in \mathbf{R}^+, a^3+b^3 \geqslant a^2b+b^2a; a,b,c \in \mathbf{R}^+, a^3+b^3+c^3 \geqslant 3abc; a,b \in \mathbf{R}^+, a+b \geqslant 2\sqrt{ab}; a,b,c \in \mathbf{R}^+, a+b+c \geqslant 3\sqrt[3]{abc}$)中,要选一个基本不等式,一定就是 $a,b \in \mathbf{R}, a^2+b^2 \geqslant 2ab$.教材上选了两个,基本不等式 1: $a,b \in \mathbf{R}, a^2+b^2 \geqslant 2ab$;基本不等式 2: $a,b \in \mathbf{R}^+, a+b \geqslant 2\sqrt{ab}$.在我看来,这六个不等式都是严格证明过的,所以都可以作为基本不等式直接解决应用问题.下面我们就来看看基本不等式的应用.

师:接下来我们来看例题 1.求证:$a,b,c,d \in \mathbf{R}^+, a^4+b^4+c^4+d^4 \geqslant 4abcd$,并指出等号成立的充要条件.

生:$a^4+b^4 \geqslant 2a^2b^2, c^4+d^4 \geqslant 2c^2d^2$,将两式相加,可得 $a^4+b^4+c^4+d^4 \geqslant 2a^2b^2+2c^2d^2$,而 $2a^2b^2+2c^2d^2 \geqslant 2 \cdot \sqrt{2}ab \cdot \sqrt{2}cd$,综合可得 $a,b,c,d \in \mathbf{R}^+, a^4+b^4+c^4+d^4 \geqslant 4abcd$.当且仅当以上四式的等号均成立,该不等式等号成立,所以可知等号成立的充要条件是 $a=b=c=d$.

师:今天我们共同基于不等式 $a^2+b^2 \geqslant 2ab(a,b \in \mathbf{R})$,运用类比联想和换元思想将不等式在未知元的个数、次数上加以推广,并加以论证.希望大家可掌握这种研究数学的方法,并能记住六个基本不等式.

三、反思凝练

这节课的教学过程比较关注让学生体会并学会运用类比联想、换元思想推广不等式的结论,继而证明.希望在这样的教学过程中能让学生体会数学中的重要思想,从而培养学生的数学推理能力.不等式的证明是这节课中不可缺少的一环,因为数学的研究往往是延续了"大胆猜测,小心求证"的思路,但是由于不等式的证明是后面学习的重点,很多教师将这节课处理为普通数学命题的证明,并没有在证明上花费功夫,只是强调了数学中可以用类比联想这一数学思想推广命题,事实上严格的数学证明是必不可少的.这节课也可以作为后续不等式证明学习的一个铺垫,不等式的证明对于大部分学生而言有一定的难度,所以让学生早一点了解和接触对于后续学习是会有帮助的,因为学生对于数学本质的自悟是需要过程和时间的.

二　简单的线性规划问题

自主学习环节

一、目标分析

在学习了直线方程后,了解了二元一次方程与平面上的任意直线可以一一对应.那么,平面上不在直线上的点,其代数表达式又是怎样的形式呢? 所以需要理解二元一次不等式(组)的解集概念的缘由,了解二元一次不等式(组)的几何意义,知道(区域)边界的概念,进一步会用二元一次不等式(组)表示平面区域,能画出给定不等式(组)表示的平面区域.基于以上分析,设置学生自主学习的目标是:

1. 理解不在直线上的点的坐标的性质特点;

2. 理解几何图形(区域)与代数形式(二元一次不等式)之间的关系;

3. 厘清利用不等式组求解最值问题中的易错点;

4. 理解线性规划可行域、线性规划问题等相关概念,并了解概念产生的缘由.

二、问题指向

在学生自主学习的环节中设置了 5 个问题,这些问题都是为了帮助学生更好地达成自主学习的目标.

序号	问题内容	指向
1	直线上的点的坐标满足方程,那么不在直线上的点的坐标具有怎样的性质?	目标 1
2	不在直线上的点的坐标与直线方程有什么关系?	目标 1
3	"直线 $3x+4y+5=0$ 上方的点的坐标满足 $3x+4y+5>0$"与"满足 $3x+4y+5>0$ 的点 $P(x,y)$ 在直线 $3x+4y+5=0$ 的上方"这两个命题表达的含义一致吗? 请说明理由.	目标 2

（续表）

序号	问题内容	指向
4	"若 $6 \leqslant 2x+y \leqslant 12$，则 $(2x+y)_{\min}=6$，$(2x+y)_{\max}=12$"这个判断对吗？请说明理由.	目标 3
5	什么叫做线性规划问题？什么叫做线性规划可行域？	目标 4

三、结果观察

1. 直线上的点的坐标满足方程，那么不在直线上的点的坐标具有怎样的性质？

学生基本上可以根据曲线与方程的概念，根据在曲线上的点的坐标满足方程，而不在曲线上的点的坐标不满足方程，得出不在直线上的点的坐标不满足方程，其所对应的点在直线的上方或是下方.

学生作答：

不满足方程.在图像上方或下方.

2. 不在直线上的点的坐标与直线方程有什么关系？

部分学生可以回答这个问题，但是忽略了具体的过程，所以授课过程中严谨的数学语言的表达是重点.

学生作答一：

记直线为 $ax+by+c=0(b>0)$.

在直线下方的点：$ax+by+c<0$；

在直线上方的点：$ax+by+c>0$.

学生作答二：

设直线为 $y+ax+b=0$.点的坐标不满足直线方程.

在直线下方的点：$y+ax+b<0$；

在直线上方的点：$y+ax+b>0$.

3. "直线 $3x+4y+5=0$ 上方的点的坐标满足 $3x+4y+5>0$"与"满足 $3x+4y+5>0$ 的点 $P(x,y)$ 在直线 $3x+4y+5=0$ 的上方"这两个命题表达的含义一致吗？请说明理由.

50%左右的学生认为是一致的,说明学生对于"曲线上的点的坐标满足代数关系式"和"以满足代数关系式为坐标的点在曲线上"这两个命题的理解不是很清楚,所以借此机会可以再次强调.50%左右的学生认为不一致,但是说理不明确.

> 学生作答:
>
> 不一致.后者满足不等式的点 $P(x,y)$ 不一定在直线的上方.

4."若 $6 \leqslant 2x+y \leqslant 12$,则 $(2x+y)_{\min}=6,(2x+y)_{\max}=12$"这个判断对吗? 请说明理由.

大部分学生认为这是正确的,这是情理之中的,因为这个问题本身也是这个章节内容的重点和难点,只有极少数学生可以给出正确的判断和原因.

> 学生作答:
>
> 不对."$6 \leqslant 2x+y \leqslant 12$"是"$(2x+y)_{\min}=6$ 和 $(2x+y)_{\max}=12$"的必要条件.

5. 什么叫做线性规划问题? 什么叫做线性规划可行域?

学生可以通过预习和教材上相关内容的介绍,得出具体的概念.希望借助这个问题学生可以在学习之初就明确线性规划的具体内容,从而为接下来的学习奠定基础.

教师引导环节

一、重点分析

通过对学生自主学习结果的观察以及对学生给出答案的分析,在具体的教学过程中,教学重点应该是让学生理解"二元一次不等式(组)"与"区域"之间的关系,并且经历概念发生、发展的过程.对于线性规划问题,清楚其概念以及为什么需要用数形结合的方法来解决.从学生答案的分析可得,学生清楚线性规划问题以及线性规划可行域的概念,但不是很理解其缘由,特别是对于解析几何中可以通过"数"来研究"形",抑或是通过"形"来直观判断"数"的前提是"在图形上的点的坐标满足方程,以方程的解为坐标的点在图形上"掌握得还是不到位.所以教学过程的推进以及课堂教学问题的设置,都是围绕以上重点和难点来展开的.

二、教学过程

师:我们知道,直线的方程都可以用二元一次方程表示,任何一个二元一次方程 $Ax+By+C=0(A,B$ 不全为 0)的图像是直线;我们又知道一条直线把平面分成三个部分:直线本身及它两侧的部分;我们还知道直线上的点的坐标满足方程,而且坐标满足方程的点都在直线上.那么,怎样表示直线两侧区域的点呢? (问题1)

生:用坐标表示.

师:对的,那么这样的点的坐标又有什么性质呢? (问题2)它们的点的坐标与直线方程又有什么关系呢? 这些就是今天上课的重点.大家都很清楚,解析几何是用代数方法研究几何性质,是用方程研究图像的,很自然地我们要从讨论直线方程着手研究.

师:先讨论特殊的情况: $Ax+By+C=0$ $(A^2+B^2\neq0)$, $B=0$ 时, $x=-\dfrac{C}{A}$.明显地,直线将整个平面划分为左右及本身三个部分(图1),左侧区域部分的点的坐标满足 $x<-\dfrac{C}{A}$,右侧区域部分的点的坐标满足 $x>-\dfrac{C}{A}$.

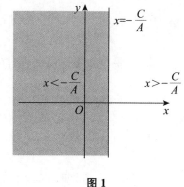

图 1

师:那么坐标满足 $x<-\dfrac{C}{A}$ 的点是否一定位于直线的左侧区域呢?

生:是的.

师:为什么呢?

生:假设坐标满足 $x<-\dfrac{C}{A}$ 的点不全在直线的左侧区域,至少有点在直线上或直线的右侧区域内,但是我们知道右侧区域的点的坐标满足 $x>-\dfrac{C}{A}$,直线上的点

满足 $x=-\dfrac{C}{A}$.显然不符合,所以满足 $x<-\dfrac{C}{A}$ 的点一定位于直线的左侧区域.

师:很好,利用反证法的思想.这样我们可以知道直线左侧区域的点的坐标满足 $x<-\dfrac{C}{A}$,并且坐标满足 $x<-\dfrac{C}{A}$ 的点一定位于直线的左侧区域.所以我们可以用 $x<-\dfrac{C}{A}$ 作为直线左侧区域的代数形式.

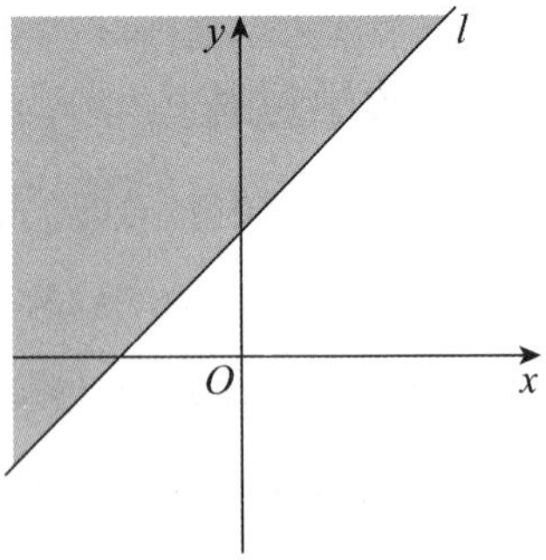

师:我们先来定义直线的上半区域和直线的下半区域.

师:所谓直线的上半区域就是区域所在部分与 y 轴正方向一致,如图2中的阴影部分.反之就是直线的下半区域.该直线为上半区域和下半区域的边界.

师:接着讨论一般的情况:$Ax+By+C=0(A^2+B^2\neq0)$,$B\neq0$ 时,$y=-\dfrac{A}{B}x-\dfrac{C}{B}$.点 $Q\left(x,-\dfrac{A}{B}x-\dfrac{C}{B}\right)$ 在直线上,若点 $P(x,y)$ 在点 Q 的上方(图3),则有 $y>-\dfrac{A}{B}x-\dfrac{C}{B}$,所以直线上方的点的坐标满足 $y>-\dfrac{A}{B}x-\dfrac{C}{B}$;同理,直线下方的点的坐标满足 $y<-\dfrac{A}{B}x-\dfrac{C}{B}$.在边界上的点的坐标满足该方程.

图2

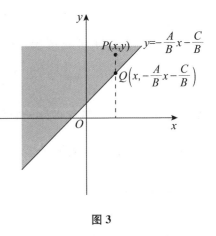

图3

师:当然,这在形式上与直线方程 $Ax+By+C=0$ 还有差别.所以,要在不等式两边同时乘 B,那么就要分别讨论 $B>0$ 或 $B<0$ 的情况.此时不妨设 $B>0$,可得:位于该直线的上半区域的点的坐标满足 $Ax+By+C>0$,而位于直线下半区域的点的坐标满足 $Ax+By+C<0$.请问:坐标满足 $Ax+By+C>0$ 的点是否一定位于直线的上半区域,坐标满足 $Ax+By+C<0$ 的点是否一定位于直线的下半

区域?

生:答案是肯定的.坐标满足 $Ax+By+C>0$ 的点一定位于直线的上半区域.可以用反证法证明得出,假设存在点的坐标满足 $Ax+By+C>0$ 且这个点没有位于直线的上半区域,则这个点在直线上或是直线的下半区域,这与先前得出的直线上的点的坐标满足 $Ax+By+C=0$,以及直线的下半区域的点的坐标满足 $Ax+By+C<0$ 相矛盾.

师:因此我们可以有以下结论:$B>0$ 时,$Ax+By+C>0$ 与 $Ax+By+C<0$ 可以看作是直线 $Ax+By+C=0$ 的上半区域与下半区域的代数形式.(此时很多学生对于 $B<0$ 的问题依旧耿耿于怀)请同学们自己思考 $B<0$ 时情况怎样.

生:运用数学中的转化思想把 $B<0$ 的问题化为 $B>0$ 的情况,即将直线方程 $Ax+By+C=0(B<0)$ 写作 $-Ax-By-C=0(-B>0)$,这样所有问题就迎刃而解了.

师:非常好,现在可以完整地解决上课时提出的两个问题——直线划分平面两部分区域点的坐标与直线方程的关系.即:$Ax+By+C>0$ 与 $Ax+By+C<0$ 可以看作是直线两侧区域的代数形式(点的坐标满足的关系).

而对于问题 2(直线两侧点的坐标性质是什么),有同学认为与问题 1 答案一样,其实不全对.我们可以发现直线同侧点的坐标使得 $Ax+By+C$ 同号,并且异侧点的坐标使得 $Ax+By+C$ 异号,我们以此作为问题 2 的答案.

师:下面请看例题:

例 1　画出下列不等式(组)表示的区域:

(1) $-x+y-1>0$.

解:首先作出 $-x+y-1=0$ 这条直线,$-x+y-1>0$ 是这条直线的上半区域,用阴影表示,不包含边界,这条直线用虚线表示(图 4).如果包含边界,直线用实线表示.

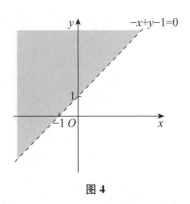

图 4

(2) $2x-y-5\geqslant0$.

解:首先变形可得 $-2x+y+5\leqslant0$,再作出直线 $-2x+y+5=0$,$-2x+y+5\leqslant0$ 是直线的下半区域及边界(图 5).

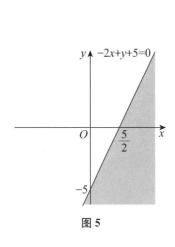

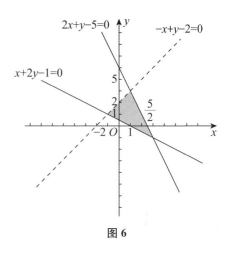

图5　　　　　　　　　　　　图6

(3) $\begin{cases} y < x+2, \\ 2x+y-5 \leqslant 0, \\ x+2y-1 \geqslant 0. \end{cases}$

解:将不等式组变形,可得 $\begin{cases} -x+y-2<0, \\ 2x+y-5 \leqslant 0, \\ x+2y-1 \geqslant 0, \end{cases}$ 作出三条直线:$-x+y-2=0$,

$2x+y-5=0$,$x+2y-1=0$.分别取 $-x+y-2=0$ 的下半区域(不包含边界),

$2x+y-5=0$ 的下半区域(包含边界),$x+2y-1=0$ 的上半区域(包含边界)(图6).

例2　已知实数 x,y 满足 $\begin{cases} 4 \leqslant x+y \leqslant 6, \cdots ① \\ 2 \leqslant x-y \leqslant 4. \cdots ② \end{cases}$ 求 $z=2x+y$ 的最值.

解:由①+②,得 $6 \leqslant 2x \leqslant 10$,由②,得 $-4 \leqslant y-x \leqslant -2 \cdots ③$.③+①,得 $0 \leqslant y \leqslant 2$,所以 $6 \leqslant 2x+y \leqslant 12$,所以 $z_{\min}=6,z_{\max}=12$.

以上的推导过程是没有问题的,但是用不等式求最值是有问题的,因为不等式求最值的关键在于不等式的等号必须要取到,上述的推导过程中,并不能够使得 $2x+y$ 取得最大值12,因为 $2x+y=12$ 当且仅当 $2x=10,y=2$,此时 $x=5,y=2$,即 $x+y=7>6$,已经不在已知条件内.所以上述做法不对.事实上,"$6 \leqslant 2x+y \leqslant 12$"是"$\begin{cases} 6 \leqslant 2x \leqslant 10, \\ 0 \leqslant y \leqslant 2 \end{cases}$"成立的必要非充分条件.

那么,这道题的具体解法是什么呢?

首先画出满足 $\begin{cases} 4 \leqslant x+y \leqslant 6, \\ 2 \leqslant x-y \leqslant 4 \end{cases}$ 的区域,如

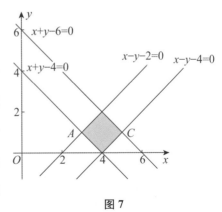

图 7 所示,则阴影部分表示的是满足条件的

点构成的区域,而其中的 (x,y) 就是阴影部

分中点的坐标.而 $z=2x+y$ 的最值就是表示

阴影部分这些点的横坐标的两倍与纵坐标和

的最大值与最小值.此时可以将 $2x+y$ 看作

是直线系 $z=2x+y$ 在 y 轴上的截距,所以

图 7

截距的最小值就是直线系过点 A 时的截距;当直线系过点 C 时,直线的截距最

大.联立 $\begin{cases} x+y=4, \\ x-y=2, \end{cases}$ 得 $A(3,1)$,联立 $\begin{cases} x+y=6, \\ x-y=4, \end{cases}$ 得 $C(5,1)$.所以,当 $x=3,y=1$ 时,$z_{\min}=$

7;当 $x=5,y=1$ 时,$z_{\max}=11$.

例 3 已知实数 x,y 满足 $\begin{cases} 4 \leqslant x+y \leqslant 6, \\ 2 \leqslant x-y \leqslant 4, \end{cases}$ 求 $z=\dfrac{y+2}{x+2}$ 的最值.

解:首先画出满足 $\begin{cases} 4 \leqslant x+y \leqslant 6, \\ 2 \leqslant x-y \leqslant 4 \end{cases}$ 的区域,如图 8 所示,则阴影部分表示的是满

足条件的点构成的区域,而其中的 (x,y) 就是阴影部分中的点的坐标.而 $z=\dfrac{y+2}{x+2}$

可以看作阴影部分中的点与点 $(-2,-2)$ 连线的斜率,从而 $z=\dfrac{y+2}{x+2}$ 的最值就是阴影部

分中的点与点 $(-2,-2)$ 连线的斜率最大值和最小值.可以看出点 D 与点 $(-2,-2)$ 连

线的斜率最小,点 B 与点 $(-2,-2)$ 连线的斜率最大.联立 $\begin{cases} x+y=4, \\ x-y=4, \end{cases}$ 得 $D(4,0)$,

联立 $\begin{cases} x+y=6, \\ x-y=2, \end{cases}$ 得 $B(4,2)$.所以,当 $x=4,y=0$ 时,$z_{\min}=\dfrac{1}{3}$;当 $x=4,y=2$ 时,

$z_{\max}=\dfrac{2}{3}$.

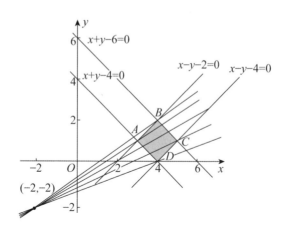

图 8

例 4　已知实数 x,y 满足 $\begin{cases} 4 \leqslant x+y \leqslant 6, \\ 2 \leqslant x-y \leqslant 4, \end{cases}$ 求 $z=\sqrt{x^2+y^2}$ 的最值.

解：首先画出满足 $\begin{cases} 4 \leqslant x+y \leqslant 6, \\ 2 \leqslant x-y \leqslant 4 \end{cases}$ 的区

域，如图 9 所示，则阴影部分表示的是满足条件的点构成的区域，而其中的 (x,y) 就是阴影部分中的点的坐标. $z=\sqrt{x^2+y^2}$ 就是表示阴影部分中的点与原点的距离. $z=\sqrt{x^2+y^2}$ 的最值就是阴影部分中的点到原点的距离的

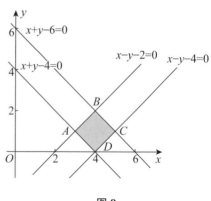

图 9

最大值和最小值. 联立 $\begin{cases} x+y=4, \\ x-y=2, \end{cases}$ 得 $A(3,1)$，

联立 $\begin{cases} x+y=6, \\ x-y=4, \end{cases}$ 得 $C(5,1)$. 所以，当 $x=3,y=1$ 时，$z_{\min}=\sqrt{10}$；当 $x=5,y=1$ 时，

$z_{\max}=\sqrt{26}$.

师：我们把以上例题中 x,y 所应满足的条件（如不等式（组））叫做线性约束条件，把要求最大（小）值的函数叫做目标函数，而把线性约束条件下寻求目标函数的最大（小）值的问题叫做线性规划问题. 在线性规划问题中，满足线性约束条件的解 (x,y) 叫做可行解，所有可行解构成的区域叫做可行域.

三、反思凝练

　　这部分的内容是希望学生可以在学习了直线方程之后，通过点与直线的关系，得出区域的概念；更重要的是将区域与二元一次不等式(组)联系起来，找到它们之间的对应关系，并能运用数形结合的方法解决问题.首先，从"有序数对"的角度对"二元一次不等式的解集"的含义作出解释，从而自然引出用"平面直角坐标系中的点集"表示"二元一次不等式的解集"的想法；然后，用实例抽象出平面区域表示二元一次不等式(组)的方法，让学生体会数形结合思想的实质及其重要性.这部分内容中，数形结合的关键就是类似于"曲线与方程"的一一对应，需要解释清楚平面区域与二元一次不等式(组)的一一对应，即"在图形上的点的坐标满足不等式，以不等式的解为坐标的点在图形上".

三 数学归纳法

自主学习环节

一、目标分析

这是数学归纳法的第一节课.学生已经通过"数列"一章内容和其他相关内容的学习,初步了解和使用了由有限多个特殊事例得出一般结论的推理方法,即不完全归纳法.不完全归纳法是研究数学问题、猜想或发现数学规律的重要手段,几乎可以说全部中学数学教材都贯穿了归纳法基本思想.但是,由有限多个特殊事例得出的结论不一定正确,这种推理方法不能作为一种论证方法.因此,在不完全归纳法的基础上,必须进一步学习严谨科学的论证方法——数学归纳法.

数学归纳法是一种用于证明与正整数 n 有关的命题的正确性的证明方法,它的本质是将无穷的归纳过程转为有限的演绎过程的一种思维方法.数学归纳法安排在数列之后极限之前,是促进学生从有限思维发展到无限思维的一个重要环节.它的操作步骤简单、目标明确.

数学归纳法不仅在于它自身具有非常严谨的结构,更重要地,它是一种高明的数学思维,用数学归纳法论证与正整数 n 有关的命题更具有普遍性.学习数学归纳法不仅能证明有关问题,更重要的是可以开阔学生的眼界,还可以训练他们的论证思维.这一节内容也是培养学生严密的推理能力、训练学生抽象的思维能力、让学生体验数学内在美的好素材.基于以上分析,设置学生自主学习的目标是:

1. 理解数学归纳法的概念;

2. 清楚归纳法和演绎法的概念;

3. 明确数学归纳法的两个步骤缺一不可.

二、问题指向

在学生自主学习的环节中设置了 5 个问题,这些问题都是为了帮助学生更好地达成自主学习的目标.

序号	问题内容	指向
1	你能简单叙述什么是归纳法,什么是演绎法吗?	目标 2
2	数学归纳法的概念是什么?	目标 1
3	数学归纳法的两个步骤缺一不可吗? 请给出你的理由.	目标 3
4	数学归纳法事实上是定理,如何证明呢?	目标 1
5	请查阅相关数学资料了解皮亚诺(Peano)归纳公理,并叙述具体内容.	目标 1

三、结果观察

1. 你能简单叙述什么是归纳法,什么是演绎法吗?

70%的学生可以通过查阅资料给出归纳法和演绎法的概念,这对接下来辨析数学归纳法到底是归纳法还是演绎法奠定了基础.也有不少学生给出了自己的理解,是十分有趣的答案.

学生作答一:

归纳法:从特殊到一般的推理方法.

演绎法:从一般到特殊的推理方法.

学生作答二:

归纳法:一种由特殊到一般的推理法.

演绎法:一种由一般到特殊的推理法.

学生作答三:

归纳法:特殊到一般.

演绎法:一般到特殊.

学生作答四:

归纳法就是从有限的对象中寻找规律进而推广到无限的对象.

演绎法就是由已知的条件依据逻辑推理推得结论.

学生作答五：

归纳法：人们以一系列经验事物或知识素材为依据，寻找出其服从的基本规律或共同规律，并假设同类事物中的其他事物也服从这些规律.

演绎法：人们以一定反映客观规律的理论认识为依据，从服从该事物的已知部分，推理得到事物未知部分的思维方法.

2. 数学归纳法的概念是什么？

70%的学生可以回答出数学归纳法的概念，但是 30%的学生可能没有理解概念的本质，只是给出了其他有趣的答案.可能将问题设置为"数学归纳法的定义是什么"更为妥帖.

学生作答一：

(1) 证明当 n 取第一个值 $n_0 (n_0 \in \mathbf{N}^*)$ 时命题成立；

(2) 假设 $n = k (k \in \mathbf{N}^*, k \geq n_0)$ 时命题成立，证明当 $n = k + 1$ 时也成立.

在完成了上面的步骤后，可以断定从 n_0 开始的所有正整数 n 都成立.

学生作答二：

(1) 证明当 n 取 $n_0 (n_0 \in \mathbf{N}^*)$ 时命题成立；

(2) 假设当 $n = k (k \in \mathbf{N}^*$ 且 $k \geq n_0)$ 时命题成立，证明当 $n = k + 1$ 时命题也成立.

由(1)(2)可得该命题关于从 n_0 开始的所有正整数 n 成立.

学生作答三：

由一些特殊事例推出一般结论的推理方法.

学生作答四：

一种数学证明方法，通常被用于证明某个给定命题在整个或局部自然数范围内成立.

3. 数学归纳法的两个步骤缺一不可吗？请给出你的理由.

这个问题几乎全部的学生给出了正确结论并给出合理的解释.设计这个问题时，我们期望学生可以给出反例来说明，因为在培养学生的数学思维的过程中，需要让学生知道必要时可以通过举反例来说明，但遗憾的是没有任何一名学生给出反例.

> 学生作答一：
>
> 缺一不可.证明某个起点值成立,然后证明从一个值到下个值的过程是有效的才能推导出任意值,才能下结论:任意情形命题均成立.
>
> 学生作答二：
>
> 缺一不可.第一步是命题递推的基础,第二步是递推的依据.
>
> 学生作答三：
>
> 缺一不可.若(1)不成立,则无法满足条件(2);若(2)不成立,则无法由 n_0 递推至 $n \geqslant n_0$.
>
> 学生作答四：
>
> 缺一不可.只有(1)没有(2),无法说明命题对从 n_0 开始的所有正整数 n 都成立;只有(2)没有(1),若 $n=k$ 不成立,则命题也不成立.
>
> 学生作答五：
>
> 若无第一个步骤,则可能不存在 $n=k$ 使条件成立,无法得证.
>
> 若无第二个步骤,则并非所有 n 都可使条件成立,无法得证.
>
> 所以缺一不可.

4. 数学归纳法事实上是定理,如何证明呢？

通过查阅资料,学生都可以得出数学归纳法的证明过程,这为上课时证明数学归纳法奠定了良好的基础.

> 学生作答一：
>
> 自然数是良序的.

反证:若对一个已完成两个步骤证明的数学命题不成立,不成立的数构成集合 S,其中必有一个最小元素 k.

因为 k 为 S 中的最小元素,所以 $k-1$ 不属于 S.

又因为对 $k-1$ 成立,对 k 也一定成立.矛盾.

假设不成立,得证.

学生作答二:

反证法.设该命题满足数学归纳法而并非对任意 $n \in \mathbf{N}^*$ 成立.

则设不满足该命题的 n 的集合为 A,且 $n_{\min}$ 为 A 中最小值.

因为 $n_{\min}$ 为最小值,所以 $n_{\min}-1$ 满足条件.

由数学归纳法,$(n_{\min}-1)+1=n_{\min}$ 符合条件,矛盾.

所以数学归纳法成立.

5. 请查阅相关数学资料了解皮亚诺归纳公理,并叙述具体内容.

通过查阅资料,学生知道什么是皮亚诺公理,但是对于皮亚诺的归纳公理是什么内容还是不太清楚,所以在授课过程中这一内容需要明确,也需要进一步强调皮亚诺公理与数学归纳法的关系.

学生作答一:

定义自然数:① 0 是自然数.

② 每一个确定的自然数 a 都具有确定的后继数 a',a' 也是自然数(a 后紧接 $a+1$,如 $1'=2$).

③ 0 不是任何自然数的后继数.

④ 不同自然数有不同的后继数.如果自然数 b,c 后续数都是 a,那么 $b=c$.

⑤ 设 $S \subseteq \mathbf{N}$ 且满足 $0 \in S$.如果 $n \in S$,那么 $n' \in S$,那么 S 是包含全体自然数的集合,即 $S=\mathbf{N}$.

学生作答二:

皮亚诺归纳公理是指皮亚诺公理的第五公理.(a 的后继数 a' 是指 $a+1$)

设 $S \subseteq \mathbf{N}$ 且满足：(i) $0 \in S$；(ii) 若 $n \in S$，则 $n' \in S$. 则 S 是包含全体自然数的集合，即 $S = \mathbf{N}$.

学生作答三：

设 $S \subseteq \mathbf{N}$ 且满足 2 个条件：(i) $0 \in S$；(ii) 如果 $n \in S$，那么 $n' \in S$. 则 S 是包含全体自然数的集合，即 $S = \mathbf{N}$.

教师引导环节

一、重点分析

通过对学生自主学习结果的观察以及对学生给出答案的分析，可以发现学生对于数学归纳法的概念非常清楚，但对于数学归纳法中的两个步骤为什么缺一不可，未能举出反例，可见学生对于数学归纳法本身的概念理解不到位，或者说举反例的能力亟待提升. 学生虽不能深刻理解归纳法、演绎法（包括皮亚诺归纳公理），但是知道它们的具体内容. 这将为课堂上讲解数学归纳法概念时，学生的进一步理解起到铺垫作用. 因此理解数学归纳法的基本原理，掌握数学归纳法证明命题的一般步骤，理解数学归纳法的有效性，理解数学归纳法的两个步骤的必要性都是教学重点和难点. 所以教学过程的设计以及课堂教学问题的设置，都是围绕以上重点来展开的.

二、教学过程

师：在数列的学习中，我们经常碰到一些与正整数有关的命题，那么应该如何解决这类问题呢？今天，我们介绍一种新的证明方法——数学归纳法. 首先我们来看这样一个问题：已知数列 $\{a_n\}$ 的通项 $a_n = 3n(n+1)$，求数列的前 n 项和 S_n. 面对这样的问题，首先思考能否用前面学习的数列求和的方法来解决.

师：发现不行，有点困难. 那么不依靠公式，我们能否探索出一种"新"的解决问题的方法呢？

师：因为这个问题是关于正整数 n 的，对于一般的情况，我们一下子求不出来，

但对于一些特殊的情况,即通过将正整数 n 代入一些简单特殊的值入手,我们可以进行如下运算:

$$S_1 = 3 \times 1 \times 2 = 1 \times 2 \times 3 = 6,$$

$$S_2 = S_1 + 3 \times 2 \times 3 = 2 \times 3 \times (1+3) = 2 \times 3 \times 4 = 24,$$

$$S_3 = S_2 + 3 \times 3 \times 4 = 3 \times 4 \times (2+3) = 3 \times 4 \times 5 = 60,$$

$$S_4 = S_3 + 3 \times 4 \times 5 = 4 \times 5 \times (3+3) = 4 \times 5 \times 6 = 120,$$

……

由计算出的 S_1, S_2, S_3, S_4,可以看到这个和似乎有规律,我们猜想 $S_n = n(n+1)(n+2)(n \in \mathbf{N}^*)$.这种解决问题的方法是从特殊的情况得出一般的结论,我们称其为归纳法,准确地说这是不完全归纳法.

师:相信同学们可以列举出很多应用归纳法的实例.那么利用归纳法得到的这个猜想是否正确呢?

生:不一定.

师:对的,答案是不一定.例如,数学家费马(P. de Fermat)发现当 $n=0,1,2,3,4$ 时,数 $2^{2^n}+1$ 都是质数,因此猜想对于任意自然数 n,数 $2^{2^n}+1$ 都是质数,但是当 $n=5$ 时,$2^{2^5}+1=641 \times 6\,700\,417$,是一个合数.所以我们需要证明猜想.

师:如果一个个地算下去,把它们都算出来,一个一个地验证,也是一种证明的方法,这就是完全归纳法.对于有限个情况,完全归纳法就等同于枚举法,显然是可行的;但是对于无限个情况或者 n 很大,很明显这一方法是行不通的.无法做到一一验证,又要如何证明呢? 需要探究出一种经过有限步骤可以完成验证的方法.

师:我们不妨换个角度,首先不要只关注这些运算出的结果的规律,而是应该再仔细回想一下 $S_n = n(n+1)(n+2)(n \in \mathbf{N}^*)$ 是怎样得到的,即看看 S_1, S_2, S_3, S_4 是怎样算出来的.

生:知道了.$S_n = S_{n-1} + a_n (n \geqslant 2, n \in \mathbf{N}^*)$,不难发现,$S_1, S_2, S_3, S_4$ 是根据 $S_n = S_{n-1} + a_n (n \geqslant 2, n \in \mathbf{N}^*)$ 这个递推公式一步一步得到的,即 $S_1 \Rightarrow S_2$,$S_2 \Rightarrow S_3$,$S_3 \Rightarrow S_4$,是利用前一项算出后一项的.

师:对的.一般地,即由某一项 S_k 算出其后一项 $S_{k+1}(S_k \Rightarrow S_{k+1})$.$S_{k+1}$ 的结果由 S_k 运算出,那么要验证 $S_n = n(n+1)(n+2)(n \in \mathbf{N}^*)$ 对某一项的正确性,如第

$k+1$ 项 S_{k+1} 的正确性,能不能归结为验证 S_k 的正确性呢? 这就是要证明由前一项 S_k 正确推证出后一项 S_{k+1} 正确,即"若 S_k 正确,则 S_{k+1} 正确",用数学符号可表述为:$S_k \Rightarrow S_{k+1}$(k 为某一正整数).值得一提的是,此处我们是假设 S_k 正确,而在此基础上再证明对于后一项也正确,即假定 $S_k = k(k+1)(k+2)$ 成立,证明 $S_{k+1} = (k+1)(k+1+1)(k+1+2)$.

师:这样,猜想对 S_{k+1} 成立的基础是猜想对 S_k 成立,是将后面的成立与否转移到前面.那么前面的猜想是否正确? 怎样才能使假定成为事实呢? S_k 成立的基础是看 S_{k-1} 是否成立,进而有 $S_1 \xleftarrow{\text{只需看}} S_2 \xleftarrow{\text{只需看}} S_3 \xleftarrow{\text{只需看}} S_4 \xleftarrow{\text{只需看}} \cdots$ $\xleftarrow{\text{只需看}} S_{k-1} \xleftarrow{\text{只需看}} S_k$,所以最后只需看 S_1 是否成立.当然,可以看到 S_1 是成立的,于是有 $S_1 \Rightarrow S_2 \Rightarrow S_3 \Rightarrow \cdots$(只要由 S_1 正确即能推出 S_2, S_3, $\cdots$ 都正确),这样继续下去,我们关于 $S_n (n \in \mathbf{N}^*)$ 表达式的猜想是完全正确的.

师:总结上面的步骤,对开始的例子有如下的证明方法:(1)当 $n=1$ 时,$S_1 = 1 \times 2 \times 3$,猜测正确($S_1$ 正确);(2)假设 $n=k$ 时猜想正确,即 $S_k = k(k+1)(k+2)$,要证明当 $n=k+1$ 时猜想也正确,即 $S_{k+1} = (k+1)(k+1+1)(k+1+2)$(要证"$S_k \Rightarrow S_{k+1}$").完成(1)(2)这两个步骤,则对任意 $n \in \mathbf{N}^*$,S_n 表达式的猜想都是正确的.

师:对于一般性的数学命题而言,步骤一:验证当 n 取第一个值 n_0(如 $n_0=1$)时命题正确;步骤二:假设当 $n=k (k \in \mathbf{N}^*, k \geqslant n_0)$ 时命题正确,推证出当 $n=k+1$ 时命题也正确.在完成了上面两个步骤后,我们就可以断定这个命题对从 n_0 开始的所有正整数 n 都成立,这种证明方法叫做数学归纳法.

师:我们把关于全体正整数 n 的命题记为 $P(n)$,如果它满足数学归纳法的一、二两个步骤,那么对任意的正整数 n,命题 $P(n)$ 都正确.这是因为由步骤一知道 $n=1$ 时命题正确,即 $P(1)$ 正确.由步骤二知道,对任意的正整数 k,如果 $P(k)$ 正确,那么 $P(k+1)$ 也正确.现在 $P(1)$ 正确,所以 $P(2)$ 也正确.$P(2)$ 正确又可推导出 $P(3)$ 正确,如此下去,即有 $P(1) \Rightarrow P(2) \Rightarrow P(3) \Rightarrow P(4) \Rightarrow \cdots$ 所以对任意的正整数 n,命题 $P(n)$ 都正确.由此可见,数学归纳法在关于正整数命题的证明上是有效的.而这两个步骤在保证上述递推进行的过程中缺一不可:第一步是递推的基础,第二步是递推的依据,两者共同作用可严格证明出命题对一切正整数的正确性.

师:为了更形象地说明数学归纳法的有效性,我们可以用多米诺骨牌作类比,将多米诺骨牌看成关于正整数 n 的命题,当然,为了相一致这个多米诺骨牌应该有无穷多块.不妨让第 k 块骨牌都对应着 $n=k$ 时的命题,而骨牌倒下即为命题正确.那么,要如何确保所有的骨牌都会倒下呢?可以分两个步骤:一、先推倒多米诺骨牌中的第一块骨牌;二、前面倒下的骨牌推倒后面的骨牌,而这就类似于数学归纳法的两个步骤.

师:下面我们用数学归纳法求解前面的问题:已知数列 $\{a_n\}$ 的通项 $a_n=3n(n+1)$,求数列的前 n 项和 S_n.用数学归纳法证明 $S_n=n(n+1)(n+2)(n\in\mathbf{N}^*)$.

(1) 当 $n=1$ 时,$S_1=1\times2\times3$,所以等式成立;

(2) 假设当 $n=k$ 时,等式成立,即 $S_k=k(k+1)(k+2)$,那么当 $n=k+1$ 时,

$$S_{k+1}=S_k+a_{k+1}=k(k+1)(k+2)+3(k+1)(k+2)$$
$$=(k+1)(k+1+1)(k+1+2),$$

所以当 $n=k+1$ 时,等式也成立.

由(1)(2)可知,对任意的 $n\in\mathbf{N}^*$ 等式都成立,即 $S_n=n(n+1)(n+2)$.

师:用数学归纳法证明:$1^3+2^3+\cdots+n^3=\left[\dfrac{n(n+1)}{2}\right]^2$.

生:(1) 当 $n=1$ 时,左边 $=1^3=1$,右边 $=\left(\dfrac{1\times2}{2}\right)^2=1$,等式成立.

(2) 假设当 $n=k$ 时,等式成立,即 $1^3+2^3+\cdots+k^3=\left[\dfrac{k(k+1)}{2}\right]^2$,那么当 $n=k+1$ 时,

$$左边 = 1^3+2^3+\cdots+k^3+(k+1)^3=\left[\dfrac{k(k+1)}{2}\right]^2+(k+1)^3$$

$$=\dfrac{(k+1)^2}{4}\cdot[k^2+4(k+1)]=\dfrac{(k+1)^2(k+2)^2}{4}=\left[\dfrac{(k+1)(k+2)}{2}\right]^2=右边,$$

所以当 $n=k+1$ 时,等式也成立.

由(1)(2)可知,对任意的 $n\in\mathbf{N}^*$ 等式都成立.

师:$1^3+2^3+\cdots+n^3=\left[\dfrac{n(n+1)}{2}\right]^2$ 这样的公式,用数学归纳法加以证明并不

困难,问题是,这样的公式是从哪里来的呢? 难道是从天上掉下来的吗? 当然不是! 是有"天才"的人直观地看出来的吗? 也不尽然.实际上,这些公式是人们从有限的事例中,也就是从有限的经验中摸索出来的一些规律.例如,$1^3 = 1 = 1^2$,$1^3 + 2^3 = 9 = 3^2$,$1^3 + 2^3 + 3^3 = 36 = 6^2$,$1^3 + 2^3 + 3^3 + 4^3 = 100 = 10^2$,$\cdots$,由此我们猜想

$$1^3 + 2^3 + \cdots + n^3 = \left[\frac{n(n+1)}{2}\right]^2.$$

师: 事实上,很多数学命题和数学规律可能具有普遍性,但是都要经过严格的数学证明才能被认可.例如上面的例子,结论容易归纳得出,但是必须要用数学归纳法给予证明,即证明对于任意正整数 n 都是正确的,这就有了具有无限性的普遍性.从这样的意义上说,数学归纳法正是体现了人的认识从有限到无限的飞跃,而归纳—猜想—证明正是数学研究的基本思想方法.

师: 数学归纳法中的两个步骤缺一不可,大家可不可以举出相应的例子来说明呢?

生: 例如"$n = n^2 (n \in \mathbf{N}^*)$",如果只用数学归纳法的第一个步骤去验证,这个命题显然是成立的,但是事实上这个命题是不可能对于所有 $n \in \mathbf{N}^*$ 都成立的.

生: 例如"$n = n + 1 (n \in \mathbf{N}^*)$",如果只用数学归纳法的第二个步骤去验证,即 $n = k$ 时,$k = k + 1$ 成立;当 $n = k + 1$ 时,则 $k + 1 = k + 1 + 1$,命题成立,所以得证,但显然该命题是不成立的.

师: 非常好.事实上,数学归纳法原理的正确性是依赖于皮亚诺归纳公理的,数学归纳法原理是皮亚诺归纳公理的直接推论.课后大家可以再去思考一下它们的关系.

附:皮亚诺关于自然数的公理:

设 N 是一个非空集合,满足以下条件:

(1) 对每一个元素 $n \in N$,一定有唯一的一个 N 中的元素与之对应,这个元素称为 n 的后继元素,记作 n^+;

(2) 有元素 $e \in N$,它不是 N 中任意元素的后继;

(3) N 中的任意一个元素至多是一个元素的后继元素,即若 $a^+ = b^+$,则 $a = b$;

（4）（归纳公理）设 $S \subseteq N$，满足：①$e \in S$；②如果 $n \in S$，那么 $n^+ \in S$．可得 $S = N$．

三、反思凝练

数学归纳法的操作步骤简单、明确，教学重点看似应该是方法的应用，但是如果把教学过程当作方法的灌输，技能的操练，学生必然会有很多疑问，所以需要强化数学归纳法产生过程的教学，把数学归纳法的产生寓于对归纳法的分析、认识当中，把数学归纳法的产生与不完全归纳法结合起来．这样不仅可以使学生看到数学归纳法产生的背景，而且可以强化归纳思想的教学，教学过程中把递推思想的介绍、理解、运用放在主要位置，必然对理解数学归纳法的实质起到指导作用．事实上，归纳法和演绎法都是重要的数学方法．归纳法中的完全归纳法和演绎法都是逻辑方法；不完全归纳法是非逻辑的推理方法，只适用于数学的发现思维，不适用于严格的数学证明．数学归纳法不是归纳法，是一种递归推理，属于演绎法的一种．数学归纳法的英文是"Mathematical Induction"，中文译名应为数学的归纳法，将"数学的归纳法"说成"数学归纳法"更符合中文的语言习惯，但正因如此很多人误以为数学归纳法是归纳的方法，这是需要进一步明确的．

四 无穷等比数列各项的和

一、目标分析

这一节内容是在数列与数列极限之后,是数列学习中的一个重要的概念.同时,无穷等比数列各项的和也是高等数学无穷级数求和的一个最简单的特例.对于学生而言,这部分内容是从初等数学到高等数学过渡的一个重要桥梁,也是学生第一次真正意义上碰到的数学中有关于"无穷"的问题.所以,在整个自主学习的环节中很重要的就是要让学生对于无穷(或无限)有一个初步的认识,对在数学上如何处理无穷的问题有初步了解.基于以上分析,设置学生自主学习的目标是:

1. 理解等式 $0.\dot{9}=0.999\cdots=1$ 的成立是准确的;

2. 理解无穷等比数列前 n 项和与所有项和在概念上的联系与区别;

3. 理解无穷等比数列各项和的概念由来.

二、问题指向

在学生自主学习的环节中设置了 5 个问题,这些问题都是为了帮助学生更好地达成自主学习的目标.

序号	问题内容	指向
1	等式 $0.\dot{9}=0.999\cdots=1$ 对吗?给出你的判断并说明理由.	目标1
2	初中教材在"无限循环小数和分数的互化"中,给出了图 1 所示的过程.请问:在"设 $x=0.\dot{5}$,那么 $10x=5.\dot{5}$"中,你认为有问题吗?	目标2

（续表）

序号	问题内容	指向
	 图 1	目标 2
3	"$0.\dot{1}+0.\dot{1}=0.\dot{2}$"成立吗？你能说出理由吗？	目标 2
4	如何理解无穷等比数列前 n 项和与所有项和在概念上的联系与区别？	目标 2
5	任意无穷数列都可以计算所有项的和吗？	目标 3

三、结果观察

1. 等式 $0.\dot{9}=0.999\cdots=1$ 对吗？给出你的判断并说明理由.

这个题目学生的判断理由是多种多样的,事实上都代表了他们对于"无限"这个概念的理解.学生的判断有两种——对和不对,但是理由却各不相同.只有个别学生能够准确理解无限.特别是有学生用了高等数学中"对于无穷数列 $\{a_n\}$,如果 $\{a_n\}$ 单调有界,那么 $\{a_n\}$ 的极限存在"来说明 1 是 $0.\dot{9}$ 的极限.虽然证明过程有瑕疵(没有证明数列的单调性),但是学生认真思考、勤于探究的精神是值得褒奖的.

学生作答一：

对.$0.\dot{9}$ 与 $0.999\cdots$ 是同一个数的两种写法.

设 $0.\dot{9}=x$,则 $10x=9.\dot{9}$.所以 $9x=9$,$x=1$.所以 $0.\dot{9}=1$.

所以三个数相同.

学生作答二：

对的.设 $S=0.\dot{9}$,则 $10S=9.\dot{9}$.

所以 $9S=10S-S=9$,则 $S=1$.

学生作答三：

对的吧. $10 \times 0.\dot{9} - 0.\dot{9} = 9 \Rightarrow 0.\dot{9} = 1$.

学生作答四：

不对, 只是无限接近于 1.

学生作答五：

不对. 设 $0.\dot{9} = x$, 则 $10x = x + 9$, 所以 $x = 1$.

$0.\dot{9}$ 与 1 几乎一样, 但可能还有差距.

学生作答六：

$0.\dot{9} = 0.999 \cdots = 1$.

因为 $\dfrac{1}{9} = 0.111 \cdots$, 所以 $0.999 \cdots = 9 \times 0.111 \cdots = 9 \times \dfrac{1}{9} = 1$.

学生作答七：

正确. 考虑数列 $\{a_n\} = 0.9, 0.99, 0.999, \cdots$, 显然 $\{a_n\}$ 单调递增.

因为任意 $n \in \mathbf{N}^*$, $a_n \leqslant 1$, 所以 $\{a_n\}$ 有界. 则 $\lim\limits_{n \to \infty} a_n$ 存在.

下证: $\lim\limits_{n \to \infty} a_n = 1$.

假设 $\lim\limits_{n \to \infty} a_n = A \neq 1$. 设 $|A - 1| = d > 0$.

所以任意 $\varepsilon > 0$, 存在 N, 当 $n > N$ 时, $0 < d = |A - 1| \leqslant |a_n - A| < \varepsilon$.

取 $\varepsilon = \dfrac{d}{2}$, 则 $|A - 1| = d > \varepsilon$, 矛盾.

所以 $\lim\limits_{n \to \infty} a_n = 1$.

2. 初中教材在"无限循环小数和分数的互化"中, 给出了图 1 所示的过程. 请问: 在"设 $x = 0.\dot{5}$, 那么 $10x = 5.\dot{5}$"中, 你认为有问题吗?

大部分学生认为是没有问题的, 只有极少数学生认为有问题. 因为这个问题在初中的教学过程中是不强调的, 所以学生有这样的认知不足为奇, 因而这个问题将是我们的教学重点和难点.

学生作答一：

有问题.因为在写出 $10x=5.\dot{5}$ 这一步时,默认了 $10x=10\times(0.5+0.\dot{5})=5+10\times0.0\dot{5}$ 中的第二个等号成立,即默认了乘法分配律对于无限小数也成立,这是未加以证明的.

学生作答二：

没问题.若 $\dfrac{9}{5}x=0.\dot{9}$

$$=\lim_{n\to\infty}[1-(0.1)^n]$$

$$=1,$$

则 $\dfrac{9}{5}\cdot10x=9.\dot{9}.$

$$=\lim_{n\to\infty}(10-0.1^n)$$

$$=10.$$

所以 $10\times0.\dot{5}=5.\dot{5}$,所以 $10x=5.\dot{5}$.

3. "$0.\dot{1}+0.\dot{1}=0.\dot{2}$"成立吗？你能说出理由吗？

学生都能判断这个式子是成立的,但是能够准确说出式子成立的理由的学生人数不多.相信在清楚了无限循环小数是无穷等比数列所有项的和的极限之后,每个学生都能了解这个式子成立的理由.

学生作答一：

成立.设 $\{a_n\}=0.1,0.11,0.111,\cdots$

$\{b_n\}=0.2,0.22,0.222,\cdots$

因为 $\lim\limits_{n\to\infty}a_n=\dfrac{1}{9}$,$\lim\limits_{n\to\infty}b_n=\dfrac{2}{9}$,所以 $0.\dot{1}+0.\dot{1}=0.\dot{2}$

$\Leftrightarrow\lim\limits_{n\to\infty}a_n+\lim\limits_{n\to\infty}a_n=\lim\limits_{n\to\infty}b_n\Leftrightarrow\dfrac{1}{9}+\dfrac{1}{9}=\dfrac{2}{9}$ 成立.

学生作答二：

$$0.\dot{1}=\sum_{i=1}^{\infty}\frac{1}{10^i}=\lim_{n\to\infty}\sum_{i=1}^{n}\frac{1}{10^i}.$$

$$0.\dot{1}+0.\dot{1}=\lim_{n\to\infty}\sum_{i=1}^{n}\frac{1}{10^i}+\lim_{n\to\infty}\sum_{i=1}^{n}\frac{1}{10^i}=\lim_{n\to\infty}\sum_{i=1}^{n}\frac{2}{10^i}=\sum_{i=1}^{\infty}\frac{2}{10^i}=0.\dot{2}.$$

学生作答三：

成立.

因为 $0.\dot{1}=\lim_{n\to\infty}(1-0.1^n)\times\frac{1}{9}=\frac{1}{9}$，$0.\dot{2}=\lim_{n\to\infty}(1-0.1^n)\times\frac{2}{9}=\frac{2}{9}$.

所以 $\frac{1}{9}+\frac{1}{9}=\frac{2}{9}$.

学生作答四：

因为 $0.\dot{1}=\frac{1}{9}$，$0.\dot{2}=\frac{2}{9}$，又 $\frac{1}{9}+\frac{1}{9}=\frac{2}{9}$，所以成立.

学生作答五：

$0.\dot{1}=\frac{1}{9}$，$0.\dot{2}=\frac{2}{9}$.

所以 $0.\dot{1}+0.\dot{1}=0.\dot{2}$ 成立的吧.

4. 如何理解无穷等比数列前 n 项和与所有项和在概念上的联系与区别?

学生的回答是很让人高兴的,因为作答情况表明他们从字面上了解了无穷等比数列前 n 项和与所有项和的概念是什么,尽管在具体的概念本质上的辨析欠缺一些.基于此,在上课过程中需要重点对概念进行追本溯源的分析.

学生作答一：

前 n 项和是所有项和的一部分,当 $n\to\infty$ 时,前 n 项和即所有项和.

学生作答二：

联系:有了对于有限的前 n 项和研究的基础,才能进一步处理所有项和;

所有项和为 $\lim_{n\to\infty}S_n$.

区别:有限项与无限项.

学生作答三:

前 n 项:$a_1+a_2+a_3+\cdots+a_n$.

所有项和:S_n 的极限.

前 n 项和<所有项和.

学生作答四:

前 n 项是可以规定有 n 项的,可变的.

无穷和是个定值.

5. 任意无穷数列都可以计算所有项的和吗?

这个问题的目的是让学生理解无穷数列所有项和的定义是该数列前 n 项和的极限,但是并不是所有无穷数列的前 n 项和的极限都是存在的,很多无穷数列的前 n 项和的极限是不存在的,所以问题的关键需要落在极限的存在性上.学生的回答还是非常不错的.

学生作答一:

不可以.要存在极限才可以.

学生作答二:

不是.发散的数列就不能算.

学生作答三:

不是.只有收敛的才行.

学生作答四:

不是.如 $a_n=1$,$S_n=n$,当 $n\rightarrow\infty$ 时不存在极限.

学生作答五:

不是.可以计算的是收敛的数列,发散的数列是不可以计算的.

教师引导环节

一、重点分析

通过对学生自主学习结果的观察以及对学生给出答案的分析,可以发现学生对于无限(无穷)的理解还是比较浅层次的,大多时候是类比在有限的基础上,但事实上有限与无限的理解是完全不同的.理解了无限(无穷)之后才能更加深入地理解数学的抽象.所以在具体的教学过程中,教学重点之一是使学生厘清无限(无穷)的概念,改正在无穷认识上的一些感性认识的错误;无穷等比数列各项的和的概念的引入以及定义的准确表述也是教学重点.所以教学过程的设计以及课堂教学问题的设置,都是围绕以上的重点来展开的.

二、教学过程

师:今天我们学习无穷等比数列各项的和.在小学,同学们学习过分数化小数,我们知道分数可以化成有限小数或无限循环小数.例如,$\frac{1}{3}=0.\dot{3}=0.333\cdots$,但是我们是怎样理解无限循环小数的呢? 例如,怎样理解 $0.\dot{3}=0.333\cdots$ 呢? 我想大家对此是不多加思考的,知道它就是 $\frac{1}{3}$.那么对于 $0.\dot{9}=0.999\cdots$ 如何理解呢? 你想到了什么呢? 它是什么意思? 表示什么? 等于多少? 它是哪个数化成的? 它是大于1,等于1,还是小于1? 今天我们学习无穷等比数列各项的和,就是要从理论上解决这些问题.

师:我们已经学过无穷等比数列,但是什么是各项的和呢? 我们先看一个具体的无穷等比数列."求无穷等比数列 $\left\{\frac{1}{2^n}\right\}$,即 $\frac{1}{2}$,$\frac{1}{4}$,$\cdots$,$\frac{1}{2^n}$,$\cdots$ 各项的和."

师:求数列各项的和,顾名思义,就是求数列全部项的和.无穷数列有无穷项,无穷项写也写不完,怎样相加求和呢? 很明显,这在传统算术意义上是无法相加求和的,是不存在和的.但是这个问题是数学发展过程中产生的一个新问题,是需要研究解决的.对于新问题,就要用新思维、新方法研究解决,与时俱进,有所创造.创造要有一定的基础,我们先回顾与这个问题有关的我们已知的内容,我们已知了什么?

生:我们已知的是数列的前 n 项的和 S_n.

师:很好,下面我们就探讨 S_n 与"各项和"的关系.

师:所谓的无穷数列各项的和,根据和的基本含义,是要把它们加起来,从前面开始加,它的基础是前 n 项和 S_n,对于数列 $\left\{\dfrac{1}{2^n}\right\}$,$S_n=1-\dfrac{1}{2^n}$.可以这样一直加下去得到"和",即"和"是存在的,是一个确定的数"S",那么前 n 项和 S_n 与"S"的关系如何呢?

生:当 n 越来越大时,S_n 就会接近、无限制地接近这个和"S".

师:很好,根据前面学习过的极限的知识,这个和"S"应该是前 n 项和 S_n 的极限.

师:通过上面的分析,我们首先要明确什么是"无穷项的和",即要赋予"无穷项的和"的意义(定义).有了意义,才能讨论怎样计算,也就是给出计算方法.数学的研究方法都是通过已知来研究未知,我们已知的是数列的前 n 项和 S_n 以及它的极限,未知的是无穷项的和.我们可以通过具体的数列 $\left\{\dfrac{1}{2^n}\right\}$ 来说明.

生:对于数列 $\left\{\dfrac{1}{2^n}\right\}$,已知 $S_n=1-\dfrac{1}{2^n}$,且 $\lim\limits_{n\to+\infty}S_n=\lim\limits_{n\to+\infty}\left(1-\dfrac{1}{2^n}\right)=1$.根据前面所认识到的前 n 项和 S_n 的极限与所探索的"各项和"的关系,我们可以这样定义:对于无穷等比数列 $\left\{\dfrac{1}{2^n}\right\}$,我们定义 $\lim\limits_{n\to+\infty}S_n$ 为它的各项的和,记为 S,即 $S=\lim\limits_{n\to+\infty}S_n=1$.即有 $\dfrac{1}{2}+\dfrac{1}{4}+\dfrac{1}{8}+\cdots+\dfrac{1}{2^n}+\cdots=1$.

师:很好,将概念上升到一般的无穷等比数列 $\{a_n\}$,其中 $a_n=a_1q^{n-1}$,可知:

①当 $q=1$ 时,$S_n=na_1$,S_n 的极限不存在.②当 $q\neq1$ 时,$S_n=\dfrac{a_1(1-q^n)}{1-q}=\dfrac{a_1}{1-q}-\dfrac{a_1}{1-q}q^n$,若 $|q|\geqslant1$,则 S_n 的极限不存在;若 $|q|<1$,则 $\lim\limits_{n\to+\infty}q^n=0$,所以 $\lim\limits_{n\to+\infty}S_n=\lim\limits_{n\to+\infty}\left(\dfrac{a_1}{1-q}-\dfrac{a_1}{1-q}q^n\right)=\dfrac{a_1}{1-q}$,即前 n 项和 S_n 的极限存在且等于 $\dfrac{a_1}{1-q}$.

师：所以对于 $|q|<1$ 的无穷等比数列 $\{a_n\}$，我们定义 $\lim\limits_{n\to+\infty} S_n$ 为它的各项的和，记为 S，即 $S=\lim\limits_{n\to+\infty} S_n=\dfrac{a_1}{1-q}$.

师：我们知道分数可以化为小数，如 $\dfrac{1}{3}=0.\dot{3}=0.333\cdots$，那么逆过来呢？

生：$0.\dot{3}=0.333\cdots=0.3+0.03+0.003+\cdots$ 是表示首项为 0.3，公比为 0.1 的无穷等比数列各项的和，即 $0.\dot{3}=0.333\cdots=\dfrac{0.3}{1-0.1}=\dfrac{0.3}{0.9}=\dfrac{1}{3}$.由此也可以看出我们定义的合理性.

师：同理，对于 $0.\dot{9}=0.999\cdots$，$0.999\cdots=0.9+0.09+0.009+\cdots$ 是表示首项为 0.9，公比为 0.1 的无穷等比数列各项的和，即 $0.\dot{9}=0.999\cdots=\dfrac{0.9}{1-0.1}=\dfrac{0.9}{0.9}=1$.至此，我们得到 $0.\dot{9}=0.999\cdots=1$，$\dfrac{1}{2}+\dfrac{1}{4}+\dfrac{1}{8}+\cdots+\dfrac{1}{2^n}+\cdots=1$.这两个等式的成立是准确的还是近似的？即左边是真的等于 1，还是近似等于 1？

生：是等于 1.原因是无穷等比数列各项和的定义.

师：对的.因为对于这两个等式，同学们感觉上总认为等式左边小于右边，总觉得差一点.本质上同学们还是用有限来理解无限，通过今天的学习，我们要明确这两个等式的成立是准确的，因为这是根据无穷等比数列各项和的定义得到的.

师：所以"$0.\dot{1}+0.\dot{1}=0.\dot{2}$"运算成立的前提是 $0.\dot{1}$ 有定义且为 $\dfrac{1}{9}$，$0.\dot{2}$ 有定义且为 $\dfrac{2}{9}$，有了定义，运算就成立了.

师：下面我们来看例题.如图 2，正方形 $ABCD$ 的边长为 1，连接这个正方形各边的中点得到一个小的正方形 $A_1B_1C_1D_1$；又连接小正方形 $A_1B_1C_1D_1$ 各边的中点得到一个更小的正方形 $A_2B_2C_2D_2$；如此无限继续下去.求所有这些正方形的面积的和.

生：设第 n 个正方形的面积为 a_n，则 $a_1=1$.由题，可得 $A_nB_n=$
$$\sqrt{\left(\frac{A_{n-1}B_{n-1}}{2}\right)^2+\left(\frac{B_{n-1}C_{n-1}}{2}\right)^2}=\sqrt{\frac{(A_{n-1}B_{n-1})^2}{2}}=\frac{\sqrt{2}}{2}A_{n-1}B_{n-1}，\text{进而 } a_n=$$

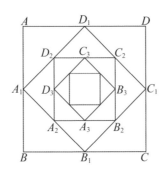

图 2

$(A_nB_n)^2 = \dfrac{1}{2}(A_{n-1}B_{n-1})^2 = \dfrac{1}{2}a_{n-1}$,所以所有正方形的面积组成的数列 $\{a_n\}$ 是首项为 1,公比为 $\dfrac{1}{2}$ 的无穷等比数列,故所有正方形的面积的和为:$S = \dfrac{1}{1-\dfrac{1}{2}} = 2$.

师:这节课我们学习了"无穷等比数列各项的和",这是同学们第一次真正意义上碰到有关无穷的问题,即无穷个数相加.请同学们回去好好体会一下我们课上是如何处理有关于无穷的问题,好好思考处理无穷问题的具体方法.作为"无穷等比数列各项的和"的应用,我们也解决了无限循环小数的问题,也就是无限循环小数都可以化成分数,从而对有理数有了更清晰和完整的认识.

三、反思凝练

这节课是求无穷等比数列各项的和,对高中生而言,是未见过的新问题、新概念,教师需要帮助学生思考、研究、理解,使学生能正确建立新概念,不仅让学生理解掌握,也要启发学生的思维,促进以后的学习,为可持续发展打下良好的基础.由于之前的求和都是求有限项的和,因此说到求和,无形之中就把有限项求和的思想方法移植过去,影响正确理解无穷项和的定义以及它的必要性和合理性.为此,在教学过程的引入问题、分析问题、解决问题中强调了以下三点:一是在引入问题阶段,通过学生熟悉的一些例子,强调求无穷项的和是数学发展过程中客观产生的一个新问题,必须加以研究解决.这一阶段要引导学生积极思考,参与问题解决.二是在分析问题阶段,强调在传统的算术求和概念里,求无限项的和是无法解决的,是不可能求出和的,是不存在和的.需知不破不立,不破旧概念,难立新概念.三是在解决问题阶段,用新思想、新方法研究新问题,从研究新问题的最基本的思想方法出发,用已知刻画未知,用有限刻画无限.由于在传统算术意义上求无限项的和是没有意义的,所以首先要给出定义(什么是、是什么),再寻找求法(怎么求),在教学过程中,这两个问题是同时解决的.在整个教学过程中,遵循学生的思维过程,引导学生自己发现问题、解决问题,并在此过程中培养学生的质疑精神,促进学生主动参与问题的解决,使学生在积累知识的同时,能力得到提高,思维品质得到提升.需要强调过程教学,教师在过程中要启发学生思维,调动学生学习数学的积极性,让学生真正地参与其中,体验学习数学的乐趣.在学习无穷项的和的过程中,在教师的引导下,学生可以进行理性的思考,通过思辨,不仅知其然,也能知其所以然.

五　复数的概念

自主学习环节

一、目标分析

数是数学中的最基本的概念之一,数的每一次扩充发展都标志着数学发展的一次巨大的飞跃.学生通过学前资料包(详见《高中数学专题学习——指向学生悟性培育的情境和问题》)的学习可以了解和理解实数的发展史,知道数系不断扩充的原因,掌握复数的概念,加、减、乘、除运算以及运算法则.基于以上分析,设置学生自主学习的目标是:

1. 了解数系扩充的原因;

2. 清楚实数集扩充到复数集的真实原因;

3. 了解复数的定义;

4. 清楚实数可以比较大小的原因.

二、问题指向

在学生自主学习的环节中设置了 5 个问题,这些问题都是为了帮助学生更好地达成自主学习的目标.

序号	问题内容	指向
1	人类认识数的过程是循序渐进的,首先认识的是自然数集 N,其次是整数集 Z,再次是有理数集 Q、无理数集,最后是实数集 R.这些数集之间有如下包含关系:$N \subsetneqq Z \subsetneqq Q \subsetneqq R$,请问:你了解数系扩充的原因吗?	目标 1
2	方程一定有解吗? 你能举出无解方程的例子吗?	目标 2

（续表）

序号	问题内容	指向
3	实系数一元二次方程有求根公式,请你利用阅读材料说明实系数一元三次方程的卡丹(G. Cardano)公式是什么,并简单说明为什么卡丹公式中的负数开方问题必须要得到解决.	目标2、目标3
4	两个实数可以比较大小,原因是什么?	目标4
5	$\dfrac{0}{0}$与$\dfrac{x}{0}$($x\neq 0$)都是无意义的,它们无意义的含义一样吗?	目标1

三、结果观察

1. 人类认识数的过程是循序渐进的,首先认识的是自然数集 **N**,其次是整数集 **Z**,再次是有理数集 **Q**、无理数集,最后是实数集 **R**.这些数集之间有如下包含关系：**N**⊊**Z**⊊**Q**⊊**R**,请问：你了解数系扩充的原因吗？

从学生的回答看,80%以上的学生通过材料的学习可以给出一些数系扩充的原因,能够理解数之所以区别于符号的本质是运算,运算使得数系得以扩充和发展.

学生作答一：

N→**Z**：保证减法的封闭性.

Z→**Q**：保证除法的封闭性.

Q→**R**：保证分数指数幂运算的封闭性.

学生作答二：

人类社会初期,人们通过生产劳动,认识了 1,2,3,4 等自然数和用以表示没有的 0,产生了自然数集 **N**.为了测量、分配,人们引进分数,产生了正分数,而为了表示各种具有相反意义的量,引进负分数,从而扩充至有理数集 **Q**.在此过程中 **N**,负整数,0 的并集为整数集 **Z**.为解决非完全平方数的开方,如计算边长为 1 的正方形对角线,引入无限不循环小数,即无理数集产生了,将 **Q** 与无理数集合并产生 **R**.

学生作答三：

N→**Z**：自然数集对加法封闭,减法时需要进行扩充.

> **Z→Q**:整数集对加减封闭,除法时需要进行扩充.
>
> **Q→R**:有理数集对四则运算封闭,开方时需要进行扩充.
>
> 学生作答四:
>
> 人类数学发展史中先有自然数集 N,然而 N 中减法不封闭,引进了新数 "负整数集",与 N 合并为 Z;Z 中除法不封闭,故引入 Q;Q 中开方不封闭,引进"无理数集".

2. 方程一定有解吗? 你能举出无解方程的例子吗?

100%的学生认为无解方程还是比较多的,但是大多数例子局限在根的判别式小于零的一元二次方程.设置这个问题的目的是希望学生了解复数的产生本质并不是因为根的判别式小于零的一元二次方程无解,因为一个方程无解是很正常的,并不会引起数学家的兴趣和疑问,真正促使复数产生的原因是人们开始尝试求解一元三次方程组的通解公式.希望通过这个问题能将正确的数学历史告诉学生.但是大部分学生并没有给出合适的例子,所以在上课时这将是重点.

> 学生作答一:
>
> 不一定有解.例如,$\frac{2}{x}=0$,$x+1=x-1$.
>
> 学生作答二:
>
> 不一定有解.例如,$x^2-2x+5=0$.$\Delta=b^2-4ac=4-20=-16<0$,所以无解.

3. 实系数一元二次方程有求根公式,请你利用阅读材料说明实系数一元三次方程的卡丹公式是什么,并简单说明为什么卡丹公式中的负数开方问题必须要得到解决.

90%以上的学生可以理解阅读材料里的含义,给出相应合理的解释,所以授课过程中的这一环节可以有的放矢.

学生作答一：

实系数一元三次方程 $x^3+px+q=0$ 的根为 $x=\alpha+\beta$，其中 $\alpha=\sqrt[3]{-\dfrac{q}{2}+\sqrt{\dfrac{p^3}{27}+\dfrac{q^2}{4}}}$，$\beta=\sqrt[3]{-\dfrac{q}{2}-\sqrt{\dfrac{p^3}{27}+\dfrac{q^2}{4}}}$．则 $\alpha\beta=-\dfrac{p}{3}$．

例：一元三次方程 $x^3=15x+4$ 的根分别为 $x_1=4$，$x_2=-2+\sqrt{3}$，$x_3=-2-\sqrt{3}$．

而卡丹公式可得一根为 $x=\sqrt[3]{2+\sqrt{-121}}+\sqrt[3]{2-\sqrt{-121}}$．

形式不同而理论上相等．

学生作答二：

$x=\sqrt[3]{\dfrac{q+\sqrt{q^2-\dfrac{4p^3}{27}}}{2}}+\sqrt[3]{\dfrac{q-\sqrt{q^2-\dfrac{4p^3}{27}}}{2}}-\dfrac{a}{3}$，其中 $p=-b+\dfrac{a^2}{3}$，

$q=-c+\dfrac{a}{3}\left(b-\dfrac{2}{9}a^2\right)$．

卡丹公式中需求出 $q^2-\dfrac{4p^3}{27}$ 的平方根，但当 $q^2-\dfrac{4p^3}{27}$ 为负时，方程不一定无解．因为假若能够运算，最终的解 x 是实数．所以必须解决．

4. 两个实数可以比较大小，原因是什么？

即使有阅读材料，50％的学生还是不太理解实数可以比较大小的原因，给出了错误的解释，只有部分学生给出了正确的答案．所以这一问题在教学中将是重点内容．

学生作答一：

实数都在数轴上，而数轴上的点是有序的，我们可以规定大小．

学生作答二：

实数表示为数轴上的数，即可表示为距离，距离有远近，则数有大小．

学生作答三：

实数为有序集合，若 $\alpha,\beta,\gamma \in \mathbf{R}$，则满足

① $\alpha < \beta, \alpha = \beta, \alpha > \beta$ 三者必居其一.

② 若 $\alpha < \beta, \beta < \gamma$，则 $\alpha < \gamma$.

③ 若 $\alpha < \beta$，则 $\alpha + \gamma < \beta + \gamma$.

④ 若 $\alpha < \beta$，且 $\gamma > 0$，则 $\alpha\gamma < \beta\gamma$.

5. $\dfrac{0}{0}$ 与 $\dfrac{x}{0}(x \neq 0)$ 都是无意义的，它们无意义的含义一样吗？

所有学生的回答都是正确的，所以虽然这是一个重点内容，但是在授课过程中可以不再强调了.

学生作答一：

不一样. $\dfrac{x}{0} \Rightarrow a \cdot 0 = x$，找不到 a.

$\dfrac{0}{0} \Rightarrow$ 由于结果可为任意，故也无意义.

学生作答二：

不一样. $\dfrac{0}{0} = k, 0 \cdot k = 0$，运算结果不唯一确定.

$\dfrac{x}{0} = k, 0 \cdot k = x(x \neq 0)$，则 $k \in \varnothing$.

教师引导环节

一、重点分析

通过对学生自主学习结果的观察以及对学生给出答案的分析，发现学生基本了解了数系扩充的原因在于数的运算，但是一些具体的细节理解得不透彻.数的本质是运算，如果没有运算就不能称为数.所以让学生经历数的概念的发展和数系扩

充的过程,从而体会数学发现和创造的过程,以及数学发生、发展的客观需求是教学重点,而数系扩充的必要性和从实数集到复数集扩充的真实原因,以及扩充之后数系的特点,则是教学过程的难点.所以教学过程的推进以及课堂教学问题的设置,都是围绕以上重点和难点来展开的.

二、教学过程

师:今天我们学习复数.首先我们来回顾一下数的发展.事实上,计数和加法产生了自然数(正整数);由减法产生了负整数与零,自然数集扩充为整数集;由除法产生了分数 $\dfrac{m}{n}$($n \in \mathbf{N}, n > 0, m \in \mathbf{Z}$).整数与分数统称为有理数,它们都能用有限个数码或比来表示.在有理数的研究过程中需要清晰的是 $\dfrac{0}{0}$ 与 $\dfrac{x}{0}$($x \neq 0$)都是无意义的,它们无意义的含义是不一样的.请问:哪位同学可以解释 $\dfrac{0}{0}$ 与 $\dfrac{x}{0}$($x \neq 0$)的不同含义?

生:设 $\dfrac{x}{0} = t$($x \neq 0$),则原式等价于 $x = t \cdot 0$($x \neq 0$),显然不存在这样的 t,所以 $\dfrac{x}{0}$($x \neq 0$)无意义是不存在的意思.而设 $\dfrac{0}{0} = s \Leftrightarrow 0 = 0 \cdot s$,显然此时 s 可以是任意的实数,也就是不确定的实数,因为不确定或任意的情况会引起数学研究不必要的麻烦,所以我们也认为 $\dfrac{0}{0}$ 无意义,因而它们的无意义是有区别的.

师:很好,我们继续看数系的发展.无理数的发展分为三个阶段.

(1) 可公度和不可公度现象的产生

线段的长度是度量的结果.线段是否都可公度? 古希腊数学家毕达哥拉斯(Pythagoras)的哲学观点强烈地认为都是可公度的.因为他的信念是世上万物都是可用有限个数码完全表示的.所谓可公度或不可公度,即对于任何两条线段 a 与 b,若存在线段 c,使得 $a = mc, b = nc$($m, n \in \mathbf{N}$),则称 c 为 a, b 的公度,a, b 为可公度,否则为不可公度.事实上,从现如今看来,正方形的边与其对角线是不可公度的,但是最早发现不可公度线段是正五边形的边与其对角线,这揭示了线段长未必都能用有理数表示.

（2）正数可开平方

$\sqrt{2}$是什么？由勾股定理知道存在平方等于2的线段，但是怎样表示呢？正数开平方都能开得尽吗？方根都能用有理数表示吗？这些问题促使数的概念的扩大，人们建立了无理数，承认了无限表示也是数.

（3）无理数的确定

两千多年前就出现过有关无理数的问题，但是怎样表示一直是一个问题，有人认为它是不能表示数的，是无（道）理的数，不承认无限表示也是表示.直到19世纪，人们才从理论上确定了无理数，从而建立了完整的实数理论（是用极限理论来建立的）.

师：接下来是实数的扩充，分为三个阶段.

（1）虚数的产生

虚数的产生完全源于解方程.解一元二次方程$ax^2+bx+c=0(a,b,c\in\mathbf{R},a\neq0)$，建立求根公式$x=\dfrac{-b\pm\sqrt{b^2-4ac}}{2a}$，若$b^2-4ac\geqslant0$，则有两个根；若$b^2-4ac<0$，就无解（无实数根）.事实上方程无解是很自然的事，不会引起太多的思考.但是对于一元三次方程就不一样了，为什么有的三次方程有三个根，而有的只有一个根（实根）（例如$x^3-x=0,x^3-1=0$），更为关键的是为了建立求根公式，即使是求三个实数根也要用到复数开方.1572年出版的意大利工程师邦别利（R. Bombelli）的著作《代数学》一书中，邦别利运用卡丹的三次方程的求根公式（史称卡丹公式）求方程$x^3=15x+4$的根时，求得了该方程的两个根$-2\pm\sqrt{3}$，而另外一个根写成了如下形式：$\sqrt[3]{2+\sqrt{-121}}+\sqrt[3]{2-\sqrt{-121}}$，也即$\sqrt[3]{2+11\sqrt{-1}}+\sqrt[3]{2-11\sqrt{-1}}$.邦别利发现，这个三次方程显然有一个根$x=4$，这说明应该有$\sqrt[3]{2+\sqrt{-121}}+\sqrt[3]{2-\sqrt{-121}}=4$，而且他试着将$\sqrt{-1}$也看成一个数，它的平方为$-1$，再通过非常巧妙的方法探索后发现：$\sqrt[3]{2+\sqrt{-121}}=2+\sqrt{-1}$，$\sqrt[3]{2-\sqrt{-121}}=2-\sqrt{-1}$.$\sqrt{-1}$是一个数吗？如果不是数，怎么看待$\sqrt[3]{2+\sqrt{-121}}+\sqrt[3]{2-\sqrt{-121}}=4$这个"非接受

不可"的"事实"呢？这说明：实数集还可以也很有必要进行扩充！

（2）负数开平方

承认 $\sqrt{-1}$ 是一个数，记 $i=\sqrt{-1}$，将它作为新数单位（瑞士数学家欧拉（L. Euler）首创），具有性质 $i^2=-1$，i 可与实数进行乘法与加法运算，并且满足交换律和结合律，这样可以求得一元三次方程的求根公式.

什么叫做数？数的意义、数的特性、数的价值在于运算，数离开运算就不成为数，只是一种普通的记号.

（3）复数

① 新数单位

给出新数单位 i（称为虚数单位），i 具有性质：$i^2=-1$，i 可与实数进行乘法与加法运算，并且满足交换律和结合律.i 必须满足上述所有性质，才能成为虚数单位.

对于 $b\in\mathbf{R}$，$b\cdot i=bi$.当 $b\neq0$ 时，因为 $(bi)^2=b^2i^2=-b^2<0$，所以 bi 不是实数.当 $b=0$ 时，规定 $b\cdot i=0\cdot i=0$.

② i 的乘方 i^n，$n\in\mathbf{N}$

$i^1=i$，$i^2=-1$，$i^3=i^2\cdot i=-i$，$i^4=1$，$i^{4n}=1$，$i^{4n+1}=i$，$i^{4n+2}=-1$，$i^{4n+3}=-i$，不超出 bi 的形式.（规定 $i^0=1$）

③ 复数

对于 $a,b\in\mathbf{R}$，a 与 bi 相加，得到形如 $a+bi$ 的数，称为复数.它由两个部分组成，a 称实部，b 称虚部，其中 a 即 $a+0\cdot i$.

④ 复数的运算法则

复数 $a+bi$ 与 $c+di$（$a,b,c,d\in\mathbf{R}$）的四则运算如下.

加法：$(a+bi)+(c+di)=(a+c)+(b+d)i$（相当于合并同类项）.

减法：$(a+bi)-(c+di)=(a-c)+(b-d)i$（加法的逆运算）.

乘法：$(a+bi)\cdot(c+di)=(ac-bd)+(bc+ad)i$（相当于多项式乘法）.

特别地，$(a+bi)\cdot(a-bi)=a^2+b^2$，$a-bi$ 为 $a+bi$ 的实数化因子，称它们为共轭复数.

除法：对于两个复数 $a+bi$ 与 $c+di$（$a,b,c,d\in\mathbf{R}$），称满足 $(x+yi)(c+di)=$

$a+bi$ 的 $x+yi$ $(x,y\in\mathbf{R})$ 为 $a+bi$ 除以 $c+di$ 的商,记为 $\dfrac{a+bi}{c+di}$. 由 $(x+yi)(c+di)(c-di)=(a+bi)(c-di)$,得

$$x+yi=\frac{(a+bi)(c-di)}{c^2+d^2}=\frac{ac+bd}{c^2+d^2}+\frac{bc-ad}{c^2+d^2}i.$$

⑤ 集合 $\mathbf{C}=\{z|z=a+bi,a,b\in\mathbf{R}\}$ 称为复数集合,在 $\mathbf{C}$ 中四则运算(加、减、乘、除)可进行,即封闭.可以验证复数对加法、乘法都满足交换律与结合律,并满足乘法对加法的分配率,很明显 $\mathbf{R}\subsetneqq\mathbf{C}$.

师:在实数的学习中,我们都知道实数可以比较大小,那么虚数可以比较大小吗?

生:不可以.

师:可以说一说理由吗?

生:实数的比较大小是需要和实数的运算相兼容,所以虚数的比较大小也应该和运算相兼容.但事实上,两个"大于"0 的数的乘积"大于"0,且两个"小于"0 的数的乘积"大于"0,而对于虚数 i,无论它是大于 0 或小于 0,$i^2=-1$,而 -1 小于 0,故虚数的大小比较在原有实数比较大小的基础上是不可能成立的.

师:回答得很清楚.事实上复数的比较大小又可以看作是对复数进行的排序,它是可以按照以下方式来进行的:对于两个复数 $z_1=a+bi,z_2=c+di(a,b,c,d\in\mathbf{R})$,若 $a>c$,则 $z_1>z_2$;若 $a<c$,则 $z_1<z_2$;若 $a=c$,分为以下三种情况:若 $a=c$ 且 $b>d$,则 $z_1>z_2$,若 $a=c$ 且 $b<d$,则 $z_1<z_2$,若 $a=c$ 且 $b=d$,则 $z_1=z_2$.在此定义下,两个实数 a,b 的大小关系即与传统意义下实数的大小关系相一致.但是虚数的比较大小这一定义却与运算不兼容.就像刚刚同学的回答一样,所以虚数不可以比较大小.

三、反思凝练

复数教学一直是中学数学教学的重点和难点.美国电气工程师、研究复数发展史的专家保罗·J.纳欣(P. J. Nahin)在其著作《虚数的故事》一书中这样写道:"当把虚数 $\sqrt{-1}$ 第一次讲给高中生们听时,通常是让他们读到诸如下面的文字:从根本上说,是实系数方程 $x^2+1=0$ 导致人们发明了 i(还有 $-i$)……,但正如现在你

已经知道的,这同时也是不符合事实的.当早期的数学家们遇上 $x^2+1=0$ 以及诸如此类的二次方程时,他们只是闭上眼睛,称它们是'不可能的'便了事.他们肯定没有为这类方程发明过一种解.所以关于 $\sqrt{-1}$ 的突破性进展不是来自二次方程,而是来自一种三次方程……"试想一下,当初那么多伟大的数学家们(包括欧拉、莱布尼兹(G. W. Leibniz)等)都难以理解、不能接受"虚数"(尽管著名数学家高斯(C. F. Gauss)对虚数已经有了较为本质的认识,但他也曾坦诚地说:"$\sqrt{-1}$ 的真正的超现实性是难以捉摸的"),而且他们没有基于方程 $x^2+1=0$ 的解的问题有所突破,怎么能指望我们的学生们"心悦诚服"地接受虚数并认为方程 $x^2+1=0$ 就一定有解呢? 真正引起认知冲突的,正是被意大利工程师邦别利称为"不可约三次方程"的复数形式的实数解,这应该是作为数学教学中引入复数概念的思维起点.

　　所以在复数的教学设计中,应该把复数概念的发生发展过程(三次方程复数形式的实数解的产生过程)变成学生可以理解的思维过程,这也是教学关键.

六　二项式系数的性质

～～～～～～～**自主学习环节**～～～～～～～

一、目标分析

　　事实上,高中学生对"杨辉三角"并不陌生,在沪教版七年级第一学期的第九章"整式"的阅读材料中,介绍了"贾宪三角",材料以递推的形式,引导学生猜测展开式中各项系数的关系,并发现这些系数的规律,材料同时给出了"贾宪三角"数字的一些规律.例如,这个三角的两条斜的边都是由数字1组成,而其他数都等于它肩上的两个数的和.材料中,也指明了"贾宪三角"在西方数学史上被称为"帕斯卡(B. Pascal)三角形".高中再次学习这些内容时,学生对于不陌生的数阵,不仅仅是学会从不同角度来观察这个数阵的规律,更为重要的是应该会严格证明这些结论.基于此,设置学生自主学习的目标是:

　　1. 能够掌握二项展开式中的二项式系数的基本性质及其推导方法;

　　2. 通过不同的角度观察"杨辉三角",增强自身多角度看问题的意识,提高解决实际问题的能力;

　　3. 通过观察"杨辉三角",提高自己发现问题、提出问题、解决问题的能力;

　　4. 善于表达自己的想法和观点,同时了解我国古代数学的伟大成就.

二、问题指向

　　在学生自主学习的环节中设置了5个问题,这些问题都是为了帮助学生更好地达成自主学习的目标.

序号	问题内容	指向
1	"杨辉三角"指的是怎样的一张数表?	目标1

（续表）

序号	问题内容	指向
2	"杨辉三角"这张数表是怎样得到的?	目标 1
3	从左到右观察"杨辉三角"的每一横行,能得到哪些规律?	目标 2、目标 3、目标 4
4	观察"杨辉三角"横行与横行之间的关系,能得到哪些规律?	目标 2、目标 3、目标 4
5	观察"杨辉三角"的每一斜行,能得到哪些数字的规律?	目标 2、目标 3、目标 4

三、结果观察

1."杨辉三角"指的是怎样的一张数表?

90%以上的学生可以用文字或是图表的形式给出"杨辉三角"的概念.学生比较有疑问的是"杨辉三角"的第一行是 1 个元素,还是 2 个元素.

学生作答一:

形如等腰三角形,每一行两端都是 1,其余位置每一个数都等于它"肩上"两个数的和.

学生作答二:

$$
\begin{array}{ccccccccccc}
 & & & & & 1 & & & & & \\
 & & & & 1 & & 1 & & & & \\
 & & & 1 & & 2 & & 1 & & & \\
 & & 1 & & 3 & & 3 & & 1 & & \\
 & 1 & & 4 & & 6 & & 4 & & 1 & \\
1 & & 5 & & 10 & & 10 & & 5 & & 1 \\
 & & & & & \cdots\cdots & & & & &
\end{array}
$$

学生作答三:

$(a+b)^n$ 的展开式的二项式系数表

$$
\begin{array}{ccccccccccccc}
 & & & & & 1 & & 1 & & & & & \\
 & & & & 1 & & 2 & & 1 & & & & \\
 & & & 1 & & 3 & & 3 & & 1 & & & \\
 & & 1 & & 4 & & 6 & & 4 & & 1 & & \\
 & 1 & & 5 & & 10 & & 10 & & 5 & & 1 & \\
1 & & 6 & & 15 & & 20 & & 15 & & 6 & & 1 \\
 & & & & & & \cdots\cdots & & & & & &
\end{array}
$$

2. "杨辉三角"这张数表是怎样得到的?

90%的学生知道"杨辉三角"就是二项展开式中二项式的系数在三角形中的一种几何排列.

> 学生作答一:
>
> $(a+b)^n$ 的展开式的二项式系数,当 n 依次取 $1,2,3\cdots$时,按照第 n 行排列.
>
> 根据二项展开式,可知第 n 行的数字为:$C_n^0,C_n^1,C_n^2,\cdots,C_n^n$.
>
> 学生作答二:
>
> 由$(a+b)^n(n=1,2,3\cdots)$的二项式系数排列得到.

3. 从左到右观察"杨辉三角"的每一横行,能得到哪些规律?

这个问题是一个开放性的问题,旨在开拓学生的视野,引导学生拓宽思考问题的思路.学生们也给出了十分有趣的答案.

> 学生作答一:
>
> - 首尾均为 1.
> - 对称结构,增大再变小.
> - 数字重复不超过 2 个.
>
> 学生作答二:
>
> - 第 n 行:$C_n^0,C_n^1,C_n^2,\cdots,C_n^n$.
> - 与首末两端"等距离"的两项的数字相等.
> - 第 n 行的数字和为 2^n.
>
> 学生作答三:
>
> - 每一横行形成的数都是 11 的次方,第 n 行为 $y=11^{n-1}$,便是 11 的 $n-1$ 次方.
> - 横行的所有数字相加是 2 的次方,第 n 行的和是 2^{n-1}.
> - 每一行都是对称的,到 1 距离相等的数大小相等.

- 每一横行首尾两个数都是 1.
- 是 $(a+b)^n$ 展开式的系数.

4. 观察"杨辉三角"横行与横行之间的关系,能得到哪些规律?

这也是一个开放性的问题,学生的回答比较中规中矩.或许是问题的设计不太清楚,遗憾的是没有任何一人给出严格证明.

学生作答一:

- 第 n 行的元素有 $n+1$ 项.
- 每个数(除两端)等于它上方两个数之和.

学生作答二:

- 每一行两端都是 1.
- 其余位置上的每一个数都是其肩上两数之和.

学生作答三:

- 每一行的数字比上一行多 1 个.
- "杨辉三角"中的数字(除每一行首尾两个 1 外)等于"肩上"两个数字的和.

5. 观察"杨辉三角"的每一斜行,能得到哪些数字的规律?

这也是一个开放性的问题.学生的回答中虽然有些结论是错误的,但是也代表了学生的想法.

学生作答一:

（前6行）
①列的和: 6.
②列的和: 15.
③列的和: 20. → 与第7行的元素对应.
④列的和: 15.
⑤列的和: 6.

所以第 n 行第 i 个元素等于前 $n-1$ 行的第 $i-1$ 号元素的和.

学生作答二:

- 从左上到右下的第 n 斜行与从右上到左下的第 n 斜行相同.

- 第 n 个斜行前 m 项之和等于第 $m+n$ 横行第 $n+1$ 项,即 $C_n^{n-1}+C_{n+1}^{n-1}+\cdots+C_{m+n-2}^{n-1}=C_{m+n-1}^n$.

学生作答三:

- 斜行中,写出斜行直线上数字的和,从第 3 个数起,任一个数是前 2 个数字的和.(斐波那契数列)

- 第 1 斜行是常数列,第 2 斜行是等差数列,第 3 斜行是三阶等差数列,第 n 斜行是高阶等差数列.

- 第 3 斜列(从左到右),前一个数与后一个数相加为平方数.

⤜⤜⤜⤜⤜⤜ 教师引导环节 ⤞⤞⤞⤞⤞⤞

一、重点分析

通过对学生自主学习结果的观察以及对学生给出答案的分析,发现学生基本知道"杨辉三角"的具体内容,但是对于"杨辉三角"中蕴含的数字规律的总结还是不够全面,而且学生发现问题并运用所学的知识解决问题的能力亟待提高.所以引导的重点在于,通过这节课的学习,让学生可以感知知识的形成过程,对于规律性的结论可以作出判断,并上升到理性的思考与严格的数学证明.所以教学过程的推进以及课堂教学问题的设置,都是围绕以上重点和难点来展开的.

二、教学过程

师: 前面我们已经学习了二项展开式,即 $(a+b)^n=C_n^0 a^n+C_n^1 a^{n-1}b^1+C_n^2 a^{n-2}b^2+\cdots+C_n^r a^{n-r}b^r+\cdots+C_n^n b^n(n\in \mathbf{N}^*)$,了解了二项式系数就是指 $C_n^0,C_n^1,C_n^2,\cdots,C_n^r,\cdots,C_n^n$ 这些组合数.所以只要计算出组合数,就可以得出每一个二项展开式的二项式系数.例如:

$n=1$ 时,二项式系数为 C_1^0,C_1^1,即为 $1,1$;

$n=2$ 时,二项式系数为 C_2^0,C_2^1,C_2^2,计算可得 $1,2,1$;

$n=3$ 时,二项式系数为 C_3^0,C_3^1,C_3^2,C_3^3,计算可得 $1,3,3,1$;

$n=4$ 时,二项式系数为 $C_4^0,C_4^1,C_4^2,C_4^3,C_4^4$,计算可得 $1,4,6,4,1$;

$n=5$ 时,二项式系数为 $C_5^0,C_5^1,C_5^2,C_5^3,C_5^4,C_5^5$,计算可得 $1,5,10,10,5,1$;

……

任意正整数 n,二项式系数为 $C_n^0,C_n^1,C_n^2\cdots,C_n^r,\cdots C_n^{n-2},C_n^{n-1},C_n^n$.

这样我们可以得出一张数表:

$$
\begin{array}{ccccccc}
1 & 1 & & & & &\\
1 & 2 & 1 & & & &\\
1 & 3 & 3 & 1 & & &\\
1 & 4 & 6 & 4 & 1 & &\\
\end{array}
$$

……

$$C_n^0 \quad C_n^1 \quad C_n^2 \cdots C_n^r \cdots C_n^{n-2} \quad C_n^{n-1} \quad C_n^n$$

根据组合数的性质以及数表的完整性,我们将这张数表整理为以下形式:

$(a+b)^0$ ┈┈┈┈┈┈┈┈┈ 1 ┈┈┈┈┈┈┈┈┈第1行

$(a+b)^1$ ┈┈┈┈┈┈ $1\quad 1$ ┈┈┈┈┈┈第2行

$(a+b)^2$ ┈┈┈┈┈ $1\quad 2\quad 1$ ┈┈┈┈┈第3行

$(a+b)^3$ ┈┈┈┈ $1\quad 3\quad 3\quad 1$ ┈┈┈┈第4行

$(a+b)^4$ ┈┈┈ $1\quad 4\quad 6\quad 4\quad 1$ ┈┈┈第5行

$(a+b)^5$ ┈┈ $1\quad 5\quad 10\quad 10\quad 5\quad 1$ ┈┈第6行

$(a+b)^6$ ┈ $1\quad 6\quad 15\quad 20\quad 15\quad 6\quad 1$ ┈第7行

……

$(a+b)^{n-1}$ ┈ $C_{n-1}^0\ C_{n-1}^1\ C_{n-1}^2\cdots C_{n-1}^r\cdots C_{n-1}^{n-1-r}\ C_{n-1}^{n-3}\ C_{n-1}^{n-2}\ C_{n-1}^{n-1}$ ┈第 n 行

$(a+b)^n$ ┈ $C_n^0\ C_n^1\ C_n^2\ \cdots C_n^r\ \cdots\ C_n^{n-r}\ C_n^{n-2}\ C_n^{n-1}\ C_n^n$ ┈第 $n+1$ 行

这个三角不简单,它是著名的"杨辉三角".杨辉是我国南宋时期的数学家,著有《详解九章算法》一书,在这本书中杨辉提到了这个"三角",他称这为"开方作法本源图",后人就用他的名字来命名这个三角,称之为"杨辉三角".500 年后的法国数学家也发现了这个三角,所以也有人称这个三角为"帕斯卡三角".很多数学家在研究"杨辉三角"时都发出由衷的感叹:"这是个美妙的三角."那么,这个三角究竟美在哪里,妙在何处?这个三角的美妙就在于构成这个三角的数字的规律,那么除了我们刚才得知的规律外,它的数字还有哪些规律?

师:古诗说得好:横看成岭侧成峰,远近高低各不同.观察事物也好,数表也罢,我们应该从不同的角度和方向去观察.我们常用的观察方法是整体到局部,整体观察我们已经了解了"杨辉三角"是一个左右对称的三角.局部观察呢?"杨辉三角"的局部观察我们可以横着看每一行,从左到右看.那么从左到右观察"杨辉三角"的每一横行,横行的数字变化有何规律?

生:从小到大再变小,用数学语言表达就是:

n 为偶数时,$C_n^0 < C_n^1 < \cdots < C_n^{\frac{n}{2}-1} < C_n^{\frac{n}{2}}, C_n^{\frac{n}{2}} > C_n^{\frac{n}{2}+1} > \cdots > C_n^{n-1} > C_n^n$;

n 为奇数时,$C_n^0 < C_n^1 < \cdots < C_n^{\frac{n-1}{2}-1} < C_n^{\frac{n-1}{2}}, C_n^{\frac{n-1}{2}} = C_n^{\frac{n+1}{2}}, C_n^{\frac{n+1}{2}} > C_n^{\frac{n+1}{2}+1} > \cdots > C_n^{n-1} > C_n^n$.

师:如何求证呢?

生:因为 $\dfrac{C_n^k}{C_n^{k-1}} = \dfrac{\dfrac{n!}{k!\,(n-k)!}}{\dfrac{n!}{(k-1)!\,(n-k+1)!}} = \dfrac{n-k+1}{k}$.当 $\dfrac{n-k+1}{k} > 1$,即 $n-k+1 > k$,$k < \dfrac{n+1}{2}$时,$C_n^{k-1} < C_n^k$;同理,当 $\dfrac{n-k+1}{k} \leqslant 1$,即 $n-k+1 \leqslant k$,$k \geqslant \dfrac{n+1}{2}$时,$C_n^{k-1} \geqslant C_n^k$.

(1) n 为偶数时,$k=1,2,\cdots,\dfrac{n}{2}$ 均小于 $\dfrac{n+1}{2}$,所以 $C_n^0 < C_n^1 < \cdots < C_n^{\frac{n}{2}-1} < C_n^{\frac{n}{2}}$,根据对称性,可知 $C_n^n < C_n^{n-1} < \cdots < C_n^{\frac{n}{2}+1} < C_n^{\frac{n}{2}}$,所以 $C_n^0 < C_n^1 < \cdots < C_n^{\frac{n}{2}-1} < C_n^{\frac{n}{2}}$,$C_n^{\frac{n}{2}} > C_n^{\frac{n}{2}+1} > \cdots > C_n^{n-1} > C_n^n$.

(2) n 为奇数时,$k=1,2,\cdots,\dfrac{n-1}{2}$ 均小于 $\dfrac{n+1}{2}$,所以 $C_n^0 < C_n^1 < \cdots < C_n^{\frac{n-1}{2}-1} < C_n^{\frac{n-1}{2}}$,根据对称性,可知 $C_n^n < C_n^{n-1} < \cdots < C_n^{\frac{n+1}{2}+1} < C_n^{\frac{n+1}{2}}$,而 $C_n^{\frac{n-1}{2}} = C_n^{\frac{n+1}{2}}$,所以 $C_n^0 < C_n^1 < \cdots < C_n^{\frac{n-1}{2}-1} < C_n^{\frac{n-1}{2}}$,$C_n^{\frac{n-1}{2}} = C_n^{\frac{n+1}{2}}$,$C_n^{\frac{n+1}{2}} > C_n^{\frac{n+1}{2}+1} > \cdots > C_n^{n-1} > C_n^n$.

师:非常好,其实以上的证明过程也可以通过作差证明.

师:现在我们知道"杨辉三角"中的每一横行的数字是左右对称的,是先增大再减小的.对于研究数列而言,我们往往了解了它的通项、对称性、单调性之后,还会研究数列的前 n 项和,那么观察"杨辉三角"的每一横行,横行所有数字和有何规律?

生:我们发现所有横行的数字之和为 2^n,即 $C_n^0+C_n^1+C_n^2+\cdots+C_n^n=2^n$.

师:如何证明呢?

生:因为 $(a+b)^n=C_n^0a^n+C_n^1a^{n-1}b^1+C_n^2a^{n-2}b^2+\cdots+C_n^ra^{n-r}b^r+\cdots+C_n^nb^n$,令 $a=b=1$,则 $(1+1)^n=C_n^0+C_n^1+C_n^2+\cdots+C_n^r+\cdots+C_n^n$,所以 $C_n^0+C_n^1+C_n^2+\cdots+C_n^n=2^n$.

师:这种证明 $C_n^0+C_n^1+C_n^2+\cdots+C_n^n=2^n$ 的方法我们称之为赋值法.知道了 $C_n^0+C_n^1+C_n^2+\cdots+C_n^n=2^n$,那么 $C_n^0-C_n^1+C_n^2-C_n^3+C_n^4-C_n^5+\cdots$ 等于什么呢?

生:同样用赋值法,令 $a=1,b=-1$,则代入 $(a+b)^n=C_n^0a^n+C_n^1a^{n-1}b^1+C_n^2a^{n-2}b^2+\cdots+C_n^ra^{n-r}b^r+\cdots+C_n^nb^n$,得 $(1-1)^n=C_n^0-C_n^1+C_n^2-C_n^3+C_n^4-C_n^5+\cdots$,即 $C_n^0-C_n^1+C_n^2-C_n^3+C_n^4-C_n^5+\cdots=0$.倘若我们将这个式子整理,可以得到的是 $C_n^0+C_n^2+C_n^4+\cdots=C_n^1+C_n^3+C_n^5+\cdots$.

师:这说明在二项展开式中,奇数项的二项式系数之和等于偶数项的二项式系数之和,都等于 2^{n-1}.其实我们回到"杨辉三角"中观察,也能发现每行数字的奇数项之和等于偶数项之和.

师:我们再来仔细观察"杨辉三角"中的每一横行,可以发现从第一行开始,左右两侧都是数字1,而且第1行 $1=11^0$,第2行 $11=11^1$,第3行 $121=11^2$,第4行 $1\,331=11^3$,第5行 $14\,641=11^4$,那么"杨辉三角"每一横行是否与11有某种关系呢?

生:从第6行起,"杨辉三角"中间的数多数都是两位数或以上,不具备前5行的性质.

师:对的.但是,如果我们对这些数作"满十进位"处理,即满10向前进1,满20向前进2,以此类推,并保留个位数字后,所得数字仍具有上述性质.例如,第6行处理如下:

$$\begin{array}{cccccc}
1 & 5 & 10 & 10 & 5 & 1 \\
 & (6) & (11) & & & \\
\end{array}$$

进1   进1

这样 $161\,051 = 11^5$.

第 7 行处理如下：

$$
\begin{array}{ccccccc}
1 & 6 & 15 & 20 & 15 & 6 & 1 \\
 & (7) & (17) & (21) & & & \\
\end{array}
$$

进1　进2　进1

$1\,771\,561 = 11^6$.

……

第 10 行处理如下：

$$
\begin{array}{cccccccccc}
1 & 9 & 36 & 84 & 126 & 126 & 84 & 36 & 9 & 1 \\
(2) & (13) & (45) & (97) & (139) & (134) & (87) & & & \\
\end{array}
$$

进1　进4　进9　进13　进13　进8　进3

$2\,357\,947\,691 = 11^9$.

……

这样处理后的"杨辉三角"中，第 n 行数字组成的数都是 11^{n-1}.这个结论对吗？可以证明吗？

师：我们先来观察下面的一些式子.

$$10^1 C_1^1 + 10^0 C_1^0 = 10 \times 1 + 1 = 11 = 11^1.$$

$$10^2 C_2^2 + 10^1 C_2^1 + 10^0 C_2^0 = 10^2 \times 1 + 10 \times 2 + 1 = 121 = 11^2.$$

……

$$10^5 C_5^5 + 10^4 C_5^4 + 10^3 C_5^3 + 10^2 C_5^2 + 10^1 C_5^1 + 10^0 C_5^0$$

$$= 10^5 \times 1 + 10^4 \times 5 + 10^3 \times 10 + 10^2 \times 10 + 10^1 \times 5 + 10^0 \times 1.$$

$$= 161\,051 = 11^5.$$

基于以上分析,哪位同学愿意来证明一下?

生：只需赋值证明. 在 $(a+b)^n = C_n^0 a^n + C_n^1 a^{n-1} b^1 + C_n^2 a^{n-2} b^2 + \cdots + C_n^r a^{n-r} b^r + \cdots + C_n^n b^n$ 中,令 $a = 10, b = 1$,则

$$(10+1)^n = C_n^0 10^n + C_n^1 10^{n-1} + C_n^2 10^{n-2} + \cdots + C_n^r 10^{n-r} + \cdots C_n^{n-1} 10 + C_n^n.$$

师：非常好."杨辉三角"除了可以横着看,其实也可以斜着看;观察"杨辉三角"

的每一斜行,数字有何规律?

生:三角中与两腰平行的每一斜行分别形成第 k 阶差分数列,且均为等差数列.

师:很好.这一结论同学们可以回去证明,再观察"杨辉三角"的每一斜行,数字之和有何规律?

生:从三角中一个确定的数的左肩的数出发,向右上方作一条和左斜边平行的射线,在这条射线上的各数的和等于这个数.也就是 $C_n^{m+1} = C_{n-1}^m + C_{n-2}^m + C_{n-3}^m + \cdots + C_m^m$.

生:右边 $= C_{n-1}^m + C_{n-2}^m + C_{n-3}^m + \cdots + C_m^m$

$$= C_{n-1}^m + C_{n-2}^m + C_{n-3}^m + \cdots + C_{m+1}^{m+1}$$

$$= C_{n-1}^m + C_{n-2}^m + C_{n-3}^m + \cdots + \underbrace{C_{m+1}^m + C_{m+1}^{m+1}}_{C_{m+2}^{m+1}}$$

$$= C_{n-1}^m + C_{n-2}^m + C_{n-3}^m + \cdots + \underbrace{C_{m+2}^m + C_{m+2}^{m+1}}_{C_{m+3}^{m+1}} = \cdots$$

$$= C_{n-1}^m + C_{n-1}^{m+1} = C_n^{m+1}.$$

师:同理,可以猜测从三角中一个确定的数的右肩的数出发,向左上方作一条和右斜边平行的射线,在这条射线上的各数的和等于这个数.

生:也可以证明 $C_n^{m+1} = C_{n-1}^{m+1} + C_{n-2}^m + C_{n-3}^{m-1} + \cdots + C_{n-m-2}^0$.证明过程如下.

右边 $= C_{n-1}^{m+1} + C_{n-2}^m + C_{n-3}^{m-1} + \cdots + C_{n-m-2}^0$

$$= C_{n-1}^{m+1} + C_{n-2}^m + C_{n-3}^{m-1} + \cdots + C_{n-m-1}^0$$

$$= C_{n-1}^{m+1} + C_{n-2}^m + C_{n-3}^{m-1} + \cdots + \underbrace{C_{n-m-1}^1 + C_{n-m-1}^0}_{C_{n-m}^1}$$

$$= C_{n-1}^{m+1} + C_{n-2}^m + C_{n-3}^{m-1} + \cdots + \underbrace{C_{n-m}^2 + C_{n-m}^1}_{C_{n-m+1}^2} = \cdots$$

$$= C_{n-1}^{m+1} + C_{n-1}^m = C_n^{m+1}.$$

师:除了这样斜着看"杨辉三角"外,还可以再斜一点看每一行(图1),可以发现什么规律?

生:记三角中第 n 条斜线上的数字之和为 a_n,则 $\{a_n\}$ 是斐波那契数列,即

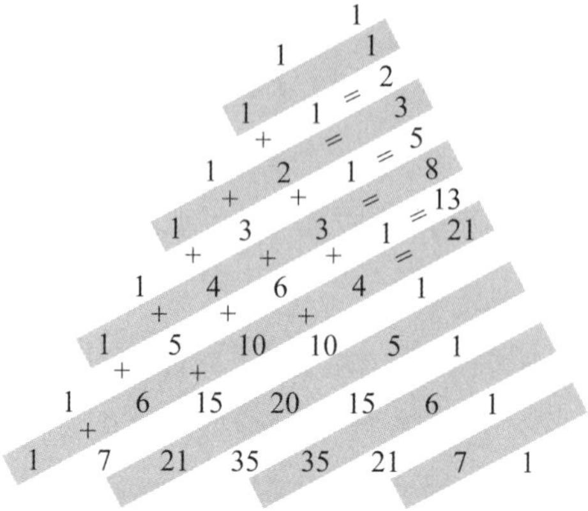

图 1

$$a_n=\begin{cases}1, & n=1,2,\\ a_{n-1}+a_{n-2}, & n\geqslant 3.\end{cases}$$

当 n 为偶数,$n\geqslant 2$ 时,$a_n=C_{n-1}^0+C_{n-2}^1+\cdots+C_{\frac{n}{2}}^{\frac{n}{2}-1}$,当 n 为奇数,$n\geqslant 3$ 时,

$a_n=C_{n-1}^0+C_{n-2}^1+\cdots+C_{\frac{n-1}{2}}^{\frac{n-1}{2}}$.

证明过程如下.不妨设 n 为偶数,则 $n+1$ 为奇数,$n+2$ 为偶数,则

$$a_n=\underbrace{C_{n-1}^0+C_{n-2}^1+\cdots+C_{\frac{n}{2}}^{\frac{n}{2}-1}}_{\frac{n}{2}},$$

$$a_{n+1}=\underbrace{C_{n+1-1}^0+C_{n+1-2}^1+\cdots+C_{\frac{n+1-1}{2}}^{\frac{n+1-1}{2}-1}}_{\frac{n}{2}+1}=\underbrace{C_n^0+C_{n-1}^1+\cdots+C_{\frac{n}{2}}^{\frac{n}{2}}}_{\frac{n}{2}+1}.$$

从而 $a_n+a_{n+1}=C_n^0+(C_{n-1}^0+C_{n-1}^1)+(C_{n-2}^1+C_{n-2}^2)+\cdots+\left(C_{\frac{n}{2}}^{\frac{n}{2}-1}+C_{\frac{n}{2}}^{\frac{n}{2}}\right)$

$$=C_n^0+C_n^1+C_{n-1}^2+\cdots+C_{\frac{n}{2}}^{\frac{n}{2}+1}$$

$$=C_{n+1}^0+C_n^1+C_{n-1}^2+\cdots+C_{\frac{n}{2}}^{\frac{n}{2}+1}=a_{n+2}.$$

师:至此,大家是不是感受到这是个"美妙"的三角了！其实"杨辉三角"所蕴含的奥秘不仅仅是我们今天发现的这些,还有很多,希望课后同学们可以进一步去大胆假设,小心求证.

三、反思凝练

　　"二项式系数的性质"一课的内容本质是公式,教材中要求的命题证明的思维难度对于学习基础比较好的学生而言偏简单,这难免会让学生觉得枯燥乏味,如果教学设计不好,课就会平淡毫无特色.所以,设计情境时,通过三角形数表,激发起学生的兴趣;通过质疑所得结果分类的依据,引发进一步思考,为学生能力的培养打好基础.设计问题链条,使得学生的学习过程顺理成章.这节课要求学生用数学的语言叙述相关性质,并要求学生寻找相似知识,意在引导学生联系已有的知识与相关方法,解决二项式系数性质的证明及应用问题,从而使学生的学习能力得到提高.教学设计留白,因为学生有差异,视角有异同,思考问题的方式也不尽相同.这节课只是给出三角形数表,让学生自己观察,"寻找"性质.学生的观察、归纳、猜想能力全面得到提高,学生"找"到了数表中的很多结论,并不都是这节课所要研究的.让学生自己去甄别、筛选,可以锻炼学生概括、取舍的能力.课尾思考题的设置也是出于此意,为学有余力的学生预留了创新的空间.这节课的核心应该是倡导学生在尝试中学,在体验中学,让学生体验二项式系数性质形成的过程."大胆猜测,小心求证"是这节课的主要教学方法.

专题二

函数与分析

一　二次函数图像的性质

━━━━ 自主学习环节 ━━━━

一、目标分析

二次函数的相关内容是整个初中阶段的重点和难点,初中阶段对于二次函数的要求在于理解二次函数的概念,会把二次函数的一般式化为顶点式,确定图像的顶点坐标、对称轴和开口方向,会用描点法画出二次函数的图像,会通过平移二次函数 $y=ax^2(a\neq0)$ 得到二次函数 $y=a(x+m)^2+k(a\neq0)$ 等,这些是基本的直观的数学知识.到了高中以后,二次函数已有的结论和性质是学习抽象函数的内容和性质的基础.但是初中阶段二次函数的学习更多的是用描述性的语言进行表述,给学生的是直观的感受,而高中函数的学习是用严谨的数学定义和抽象的数学符号表示,所以这节课的重点是将初中二次函数的内容用严谨的数学语言表述,以及理解直观的图像变换的数学本质,这些可以为后续的函数学习作铺垫.基于以上分析,设置学生自主学习的目标是:

1. 理解二次函数 $y=x^2$ 的图像关于 y 轴对称的证明过程;

2. 理解二次函数 $y=ax^2+bx+c(a\neq0)$ 的图像与 $y=x^2$ 的图像之间的关系,并且能够证明;

3. 理解反比例函数 $y=\dfrac{1}{x}$ 的图像关于原点中心对称的证明过程.

二、问题指向

在学生自主学习的环节中设置了 6 个问题,这些问题都是为了帮助学生更好地达成自主学习的目标.

序号	问题内容	指向
1	回忆初中知识,轴对称图形的概念是什么? 中心对称图形的概念是什么?	目标1、目标3
2	你能够证明二次函数 $y=x^2$ 的图像关于 y 轴对称吗? 如何证明?	目标2
3	函数 $y=(x+1)^2$ 的图像可由函数 $y=x^2$ 的图像左移1个单位得到,对吗? 为什么?	目标2
4	函数 $y=x^2+1$ 的图像可由函数 $y=x^2$ 的图像上移1个单位得到,对吗? 为什么?	目标2
5	函数 $y=2x^2$ 的图像与函数 $y=x^2$ 的图像有什么关系?	目标2
6	你能够证明反比例函数 $y=\dfrac{1}{x}$ 的图像关于原点中心对称吗? 如何证明?	目标3

三、结果观察

1. 回忆初中知识,轴对称图形的概念是什么? 中心对称图形的概念是什么?

大部分学生知道初中时轴对称图形的概念和中心对称图形的概念.说明初中的轴对称图形和中心对称图形给学生留下了深刻的印象.

> 学生作答一:
>
> 轴对称图形:关于对称轴翻折后可重合.
>
> 中心对称图形:绕对称中心旋转 $180°$ 后可重合.
>
> 学生作答二:
>
> 轴对称图形:一个图形沿一条直线翻折,直线两旁的部分能够完全重合.
>
> 中心对称图形:把一个图形绕某点旋转 $180°$,旋转后的图形与原图形重合.

2. 你能够证明二次函数 $y=x^2$ 的图像关于 y 轴对称吗? 如何证明?

部分学生延续了初中学习时候的思路,用翻折进行证明,显然这是不能够作为证明的.还有学生通过具体的几个点关于 y 轴的对称来说明整个函数图像关于 y 轴对称,这也是不恰当的.但也有不少的学生给出了精彩的证明.所以将轴对称图形和中心对称图形的描述性语言转化为严格的数学语言的定义是这节课的授课关键.

学生作答一：

将二次函数 $y=x^2$ 的图像沿 y 轴翻折,能够完全重合.

学生作答二：

将 $(1,1)$,$(2,4)$,$(3,9)$ 等点关于 y 轴翻折,得到 $(-1,1)$,$(-2,4)$,$(-3,9)$ 等点.与原图像的点重合.故关于 y 轴对称.

学生作答三：

当 $x=x_0(x_0>0$ 时$)$,$y=x_0^2$；当 $x=-x_0$ 时,$y=x_0^2$.

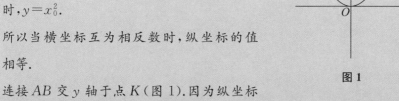

图1

所以当横坐标互为相反数时,纵坐标的值相等.

连接 AB 交 y 轴于点 K(图1).因为纵坐标相等,所以 $AB/\!/x$ 轴,$AB\perp y$ 轴,$AK=x_0=BK$.

所以 y 轴是 AB 的中垂线,则将点 A 沿 y 轴翻折,点 A 与点 B 重合.

同理,将图像上任意 $x>0$ 的点翻折,有纵坐标与其相等的点和它重合.

所以 $y=x^2$ 的图像关于 y 轴对称.

学生作答四：

$y=x^2\geqslant0$.

当 $y=0$ 时,$x=0$,只有一个交点在 y 轴上.

当 $y>0$ 时,$x=\pm\sqrt{y}$,$x_1+x_2=0$.两个点关于 y 轴对称. ｝整体图像关于 y 轴对称.

学生作答五：

在 $y=x^2$ 上任取一点 (t,t^2),所以点 (t,t^2) 关于 y 轴对称点为 $(-t,t^2)$.

因为 $(-t,t^2)$ 也在 $y=x^2$ 上,所以该函数上任意一点都能在本函数上找到一点与其关于 y 轴对称.

所以二次函数 $y=x^2$ 的图像关于 y 轴对称.

3. 函数 $y=(x+1)^2$ 的图像可由函数 $y=x^2$ 的图像左移 1 个单位得到,对吗? 为什么?

这是学生非常清楚的结论,但是比较多的学生是通过特殊点(例如抛物线的顶点)的移动来说明整个图像向左平移了 1 个单位,这在高中的数学学习中是不确切的.当然也有学生的证明是很好的,基于初中学习的基础,可以对图像的变换有理性的认识.稍有遗憾的是学生作答中只说明了 $y=(x+1)^2$ 上的任意点都是 $y=x^2$ 上的点左移 1 个单位得到的,但没有说明 $y=x^2$ 上的任意点都是 $y=(x+1)^2$ 上的点右移 1 个单位得到的,所以这将是上课的重点.

> 学生作答一:
>
> 对.因为 $y=x^2$ 的顶点为 $(0,0)$,$y=(x+1)^2$ 的顶点为 $(-1,0)$.其余点同理.
>
> 故向左移 1 个单位.
>
> 学生作答二:
>
> 对.$y=x^2$ 上任意一点 $(x_0,x_0^2)(x \in \mathbf{R})$,在 $y=(x+1)^2$ 上存在对应一点 (x_0-1,x_0^2),即 (x_0,x_0^2) 左移 1 个单位.
>
> 学生作答三:
>
> 对.证明:在函数 $y=x^2$ 的图像上任取一点 $P(x_0,y_0)$,则点 P 左移 1 个单位后的对应点 P' 为 (x_0-1,y_0).
>
> 把点 $P(x_0,y_0)$ 的坐标代入 $y=x^2$,得 $y_0=x_0^2$.
>
> 对于点 P',因为 $y_0=x_0^2$,所以 $y_0=[(x_0-1)+1]^2$,即 $y_{P'}=(x_{P'}+1)^2$.
>
> 所以点 P' 在函数 $y=(x+1)^2$ 的图像上.
>
> 根据点 P 的任意性,函数 $y=x^2$ 的图像上的每一个点左移 1 个单位后的对应点都在函数 $y=(x+1)^2$ 的图像上.
>
> 所以函数 $y=(x+1)^2$ 的图像可由函数 $y=x^2$ 的图像左移 1 个单位得到.

4. 函数 $y=x^2+1$ 的图像可由函数 $y=x^2$ 的图像上移 1 个单位得到,对吗? 为什么?

这个问题和问题 3 的情况基本类似,大部分学生是通过特殊点的平移情况来说明整个图像的平移,显然是需要进一步学习的.

学生作答一:

对.$y=x^2$ 上任意一点 $(x_0,x_0^2)(x\in\mathbf{R})$ 在 $y=x^2+1$ 上存在对应一点 (x_0,x_0^2+1) 在 (x_0,x_0^2) 上方 1 个单位.

学生作答二:

对.因为 a 相同,所以开口方向、大小相同.两个函数图像的顶点分别为 $(0,1)$,$(0,0)$,因为 $(0,1)$ 由 $(0,0)$ 向上平移 1 个单位得到,所以 $y=x^2+1$ 由 $y=x^2$ 向上平移 1 个单位得到.

学生作答三:

对.因为 $y=x^2$ 的顶点为 $(0,0)$,$y=x^2+1$ 的顶点为 $(0,1)$.其余点同理,故向上移 1 个单位.

学生作答四:

对的.当 $x=x_0$ 时,$y=x^2+1$ 纵坐标为 x_0^2+1,$y=x^2$ 纵坐标为 x_0^2.在每一个定义域中原像为 x_0 时,总有 $y=x^2+1$ 比 $y=x^2$ 纵坐标大 1,所以函数 $y=x^2+1$ 的图像是函数 $y=x^2$ 的图像上移 1 个单位.

学生作答五:

是.原顶点 $(0,0)$,平移后顶点 $(0,1)$.顶点式为 $y'=(x+m)^2+k$,代入得 $m=0$,$k=1$,所以 $y'=x^2+1$,即 $y=x^2+1$ 的图像是 $y=x^2$ 的图像上移 1 个单位.

学生作答六:

对.设 $y=x^2$ 上有一点 (x,x^2),顶点为 $(0,0)$,向上平移 1 个单位,则此坐标变为 (x,x^2+1),顶点为 $(0,1)$.设平移后函数为 $y=ax^2+1(a\neq0)$,把

> (x,x^2+1)代入得 $a=1$,所以函数 $y=x^2+1$ 的图像是 $y=x^2$ 的图像上移 1 个单位.

5. 函数 $y=2x^2$ 的图像与函数 $y=x^2$ 的图像有什么关系?

学生都清楚两个函数图像之间的关系,但是只是知道两个函数图像的开口是不同的,至于为什么不同,学生就解释不清楚了.所以这也将成为重点.

> 学生作答一:
>
> 顶点相同;对称轴相同;开口方向相同;开口大小不同.
>
> 学生作答二:
>
> 函数 $y=x^2$ 的图像开口大小为 $y=2x^2$ 的图像的两倍.
>
> 学生作答三:
>
> 函数 $y=2x^2$ 的图像与函数 $y=x^2$ 的图像共顶点,开口方向相同,前者开口比后者小.

6. 你能够证明反比例函数 $y=\dfrac{1}{x}$ 的图像关于原点中心对称吗? 如何证明?

学生的证明让教师非常高兴,因为对于刚毕业的初中学生而言,在证明中心对称图像时可以给出具体到点的证明,说明学生对于初中数学知识的理解是透彻的.但是,在具体的教学过程中需要将为什么要这样证明讲清楚,这是一个更重要的问题.

> 学生作答一:
>
> 因为 $x\neq0$,一定有 $\left(m,\dfrac{1}{m}\right),\left(-m,-\dfrac{1}{m}\right)$ 两点,其中 $m\neq0$,这两点成中心对称.
>
> m 可取一切不为 0 的实数,所以图像中心对称.
>
> 学生作答二:
>
> 设反比例函数 $y=\dfrac{1}{x}$ 上有一点 $\left(x,\dfrac{1}{x}\right)$,则当函数图像上有一点横坐标

为 $-x$ 时，$y=-\dfrac{1}{x}$.

从而此点的坐标为 $\left(-x,-\dfrac{1}{x}\right)$，它与 $\left(x,\dfrac{1}{x}\right)$ 关于原点中心对称.

所以反比例函数 $y=\dfrac{1}{x}$ 的图像关于原点中心对称.

学生作答三：

证明：在函数 $y=\dfrac{1}{x}$ 的图像上任取一点 $P(x_0,y_0)$，其关于原点的对称点

为 $P'(-x_0,-y_0)$.把点 $P(x_0,y_0)$ 的坐标代入 $y=\dfrac{1}{x}$，得 $y_0=\dfrac{1}{x_0}$.

所以 $-y_0=-\dfrac{1}{x_0}$，即 $y'_P=\dfrac{1}{x'_P}$.所以点 P' 在函数 $y=\dfrac{1}{x}$ 的图像上.

根据点 P 的任意性，函数 $y=\dfrac{1}{x}$ 的图像上的任意一点关于原点的对称点

仍在函数 $y=\dfrac{1}{x}$ 的图像上.

所以反比例函数 $y=\dfrac{1}{x}$ 的图像关于原点中心对称.

❖❖❖❖❖❖❖ 教师引导环节 ❖❖❖❖❖❖❖

一、重点分析

通过对学生自主学习结果的观察以及对学生给出答案的分析，发现学生对于初中学习过的轴对称图形和中心对称图形的概念是比较熟悉的，但是对于如何利用这个概念证明 $y=x^2$ 的图像关于 y 轴对称，以及证明 $y=\dfrac{1}{x}$ 的图像关于原点中心轴对称还是手足无措的；而对于二次函数 $y=ax^2+bx+c(a\neq0)$ 的图像与 $y=x^2$ 的图像之间的关系都能表述清楚，但是不能清楚证明.所以将初中的轴对称图形的概念、中心对称图形的概念以及函数图像变换的关系用数学语言证明清楚

是教学的重点和难点.教学过程的设计以及课堂教学问题的设置,都是围绕以上的重点和难点来展开的.

二、教学过程

师:函数 $y=ax^2+bx+c(a\neq 0,a,b,c\in\mathbf{R})$ 的性质和图像,在整个高中数学中有着广泛的运用,如何研究二次函数的图像呢？ 我们采用的是从特殊到一般的方法.首先,作出函数 $y=x^2$ 的图像.我们是怎么作的呀？

生:在平面直角坐标系 xOy 中,按照下列步骤作二次函数 $y=x^2$ 的图像.

第一步列表:取自变量 x 的一些值.

x	$\cdots$	-2	$-1\frac{1}{2}$	-1	$-\frac{1}{3}$	0	$\frac{1}{2}$	1	$1\frac{1}{2}$	2	$\cdots$
$y=x^2$	$\cdots$	4	$2\frac{1}{4}$	1	$\frac{1}{9}$	0	$\frac{1}{4}$	1	$2\frac{1}{4}$	4	$\cdots$

第二步描点:分别以所取 x 的值和相应的函数值 y 作为点的横坐标和纵坐标,描出这些坐标所对应的各点.

第三步连线:用光滑的曲线把所描出的这些点顺次连接起来,就可以得到函数 $y=x^2$ 的图像.

师:很好,这就是初中我们作二次函数 $y=x^2$ 的图像的步骤.二次函数 $y=x^2$ 的图像是一条曲线,分别向左上方和右上方无限伸展.它属于一类特殊曲线,这类曲线称为抛物线.通过观察图像(图 2),我们发现抛物线有一些性质,是什么性质？

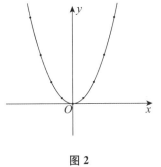

图 2

生 1:抛物线 $y=x^2$ 与 y 轴的交点是原点 O;除这个交点外,抛物线上所有点都在 x 轴的上方,这个交点是抛物线的最低点.因为当 $x=0$ 时,$y=0$,并且 $x^2\geqslant 0$,所以 $y\geqslant 0$,所以是最低点.

生 2:抛物线与它的对称轴的交点叫做抛物线的顶点.抛物线 $y=x^2$ 的顶点是原点 $O(0,0)$.

生 3:抛物线 $y=x^2$ 的图像开口方向向上,它是轴对称图形,对称轴为 y 轴,即

直线 $x = 0$.

　　师：如何证明 $y = x^2$ 的图像是轴对称图形，对称轴为 y 轴呢？初中时，我们学过了轴对称图形描述性的定义（把一个图形沿一条直线翻折过来，直线两旁的部分能够相互重合，这样的图形称为轴对称图形，这条直线就是它的对称轴），能不能用这个定义来证明这个结论呢？

　　生：不可以.

　　师：原因是这个定义是一个描述性的定义，而不是准确的数学定义.图形是由无数个点构成的，所以将描述性的语言转换为数学语言就可以给出一个严格的数学定义——"在平面上，如果图形上任意一点关于某直线的对称点仍在该图形上，那么该图形是轴对称图形.这条直线为它的对称轴."有了这个定义之后，证明就简单了.

　　生：假设 $P(x, y)$ 为 $y = x^2$ 的图像上任意一点，即点 P 的坐标为 (x, x^2)，点 P 关于 y 轴的对称点 Q 为 $(-x, x^2)$，因为 $x^2 = (-x)^2$，所以 Q 为 $(-x, (-x)^2)$，显然点 Q 在抛物线 $y = x^2$ 上.根据定义，抛物线 $y = x^2$ 是轴对称图形，对称轴为 y 轴.

　　师：下面我们来看以下两个问题：(1)比较函数 $y = 4x^2$ 的图像与函数 $y = x^2$ 的图像的关系(图3)；(2)比较函数 $y = \dfrac{1}{4}x^2$ 的图像与函数 $y = x^2$ 的图像的关系(图4).

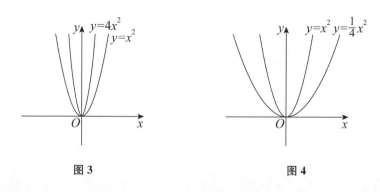

图3　　　　　　　　　　　　图4

　　师：比较函数图像之间的关系本质上就是比较图像上点的关系.所以：(1)对于

$y=x^2$ 的图像上任意一点 (x_0, y_0)，满足 $y_0=x_0^2=4\cdot\left(\dfrac{x_0}{2}\right)^2$，那么 $\left(\dfrac{x_0}{2}, y_0\right)$ 一定在 $y=4x^2$ 的图像上.结论：$y=x^2$ 的图像上所有点的纵坐标不变，横坐标变为原来的 $\dfrac{1}{2}$，得到的点都在 $y=4x^2$ 的图像上.我们同样可以由分析知道 $y=4x^2$ 的图像上所有点的横坐标变为原来的 2 倍，纵坐标不变，得到的点都在 $y=x^2$ 的图像上.所以，$y=4x^2$ 的图像上任意一点都可以由 $y=x^2$ 图像上的点横坐标变为原来的 $\dfrac{1}{2}$，纵坐标不变而得到.

生：同样的道理，问题(2)中 $y=x^2$ 的图像上任意一点 (x_0, y_0)，满足 $y_0=x_0^2=\dfrac{1}{4}\cdot(2x_0)^2$，那么 $(2x_0, y_0)$ 一定在 $y=\dfrac{1}{4}x^2$ 的图像上.结论：$y=x^2$ 的图像上所有点的纵坐标不变，横坐标变为原来的 2 倍，得到的点都在 $y=\dfrac{1}{4}x^2$ 的图像上.我们同样可以由分析知道，$y=\dfrac{1}{4}x^2$ 的图像上所有点的横坐标变为原来的 $\dfrac{1}{2}$，纵坐标不变，得到的点都在 $y=x^2$ 的图像上.所以，$y=\dfrac{1}{4}x^2$ 的图像上任意一点都可以由 $y=x^2$ 的图像上的点横坐标变为原来的 2 倍，纵坐标不变而得到.一般结论：$y=x^2$ 的图像上所有点的横坐标变为原来的 $\dfrac{1}{\sqrt{a}}(a>0)$，纵坐标不变，就得到 $y=ax^2$ $(a>0)$ 的图像.

师：再来看看函数 $y=ax^2(a\neq0)$ 的图像与 $y=x^2$ 的图像关系如何.

生：一方面，若 $a>0$，对于 $y=x^2$ 的图像上任意一点 (x_0, y_0)，满足 $y_0=x_0^2=a\cdot\left(\dfrac{1}{\sqrt{a}}x_0\right)^2$，那么 $\left(\dfrac{1}{\sqrt{a}}x_0, y_0\right)$ 一定在 $y=ax^2$ 的图像上.结论：$y=x^2$ 的图像上所有点的纵坐标不变，横坐标变为原来的 $\dfrac{1}{\sqrt{a}}$，就得到 $y=ax^2$ 的图像.另一方面，若 $a<0$，由于函数 $y=ax^2$ 的图像与函数 $y=-ax^2$ 的图像是关于 x 轴对称，而 $y=-ax^2$ 与 $y=x^2$ 的图像的关系是 $y=x^2$ 的图像上所有点的纵坐标不变，横坐标

变为原来的 $\dfrac{1}{\sqrt{-a}}$，就得到 $y=-ax^2$ 的图像，再将 $y=-ax^2$ 的图像，关于 x 轴对称就可以得到 $y=ax^2$ 的图像.

师：很好.请问：函数 $y=ax^2$ 的图像与函数 $y=-ax^2$ 的图像关于 x 轴对称的理由是什么呢？

生：假设 $P(x,y)$ 为 $y=ax^2$ 的图像上任意一点，即点 P 的坐标为 (x,ax^2)，点 P 关于 x 轴的对称点是 $Q(x,-ax^2)$，显然点 Q 在抛物线 $y=-ax^2$ 上.根据定义，函数 $y=ax^2$ 的图像与函数 $y=-ax^2$ 的图像关于 x 轴对称.

师：很好.综上所述，一般地，函数 $y=ax^2(a\neq0)$ 的图像是抛物线，对称轴为 y 轴，即直线 $x=0$；顶点是原点，抛物线的开口方向由 a 的取值的符号来决定，当 $a>0$ 时，它的开口向上，当 $a<0$ 时，它的开口向下，$|a|$ 的大小决定着抛物线的开口大小，$|a|$ 越大，开口越小，$|a|$ 越小，开口越大.

师：接下来我们比较函数 $y=2(x-1)^2$ 的图像与函数 $y=2x^2$ 的图像的关系以及函数 $y=a(x+m)^2$ 与函数 $y=ax^2$ 的图像的关系.

生：$y=2x^2$ 的图像上任意一点 (x_0,y_0)，满足 $y_0=2x_0^2=2(x_0+1-1)^2$，那么 (x_0+1,y_0) 一定在 $y=2(x-1)^2$ 的图像上.所以，$y=2x^2$ 的图像上所有点向右平移 1 个单位，得到的点都在 $y=2(x-1)^2$ 的图像上.由于 $y=2x^2$ 的对称轴是 y 轴 $(x=0)$，因此 $y=2(x-1)^2$ 的对称轴是 $x=1$.

生：$y=ax^2$ 的图像上任意一点 (x_0,y_0)，满足 $y_0=ax_0^2=a(x_0-m+m)^2$，那么 (x_0-m,y_0) 一定在 $y=a(x+m)^2$ 的图像上.所以，$y=ax^2$ 的图像上所有点，若 $m>0$，向左平移 m 个单位；若 $m<0$，向右平移 $-m$ 个单位，得到的点都在 $y=a(x+m)^2$ 的图像上.

由于 $y=ax^2$ 的对称轴是 y 轴 $(x=0)$，因此 $y=a(x+m)^2$ 的对称轴是 $x=-m$.

师：综上，一般地，函数 $y=a(x+m)^2(a\neq0)$ 的图像是抛物线，它是 $y=ax^2$ 的图像向左或向右平移 $|-m|$ 个单位，它们的图像形状相同，在平面直角坐标系中的水平位置不同.

师：再来比较函数 $y=2(x-2)^2+3$ 的图像与函数 $y=2(x-2)^2$ 的图像的关

系,以及函数 $y=a(x+m)^2+k$ 与函数 $y=a(x+m)^2$ 的图像的关系.

生:和前面的证明类似.$y=2(x-2)^2$ 的图像上任意一点 (x_0,y_0),满足 $y_0=2(x_0-2)^2=2(x_0-2)^2+3-3$,即 $y_0+3=2(x_0-2)^2+3$,那么 (x_0,y_0+3) 一定在 $y=2(x-2)^2+3$ 的图像上.所以,$y=2(x-2)^2$ 的图像上所有点向上平移 3 个单位,得到的点都在 $y=2(x-2)^2+3$ 的图像上.同理,对于 $y=a(x+m)^2$ 的图像上任意一点 (x_0,y_0),满足 $y_0=a(x_0+m)^2=a(x_0+m)^2+k-k$,即 $y_0+k=a(x_0+m)^2+k$,那么 (x_0,y_0+k) 一定在 $y=a(x+m)^2+k$ 的图像上.

师:结论 $y=a(x+m)^2$ 的图像上所有点向上或向下平移 $|k|$ 个单位,得到的点都在 $y=a(x+m)^2+k$ 的图像上.综上,函数 $y=a(x+m)^2+k$ 的图像是抛物线,它可由函数 $y=a(x+m)^2$ 的图像向上或向下平移 $|k|$ 个单位得到.它们的图像形状相同,在平面直角坐标系中的高低位置不同.

师:最后我们来比较函数 $y=ax^2+bx+c(a\neq0)$ 的图像与函数 $y=x^2$ 的图像的关系.

生:将函数 $y=ax^2+bx+c(a\neq0)$ 配方可以得到 $y=a\left(x+\dfrac{b}{2a}\right)^2+\dfrac{4ac-b^2}{4a}$,根据前面的例题的分析可知,函数 $y=x^2$ 与函数 $y=ax^2$ 的图像关系是形状类似,开口的方向和大小有区别;$y=a\left(x+\dfrac{b}{2a}\right)^2+\dfrac{4ac-b^2}{4a}$ 的图像可由 $y=ax^2$ 的图像向左或向右平移 $\left|-\dfrac{b}{2a}\right|$ 个单位,再向上或向下平移 $\left|\dfrac{4ac-b^2}{4a}\right|$ 个单位得到.综上,函数 $y=ax^2+bx+c(a\neq0)$ 的图像与函数 $y=x^2$ 的图像的形状是类似的,都是分别向左上方和右上方无限伸展(或向左下方和右下方无限伸展),都是抛物线.函数 $y=ax^2+bx+c(a\neq0)$ 的对称轴是直线 $x=-\dfrac{b}{2a}$,顶点坐标是 $\left(-\dfrac{b}{2a},\dfrac{4ac-b^2}{4a}\right)$.

师:同理,在平面上,如果图形 C_1 上任意一点关于直线 l 的对称点在另一图形 C_2 上,同时图形 C_2 上任意一点关于直线 l 的对称点在图形 C_1 上,那么我们称这两个图形关于直线 l 成轴对称,这条直线叫做对称轴.例如,求证:函数 $y=2x-1$ 的图像与函数 $y=-2x+1$ 的图像关于 x 轴对称.

证明:设 $A(x_1,y_1)$ 是函数 $y=2x-1$ 的图像上任意一点,则 $y_1=2x_1-1$,点

A 关于 x 轴的对称点是 $B(x_1,-y_1)$,因为 $y_1=2x_1-1$,所以 $-y_1=-2x_1+1$,则点 $B(x_1,-y_1)$ 在函数 $y=-2x+1$ 的图像上.同理,设点 $C(x_2,y_2)$ 是函数 $y=-2x+1$ 的图像上任意一点,则 $y_2=-2x_2+1$,点 C 关于 x 轴的对称点是 $D(x_2,-y_2)$,因为 $y_2=-2x_2+1$,所以 $-y_2=2x_2-1$,则点 $D(x_2,-y_2)$ 在函数 $y=2x-1$ 的图像上.根据定义,可知函数 $y=2x-1$ 的图像与函数 $y=-2x+1$ 的图像关于 x 轴对称.

师:初中我们学习了中心对称图形:平面上的一个图形绕着一个点旋转 $180°$,旋转后的图形能够和原来的图形重合,那么就称该图形为中心对称图形,这个点叫做对称中心.事实上,在平面上,如果图形上任意一点关于某点的对称点仍在该图形上,那么该图形是关于该点的中心对称图形,这一点称为它的对称中心.同样地,在平面上,如果图形 C_1 上任意一点关于某点的对称点在另一图形 C_2 上,同时图形 C_2 上任意一点关于该点的对称点在图形 C_1 上,我们则称这两个图形关于该点中心对称.例如,求证:函数 $y=\dfrac{1}{x}$ 的图像关于原点中心对称.

生:设 $P(x,y)$ 为 $y=\dfrac{1}{x}$ 的图像上任意一点,则点 P 的坐标为 $\left(x,\dfrac{1}{x}\right)$,点 P 关于原点的对称点为 $Q\left(-x,-\dfrac{1}{x}\right)$,显然点 Q 在 $y=\dfrac{1}{x}$ 上.根据定义,函数 $y=\dfrac{1}{x}$ 的图像是中心对称图形,对称中心为原点.

师:那么如何证明函数 $y=x+1$ 的图像与函数 $y=x-1$ 的图像关于原点中心对称呢?

生:设 $A(x_1,y_1)$ 是函数 $y=x+1$ 的图像上任意一点,则 $y_1=x_1+1$,点 A 关于原点的对称点是 $B(-x_1,-y_1)$,因为 $y_1=x_1+1$,所以 $-y_1=-x_1-1$,则点 $B(-x_1,-y_1)$ 在函数 $y=x-1$ 的图像上.同理,设点 $C(x_2,y_2)$ 是函数 $y=x-1$ 的图像上任意一点,则 $y_2=x_2-1$,点 C 关于 x 轴的对称点是 $D(-x_2,-y_2)$,因为 $y_2=x_2-1$,所以 $-y_2=-x_2+1$,则点 $D(-x_2,-y_2)$ 在函数 $y=x+1$ 的图像上.根据定义,函数 $y=x+1$ 的图像与函数 $y=x-1$ 的图像关于原点中心对称.

师:比较函数 $y=\dfrac{3}{x}$ 的图像与函数 $y=\dfrac{1}{x}$ 的图像的关系.

生：$y=\dfrac{3}{x}$ 的图像上任意一点 (x_0,y_0)，满足 $y_0=\dfrac{3}{x_0}=\dfrac{1}{\frac{x_0}{3}}$，那么 $\left(\dfrac{x_0}{3},y_0\right)$ 一定

在 $y=\dfrac{1}{x}$ 的图像上.

师：所以，$y=\dfrac{3}{x}$ 的图像上所有点的纵坐标不变，横坐标变为原来的 $\dfrac{1}{3}$，得到的

点都在 $y=\dfrac{1}{x}$ 的图像上.同理，$y=\dfrac{1}{x}$ 的图像上所有点的横坐标变为原来的 3 倍，纵

坐标不变，得到的点都在 $y=\dfrac{3}{x}$ 的图像上.故 $y=\dfrac{1}{x}$ 的图像上任意一点都可以由

$y=\dfrac{3}{x}$ 的图像上的点横坐标变为原来的 $\dfrac{1}{3}$，纵坐标不变而得到.

师：比较函数 $y=\dfrac{3}{x+3}$ 的图像与函数 $y=\dfrac{3}{x}$ 的图像的关系.

生：函数 $y=\dfrac{3}{x}$ 的图像上任意一点 (x_0,y_0)，满足 $y_0=\dfrac{3}{x_0}$，则点 (x_0-3,y_0) 一

定在函数 $y=\dfrac{3}{x+3}$ 的图像上；反之亦然.所以，$y=\dfrac{3}{x}$ 的图像上所有点向左平移 3 个

单位，得到 $y=\dfrac{3}{x+3}$ 的图像.

师：比较函数 $y=\dfrac{3}{x+3}+3$ 的图像与函数 $y=\dfrac{3}{x+3}$ 的图像的关系.

生：函数 $y=\dfrac{3}{x+3}$ 的图像上任意一点 (x_0,y_0) 满足 $y_0=\dfrac{3}{x_0+3}$，因为 $y_0+3=$

$\dfrac{3}{x_0+3}+3$，所以点 (x_0,y_0+3) 一定在函数 $y=\dfrac{3}{x+3}+3$ 的图像上；反之亦然.所以，

$y=\dfrac{3}{x+3}$ 的图像上所有点向上平移 3 个单位，得到 $y=\dfrac{3}{x+3}+3$ 的图像.

师：求证：函数 $y=1+\dfrac{2}{x-3}$ 的图像是关于点 $(3,1)$ 的中心对称图形.

生：设 $P(x,y)$ 为 $y=1+\dfrac{2}{x-3}$ 的图像上任意一点，即点 P 的坐标为

$\left(x,1+\dfrac{2}{x-3}\right)$，设点 P 关于 $(3,1)$ 的对称点为 $Q(x',y')$，则 $\begin{cases} 3=\dfrac{x+x'}{2}, \\ 1=\dfrac{1+\dfrac{2}{x-3}+y'}{2}, \end{cases}$ 所

以 $\begin{cases} x'=6-x, \\ y'=1-\dfrac{2}{x-3}. \end{cases}$ 因为 $1+\dfrac{2}{6-x-3}=1-\dfrac{2}{x-3}$，即 $1+\dfrac{2}{x'-3}=y'$，所以点 Q 在函

数 $y=1+\dfrac{2}{x-3}$ 的图像上. 根据定义，函数 $y=1+\dfrac{2}{x-3}$ 的图像是关于点 $(3,1)$ 的中

心对称图形.

三、反思凝练

这部分内容是初高中衔接的重要内容，将这部分衔接好，将对后续函数奇偶性以及函数图像变换的学习作好铺垫. 从这部分内容开始，就希望学生可以知道高中数学与初中数学是有区别的，高中数学学习更加强调理性证明和逻辑推理. 另外，在课外的练习中可以加入两个课后思考题：① 比较函数 $y=\dfrac{3x+4}{2x-1}$ 的图像与函数 $y=\dfrac{1}{x}$ 的图像之间的关系；② 比较函数 $y=\dfrac{cx+d}{ax+b}(a\neq0,ad\neq bc)$ 的图像与函数 $y=\dfrac{1}{x}$ 的图像之间的关系. 希望由 $y=x^2 \rightarrow y=ax^2 \rightarrow y=a(x-h)^2 \rightarrow y=a(x-h)^2+k$，进而得到 $y=ax^2+bx+c$，通过这样的衔接，可以让学生充分体会由特殊到一般，将复杂问题简单化的数学思想，还希望学生可以将同样的方法迁移到反比例函数中去，得到更一般的结论，这对接下来理解 $y=A\sin(\omega x+\varphi)$ 等函数大有帮助. 更为重要的是，通过这一过程，可以让将复杂问题简单化. 其他类型函数的研究思路基本上也是通过变换和运算，将问题化归到简单的函数来研究. 事实上，学生在后续学习"基本初等函数"时也要运用这一思想，即将复杂问题简单化，用已知刻画未知，这是数学解决问题的基本思路. 希望学生能宏观地感受并理解数学"化简"处理问题的思路，能在掌握知识的同时，体验"大道至简"的数学文化.

二　函数的概念

自主学习环节

一、目标分析

在初中阶段,学生已经学习了正比例函数、反比例函数、一次函数以及二次函数等.高中的函数概念较初中的函数概念更抽象、更具体、更准确,这是因为高中的函数概念是由准确的数学语言定义的.所以应从函数的概念入手,理解函数概念的本质属性,掌握函数的各种表达形式,明白函数概念在现实世界中的反映,并逐步锻炼自己通过建立适当的数学模型,利用函数思想解决实际问题的能力.基于以上分析,设置学生自主学习的目标是:

1. 理解初中的函数概念与高中的函数概念的异同及联系;

2. 理解高中函数概念的来龙去脉;

3. 理解高中函数定义中定义域、值域以及对应法则的本质.

二、问题指向

在学生自主学习的环节中设置了 6 个问题,这些问题都是为了帮助学生更好地达成自主学习的目标.

序号	问题内容	指向
1	$y=0$ 是函数吗?	目标 1
2	初中的函数概念中,什么叫做变量? 什么叫做自变量? 什么叫做因变量?	目标 1、目标 2
3	怎样理解初中的函数概念中"y 随着 x 的变化而变化"? 怎样理解"随"?	目标 1、目标 2

序号	问题内容	指向
4	初中的函数概念中,两个变量之间确定的依赖关系是指什么?	目标1、目标2
5	高中的函数概念是什么?	目标3
6	初高中函数概念的差别与联系是什么?	目标1

三、结果观察

1. $y=0$ 是函数吗?

几乎所有学生都认为 $y=0$ 是函数,也给出了解释.例如,常值函数或者是每个自变量都有唯一一个因变量与之对应.其实在初中的函数概念中,函数的因变量与自变量的对应关系没有出现,所以可以看出初中的数学教学是适度引入了高中的函数概念,因而教师在上课过程中更应该强调如何从初中的函数概念出发学习高中的函数概念.

> 学生作答一:
>
> 是,因为每个自变量对应的因变量都为 0,为常值函数.
>
> 学生作答二:
>
> 是函数.每取一个 x 的值,总有且只有一个 y 值与其对应.

2. 初中的函数概念中,什么叫做变量? 什么叫做自变量? 什么叫做因变量?

初中的函数概念是高中函数学习的基础,理解清楚初中函数概念中的变量、自变量、因变量,对于我们进一步抽象数学概念、得出函数"对应说"的概念非常重要.从学生的回答上看,发现学生的理解是清楚的,这为进一步的抽象学习奠定了基础.

> 学生作答一:
>
> 变量:没有固定数值,可以改变的量.
>
> 自变量:自己改变的变量.
>
> 因变量:随自变量改变而变化的量.

学生作答二：

如 $y=f(x)$ 中，x,y 都是变量；x 为自变量，y 随 x 的变化而变化，是因变量.

学生作答三：

在函数中发生变化的量是变量.

函数是一个量随另一个量变化而变化，其中"一个量"即因变量，"另一个量"即自变量.因变量是自变量通过某种法则运算而得.

学生作答四：

变量：会改变的量.

自变量：自己会发生改变的量.

因变量：因自变量改变而改变的量.

3. 怎样理解初中的函数概念中"y 随着 x 的变化而变化"？怎样理解"随"？

很多学生直接套用了高中的函数概念来解释"y 随着 x 的变化而变化"以及"随"的含义，有些本末倒置.这同时表明学生基本在新授课以前就已经了解了相关知识，所以上课时，更应该强调函数概念发生、发展的过程.

学生作答一：

y 随 x 的变化而变化：每个 x 的值对应一个 y 的值.

怎么随——根据函数解析式.

学生作答二：

通过 $y=f(x)$ 的函数解析式，y 随 x 的变化而变化.

学生作答三：

x 是自变量，自身可以在定义域中作出改变.每一个 x 都对应一个确定的 y，在 x 改变的过程中 y 的值可能随它的改变而改变.从具象角度，y 表示出租车用的钱，x 表示里程，$y=2.4(x-3)+14(x\geqslant 3)$，$y$ 随 x 的改变而改变，付的钱随里程改变而改变.从图像上来看，$y=2.4(x-3)+14(x\geqslant 3)$ 的图像上每个 $x\geqslant 3$ 的 x 取值均有 y 与其唯一对应，y 随 x 变化而变化.

学生作答四：

y 随着 x 的变化而变化,指的是 y 与 x 之间存在着确定的依赖关系,对于在自变量 x 允许的取值范围内,x 在变化时,y 能随之变化.

学生作答五：

在函数中,随着自变量 x 取到不同的值,都有因变量 y 按某种法则与之唯一对应,叫做 y 随 x 的变化而变化.

4. 初中的函数概念中,两个变量之间确定的依赖关系是指什么?

大部分学生解释为函数的解析式,也有学生借用了高中的函数概念的对应来解释.为什么两个变量的依赖关系最终就是两个变量的对应关系呢? 这应该就是上课的重点,要让学生知其然,也知其所以然.

学生作答一：

函数解析式.

学生作答二：

指每取一个 x 值,都有一个确定的 y 值与它对应.

5. 高中的函数概念是什么?

学生都可以通过翻阅教材得出概念是什么.其实这个问题的关键是为下一个问题中概念的对比进行铺垫.

6. 初高中函数概念的差别与联系是什么?

仅仅通过预习和自学,绝大部分学生没有能太好地进行概括和总结.所以授课过程中,初中的函数概念与高中的函数概念的比较和联系是难点也是重点,希望学生可以清楚感受出二者的差别.当然不乏优秀的学生给出了自己的感受,也让我们感受到他们对函数的理解和认识.这为个性化的教学提供了一些依据.

学生作答一：

差别方面,初中我认为更多地指 y 随 x 的变化而变化,强调因变量随自变量的变化关系.高中我认为指 y 与 x 的对应关系,经过法则 $f(x)$ 计算后只有唯一的值域中的 y 与定义域中的 x 相对应.当然,高中会接触到一些更复杂的函数,包括指数函数,三角函数等.

联系方面,我认为初中时的变量之间变化关系更好理解,而高中定义中强调每一个原像有唯一的像与之对应,这是做题时常有的对函数的限制条件,在函数图像运动中常常用到.同时也更加抽象,便于对函数本身性质更深入研究.当然,变化关系和对应关系本质上没有区别,都指的是 $f(x)$ 的运算法则,都指的是数形结合的函数.当然,高中函数对图像本质的理解有更高要求.

学生作答二:

差别:① 初中:"确定的依赖关系";高中:"对应法则".

② 初中:"允许取值的范围内";高中:以集合形式给出.

③ 初中:"y 随 x 的变化而变化";高中:"总有确定的数 $f(x)$ 与之对应".

高中定义更准确.例如,$y=0$.

按初中定义,不论 x 取任何值,y 的值恒为 0,并不会随 x 的变化而变化,不符合函数定义;而 $y=0$ 是常值函数,二者出现矛盾.

但按高中定义,不论 x 取任何值,总有唯一确定的值($y=0$)与之对应,符合函数定义.

联系:① 表示方法相同.

② 表示形式类似.

③ 高中的函数概念是对初中的函数概念的补充与延伸.

教师引导环节

一、重点分析

通过对学生自主学习结果的观察以及对学生给出答案的分析,可以发现学生虽然对于具体的一次函数、反比例函数、二次函数很熟悉,对于"自变量""因变量"

等这些数学术语也不陌生,但是对于数学术语的具体含义是什么还是不甚了解.为了更好地将"函数"这一数学核心概念传递给学生,初中的函数概念的复习、函数概念的理解深化以及函数概念的抽象是授课的重点和难点.所以教学过程的推进以及课堂教学问题的设置,都是围绕以上重点和难点来展开的.

二、教学过程

师:今天我们学习函数,事实上在初中大家已经学习过函数了,如正比例函数、反比例函数、一次函数、二次函数等.那么大家可不可以从这些例子出发,回忆我们初中学习的函数的概念呢?

生:初中时函数的定义是:在某个变化过程中有两个变量,设为 x 和 y,如果在变量 x 的允许取值范围内,变量 y 随着 x 的变化而变化,它们之间存在确定的依赖关系,那么变量 y 叫做变量 x 的函数.其中 x 叫做自变量,y 叫做因变量.

师:很好.的确,根据函数的这一定义,我们不仅研究了一些具体的函数,还判别了具体问题中两个变量之间的关系.

师:通过初中的学习,我们也了解了函数的常用表示方法有三种.一种是解析法,一种是图像法,一种是列表法.事实上是将自变量和因变量的依赖关系用三种方法表示出来.

师:那么,$y=0$ 是不是函数? 原因是什么?

师:很多同学回答不出来,原因在于无法根据初中的函数定义来判断 $y=0$ 是否是函数,因为初中的函数定义中要求变量 y 随着 x 的变化而变化,而 $y=0$ 无法判断是变化了还是没有变化.初中的函数定义是用描述的语言给出,优点在于形象,便于同学们理解抽象的数学概念本身,但它相比于数学的符号语言,有不确定和不准确的缺点.所以我们今天需要将初中的函数定义进一步数学化.下面我们来看在初中函数概念中,什么叫做变量? 什么叫做自变量? 什么叫做因变量?

生:首先量是指数量和数值,所以变量就是形容它可以取不同的数值,在整个变化过程中,可以取不同的数值的量.

生:变量清楚了,自变量也就清楚了,自变量就是在整个变化过程中,可以自主的、在可允许范围内取值的量.

生:因变量的因(因就是依的意思)指的是依据,就是有依据地取不同数值的量.这个依据就是自变量的取值和变化过程.

师:大家回答得很好.那么什么叫做 y 随着 x 的变化而变化?怎么随?这里的关键字在于随,什么叫做随?

生:这里的随指的是跟,跟随的随,就是我们经常说的"你在前面走,我在后面跟,你走一步我跟一步,就是跟在后面,就是亦步亦趋."

师:理解得非常清楚.随的含义就是你走一步我相应跟上一步.在初中的函数概念里就是说自变量 x 取了一个值,y 就跟(随)着取一个值,也就是相应地取一个值.其实对应的这个 y 的值这次和上次取得一样还是不一样不要紧,要紧的是只要自变量 x 取定一个值,y 有一个相应的值与之对应就好.

师:那么是怎么跟,怎么随呢?这个随就是根据变化过程来定,所谓的过程就是给定的法则,就是给定的怎么跟.例如,正比例的就按照正比例的法则跟,反比例的就按照反比例的法则跟.

师:那么初中的函数概念中,"它们之间确定的依赖关系"是指什么?

生:它们是指自变量和因变量,事实上依赖关系就是指自变量和因变量之间按照给定法则之后的对应关系.

师:理解深刻.那么怎么确定函数的自变量和因变量呢?例如,在 $y=kx(k\neq 0)$ 中,可以把 y 当作自变量吗?自变量和因变量是任意的还是确定的?

生:事先确定的.

师:怎么确定的呢?

生:自变量和因变量就是由法则和过程确定的.给定的过程(法则)是正比例,自变量就是 x,y 就是跟着自变量变化的因变量.如果是先给 y 数值,然后确定 x,那么 $x=\dfrac{y}{k}(k\neq 0)$,这样的法则就是另外一个法则,就不再是原来的法则了.根据法则和过程来确定自变量和因变量,法则一旦给定,因变量和自变量就确定了.

师:回答正确,我们知道常量是可以写(如 5 和 7)的,那变量怎么写呢?怎么给出或给定呢?

师:给出一个取值集合,变量的取值就来源于这个集合,并且根据给定的取值法则,如果是自变量就是在这个取值集合里面取值,如果是因变量就根据对应法则得到相应的取值.给出一个集合相当于给出自变量,给出法则相当于给出因变量.

　　师:将初中的函数概念"在某个变化过程中有两个变量,设为 x 和 y,如果在变量 x 的允许取值范围内,变量 y 随着 x 的变化而变化,它们之间存在确定的依赖关系,那么变量 y 叫做变量 x 的函数.其中 x 叫做自变量,y 叫做因变量"进行改写.①"如果在变量 x 的允许取值范围内"改为"对于 x 在某个实数集合 D 内的每一个确定的值";②"变量 y 随着 x 的变化而变化,它们之间存在确定的依赖关系"改为"按照某个对应法则 f,y 都有唯一确定的实数值与它对应".最后,我们下定义"那么变量 y 叫做变量 x 的函数,记作 $y=f(x)$,x 叫做自变量,y 叫做因变量".

　　师:我们需要思考为什么记作 $f(x)$,为什么叫做函数.

　　师:德国数学家莱布尼兹首先采用"function"一词表示"自变量 x 在给定法则 f 作用下对应的实数值记作 $f(x)$",这里的"function"的意义是作用以后对应之意.我国清朝的数学家李善兰先生将"function"翻译为函数,沿用至今.他为什么翻译为此意呢? 教材中有这样一段话"凡此变数中,函彼变数,则此为彼之函数",这里的"函"是匣子、套子、盒子之意.这里的"函"也可以通假理解为"含",函数就是"含着变数"的数,我们可以形象地去理解.例如,在 $y=2x+1$ 中,y 就是套子,套子装着 $2x+1$;在 $y=f(x)$ 中,y 就是一个套子,套子装着对应法则 f 作用下的 x.我们也可以理解为一个包含着变量 x 的式子,这个式子就是 x 的函数.x 的取值范围 D 叫做函数的定义域,和 x 的值相对应的 y 的值叫做函数值,函数值的集合叫做函数的值域(也就是因变量构成的集合称为值域).

　　师:我们了解了函数数学化的定义之后,可以发现要确定一个函数,需要根据什么或者说需要知道什么,也即怎样确定一个函数.那么在函数概念中涉及几个概念呢?

　　生:定义域、值域以及法则.

　　师:很好.例如,正比例函数 $y=kx$ 中,给了 x 的取值范围(即定义域),还有对应法则,函数就确定了.所以函数中定义域和对应法则确定,函数就确定了.那么值域有什么作用呢?

　　师:值域是被研究的对象,值域中的量是由自变量根据对应法则确定的量,那么这些确定的量到底是怎样的量(有理数、无理数等),是需要研究的.所以函数的结构有三个主要元素:定义域、值域、对应法则,称为函数的三要素.那么大家想想看,怎么判断两个函数相同(或相等)呢? 也即怎样判断两个函数是同一个函数呢?

生:两个函数完全相同就是指函数三要素是一样的.

师:很好.下面我们来看例题,函数 $f_1(x)=x,x\in D_1=\{-1,0,1\}$ 和函数 $f_2(x)=x^3,x\in D_1=\{-1,0,1\}$ 是否相等? 为什么?

生:两个函数是否相等,关键看三要素是否相等,首先这两个函数的定义域相等.

师:这两个函数的对应法则呢?

生:$f_1(-1)=-1,f_1(0)=0,f_1(1)=1,f_2(-1)=-1,f_2(0)=0,f_2(1)=1$,对应法则 $f_1=f_2$,值域肯定相同,所以 $f_1(x)=f_2(x)$.

师:回答得很好.函数的对应法则强调的是对应的结果,而不是对应的过程.所以函数中的对应法则又称为配对法则,这是很有道理的,要注意谁和谁配对.

师:其实函数的概念发展就是我们刚刚讨论的过程.大家初中学习的函数概念强调的是两个变量的依赖关系,简称函数的"依赖说";随着对函数概念的深入理解,抽象到我们学习的高中的函数概念,高中数学的函数概念强调的是两个变量之间的对应关系,简称函数的"对应说".其实函数的发展并没有止步,到了大学,我们会学习函数的"关系说",具体含义是"设 E 和 F 是两个集合,它们可以不同,也可以相同.E 中的变元 x 和 F 中变元 y 之间的关系称为一个函数关系,如果对于每一个 $x\in E$ 都存在唯一的 $y\in F$,它满足与 x 给定的关系,称这样的运算为函数".感兴趣的同学可以翻阅资料进行学习.

三、反思凝练

对于研究者而言,事物的高度抽象有利于把握事物的本质,分析事物间的关联;但对于学习者而言,过分抽象往往会适得其反,因为每一次抽象都会舍去事物的一部分表象,进而舍去了事物原本的生动和直观.作为教师,当我们再次回顾莱布尼兹最初函数的定义时,反而感到朴实和自然,所以这节课的授课关键在于教师的教学应该深入浅出,从学生原有的基础出发,对学生进行启发思维的教学.

三　函数的奇偶性

自主学习环节

一、目标分析

函数奇偶性是函数重要性质之一,函数奇偶性既是函数概念的延续和拓展,也是今后研究各种基本初等函数的基础.这一节利用函数图像来研究函数性质,这种数形结合思想将贯穿于我们整个高中数学的教学与学习中.从方法论的角度看,这节课教学过程中还渗透了探索发现、数形结合、归纳转化等数学思想方法.学习过程的重点是让学生从数学史的发展历程的角度了解奇函数、偶函数概念的来龙去脉.所以基于以上分析,设置学生自主学习的目标是:

1. 明确轴对称和中心对称的函数图像及解析式的特点;

2. 了解奇函数、偶函数概念的来龙去脉;

3. 清晰研究函数奇偶性的必要性.

二、问题指向

在学生自主学习的环节中设置了 5 个问题,这些问题都是为了帮助学生更好地达成自主学习的目标.

序号	问题内容	指向
1	几何图形有轴对称图形和中心对称图形,我们为什么要关心和研究图形的对称性呢?	目标 1、目标 3
2	函数图像也是图形,是否也有轴对称和中心对称的图像呢?	目标 1、目标 3
3	如何证明 $y=x^2$ 的图像关于 y 轴对称,$y=\dfrac{k}{x}(k\neq 0)$ 的图像关于原点中心对称?	目标 1

（续表）

序号	问题内容	指向
4	为什么"函数 $y=f(x)$，对于任意 $x\in D$，都有 $f(-x)=-f(x)$，则称函数 $y=f(x)$ 为奇函数"？	目标2
5	为什么"函数 $y=f(x)$，对于任意 $x\in D$，都有 $f(-x)=f(x)$，则称函数 $y=f(x)$ 为偶函数"？	目标2

三、结果观察

1. 几何图形有轴对称图形和中心对称图形，我们为什么要关心和研究图形的对称性呢？

通过学生的回答，可以发现基于初中数学知识的掌握，学生对于研究图形对称的必要性还是很了解的.这为进一步学习函数的奇偶性奠定了基础.

> 学生作答一：
>
> 方便研究，研究一部分图形即可.
>
> 学生作答二：
>
> 可通过图形的一部分推出整个图形，从而获得函数的某些性质.

2. 函数图像也是图形，是否也有轴对称和中心对称的图像呢？

大部分学生给出了肯定的回答，这也为函数图像的研究从对称性入手打下了基础，为函数奇偶性研究的必要性阐述了理由.

3. 如何证明 $y=x^2$ 的图像关于 y 轴对称，$y=\dfrac{k}{x}(k\neq 0)$ 的图像关于原点中心对称？

很多学生可以运用教材中的知识和内容，对 $y=x^2$ 的图像关于 y 轴对称和 $y=\dfrac{k}{x}(k\neq 0)$ 的图像关于原点中心对称进行证明，也就是他们已经了解了偶函数的图像是关于 y 轴对称的，奇函数的图像是关于原点中心对称的.但是为什么偶函数的图像关于 y 轴对称以及为什么奇函数的图像关于原点中心对称，将是我们上课的重点和难点.

学生作答:

令 $f(x)=x^2$, 则 $f(-x)=(-x)^2=x^2$.

所以 $f(x)=f(-x)$.

所以 $y=x^2$ 的图像关于 y 轴对称.

令 $g(x)=\dfrac{k}{x}(k\neq0)$, 则 $g(-x)=-\dfrac{k}{x}$.

所以 $y=\dfrac{k}{x}$ 的图像关于原点中心对称.

4. 为什么"函数 $y=f(x)$, 对于任意 $x\in D$, 都有 $f(-x)=-f(x)$, 则称函数 $y=f(x)$ 为奇函数"?

这个问题涉及了数学史, 无奈学生对于数学史的了解可能不够, 没有给出精彩的回答. 所以上课时这也将是一个重点.

5. 为什么"函数 $y=f(x)$, 对于任意 $x\in D$, 都有 $f(-x)=f(x)$, 则称函数 $y=f(x)$ 为偶函数"?

这个问题类似于问题 4, 涉及数学史, 学生也没有给出很合适的回答. 所以上课时这也将是一个重点.

教师引导环节

一、重点分析

通过对学生自主学习结果的观察以及对学生给出答案的分析, 在具体的教学过程中, 教学重点问题应该是函数奇偶性概念的来龙去脉的解释, 以及能从数和形两个角度认识函数奇偶性, 熟练运用定义判断函数的奇偶性. 希望通过函数奇偶性概念的形成过程, 培养学生的观察、归纳、抽象的能力, 同时渗透数形结合、从特殊到一般的数学思想. 通过对函数奇偶性的研究, 培养学生对数学美的体验和乐于求索的精神, 促使学生形成科学、严谨的研究态度. 所以教学过程的设计以及课堂教学问题的设置, 都是围绕以上重点来展开的.

二、教学过程

师: 我们在初中学习过二次函数,知道 $f(x)=x^2$ 的图像关于 y 轴对称.那么,一般地,怎样的函数图像关于 y 轴对称? 如何判断一个函数的图像关于 y 轴对称呢?

师: 如果一个函数 $y=f(x)$ 的图像 C 关于 y 轴对称,那么这个函数具有怎样的特征?

生: 在 C 上任取点 $P(a,b)$,故 $b=f(a)$,则点 P 关于 y 轴的对称点为 $P'(-a,b)$.因为 C 关于 y 轴对称,所以 P' 是 C 上的点,则 $b=f(-a)$,所以 $f(-a)=f(a)$.由点 P 的任意性,可得任意 $x\in D$,均有 $f(-x)=f(x)$.

师: 非常好.如果函数 $y=f(x)$ 的图像 C 关于 y 轴成轴对称,那么对于任意 $x\in D$,均有 $f(-x)=f(x)$.反之,如果函数 $y=f(x)$ 对于任意 $x\in D$ 均有 $f(-x)=f(x)$,那么函数的图像 C 关于 y 轴成轴对称.如何证明呢?

生: 在 C 上任取点 $P(a,b)$,有 $b=f(a)$,则点 P 关于 y 轴的对称点为 $P'(-a,b)$.因为 $a\in D$,$f(-a)=f(a)$,所以 $f(-a)=b$,即 $P'(-a,b)$ 是 C 上的点.由点 P 的任意性,可得 C 关于 y 轴成轴对称.

师: 很好.这样就得到函数图像关于 y 轴对称的充要条件.也就是得到定理一:函数图像关于 y 轴对称的充要条件是对于任意 $x\in D$,均有 $f(-x)=f(x)$.例如,函数 $y=x^2$,$y=x^4$,$y=x^6$,$\cdots$,$y=x^{2n}(n\in \mathbf{N}^*)$ 的图像都关于 y 轴对称,因为这些函数的次幂都是偶数次,我们给这类函数一个定义——如果函数 $y=f(x)$,对于任意 $x\in D$,均有 $f(-x)=f(x)$,我们称函数 $y=f(x)$ 为偶函数.当然,并不仅仅 $y=x^2$,$y=x^4$,$y=x^6$,$\cdots$,$y=x^{2n}(n\in \mathbf{N}^*)$ 这类函数是偶函数,如 $y=|x|$ 也是偶函数,因为任意 $x\in D$,$f(-x)=|-x|=|x|=f(x)$,所以它是偶函数.

师: 同时需要注意的是,函数的定义域关于原点对称是函数为偶函数的必要条件.

师: 如果一个函数 $y=f(x)$ 的图像 C 关于原点中心对称,那么这个函数具有怎样的特征?

生: 在 C 上任取点 $P(a,b)$,故 $b=f(a)$,则点 P 关于原点的对称点为

$P'(-a,-b)$.因为 C 关于原点中心对称,所以 P' 是 C 上的点,则 $-b=f(-a)$,所以 $f(-a)=-f(a)$.由点 P 的任意性,可得任意 $x\in D$,均有 $f(-x)=-f(x)$.

师:非常好.如果函数 $y=f(x)$ 的图像 C 关于原点中心对称,那么对于任意 $x\in D$,均有 $f(-x)=-f(x)$.反之,如果函数 $y=f(x)$ 对于任意 $x\in D$ 均有 $f(-x)=-f(x)$,那么函数图像 C 关于原点中心对称.如何证明呢?

生:在 C 上任取点 $P(a,b)$,有 $b=f(a)$,则点 P 关于原点的对称点为 $P'(-a,-b)$.因为 $a\in D$,$f(-a)=-f(a)$,所以 $f(-a)=-b$,即点 $P'(-a,-b)$ 是 C 上的点.由点 P 的任意性,可得 C 关于原点中心对称.

师:很好.这样也就得到函数图像关于原点中心对称的充要条件.也就是得到定理二:函数图像关于原点中心对称的充要条件是对于任意 $x\in D$,均有 $f(-x)=-f(x)$.例如,函数 $y=x,y=x^3,y=x^5,\cdots,y=x^{2n-1}(n\in\mathbf{N}^*)$ 的图像都关于原点中心对称,我们给这类函数一个定义——如果函数 $y=f(x)$,对于任意 $x\in D$,均有 $f(-x)=-f(x)$,我们称函数 $y=f(x)$ 为奇函数.当然,并不仅仅 $y=x,y=x^3,y=x^5,\cdots,y=x^{2n-1}(n\in\mathbf{N}^*)$ 这类函数是奇函数,如 $y=\begin{cases}x^2,&(x>0),\\0,&(x=0),\\-x^2,&(x<0)\end{cases}$ 也是奇函数.类似于偶函数,奇函数的定义域有什么特点呀?

生:函数的定义域关于原点对称是函数为奇函数的必要条件;而且倘若奇函数在原点有定义,必有 $f(0)=0$,反之不然!

师:回答得非常好.1727 年,年轻的瑞士数学家欧拉在提交给圣彼得堡科学院的旨在解决"反弹道问题"的一篇论文(原文为拉丁文)中,首次提出了奇、偶函数的概念.若用 $-x$ 代替 x,函数保持不变,则称这样的函数为偶函数.欧拉列举了三类偶函数:$f(x)=x^{2n}(n=1,2,3,\cdots)$,$f(x)=x^{\frac{m}{n}}$($m$ 为偶数,n 为大于 1 的奇数),以及这两类幂函数经过加、减、乘、除、乘方运算所得到的函数及其任意次幂,如 $f(x)=(ax^2+bx^{\frac{2}{3}})^n$($a,b$ 为常数,$n=1,2,3,\cdots$).若用 $-x$ 代替 x,函数变号,则称这样的函数为奇函数.欧拉也列举了三类奇函数:$f(x)=x^{2n-1}(n=1,2,3,\cdots)$,$f(x)=x^{\frac{m}{n}}$($m$ 为奇数,n 为大于 1 的奇数),以及这两类幂函数经过加、减、乘、除、乘方运算所得到的函数及其奇数次幂,如 $f(x)=(ax^3+bx^{\frac{5}{7}})^n$($a,b$ 为常数,n 为奇数).在1727年的论文中,欧拉在讨论奇、偶函数时没有涉及任何超越函数.因此,最早的奇、偶函数概念都是针对幂函数以及相关复合函数而言,欧拉提出的"奇函数""偶函数"之名显然源于幂函数的指数或指数分子的奇偶性:指数为偶数的幂函数为偶函数,指数为奇数的幂函数为奇函数.1748年,欧拉的数学名著《无穷分析引论》出版了,他在书中将函数确立为分析学的最基本的研究对象.在第一章,他给出了函数的定义、对函数进行了分类,并再次讨论了两类特殊的函数——偶函数和奇函数.欧拉给出的奇、偶函数定义与1727年论文中的定义实质上并无二致,但他讨论了更多类型的奇、偶函数,也给出了奇函数的更多的性质.但在19世纪上半叶未得到广泛传播和普遍关注.相应地,这两个概念也就不见于中国晚清的西方数学译著中.直到20世纪初,这两个概念才传入中国.1938年出版的《算学名词汇编》和1945年出版的《数学名词》中都收录了这两个名词.所以我们可以明确欧拉是最早命名"奇函数"和"偶函数"的,其依据是幂函数的指数的奇偶性.最初的奇偶函数概念只是针对代数函数而言,尽管欧拉后来有所扩充,但仍未涉及三角函数、反三角函数等."偶函数"和"奇函数"这两个名词最初源于幂函数的指数的奇偶性,但在今天的数学研究中,它们已不再局限于代数函数,如三角函数、反三角函数等超越函数与"奇""偶"之间并没有直接的关联,因此名称与内涵实际上已经发生了分离.

师:判断下列函数的奇偶性:(1)$y=x^3-\dfrac{1}{x}$,(2)$y=\dfrac{(x+1)x^2}{x+1}$,(3)$y=x+1$.

生:任意$x\in D=\{x\,|\,x\neq0,x\in \mathbf{R}\}$,因为$f(-x)=(-x)^3-\dfrac{1}{-x}=-x^3+\dfrac{1}{x}=-\left(x^3-\dfrac{1}{x}\right)=-f(x)$,所以此函数是奇函数.

生:因为$D=\{x\,|\,x\neq-1,x\in\mathbf{R}\}$,$1\in D$但是$-1\notin D$,所以此函数既不是奇函数也不是偶函数.

生:因为$f(-1)=0,f(1)=2$,所以$f(-1)\neq f(1)$且$f(-1)\neq -f(1)$,所以此函数既不是奇函数也不是偶函数.

师:函数图像可以关于y轴对称或关于原点中心对称,有没有可能关于x轴对称?

生:不可能,因为根据函数的定义,对于自变量x只有唯一确定的因变量y与之对应,如果函数图像关于 x 轴对称,那么意味着一个自变量 x 有两个因变量 y 与之对应,这是不对的.

　　师:我们讨论了偶函数、奇函数,还有既不是奇函数又不是偶函数的函数,那么是否有既是偶函数又是奇函数的函数?

　　生:若存在,则根据定义,有 $f(-x)=f(x)=-f(x)$ 成立,由此 $2f(x)=0$,即 $f(x)=0$.因此,若函数 $y=f(x)$ 的定义域关于原点对称,并且 $f(x)=0$,则 $y=f(x)$ 既是偶函数又是奇函数.从图像上看,只有 x 轴既关于 y 轴对称又关于原点中心对称.同时我们发现,若函数 $y=f(x)$ 在原点有定义,则 $f(0)=0$,除去 $f(x)=0$ 外,没有函数 $y=f(x)$ 的图像既关于 y 轴对称又关于原点中心对称.

三、反思凝练

　　事实上在高中教学过程中,不仅研究关于 y 轴对称和关于原点中心对称的两类函数图像,在后继的学习过程中,我们会继续研究关于某一直线对称的函数图像及其解析式的特点以及关于某一点中心对称的函数图像及其解析式的特点,即研究“$y=f(x)$ 的图像关于直线 $x=m$ 对称 $\Leftrightarrow f(x)=f(2m-x)\Leftrightarrow f(m+x)=f(m-x)$”和“$y=f(x)$ 的图像关于点 (a,b) 中心对称 $\Leftrightarrow f(2a-x)+f(x)=2b\Leftrightarrow f(a+x)+f(a-x)=2b$”.奇函数和偶函数是它们的特殊情况和铺垫.准确地讲,函数图像关于 y 轴对称、关于原点中心对称是特殊的情况,但是只要函数图像具有轴对称、中心对称性质,经过坐标变换,都可以使它在新坐标系里是偶函数或奇函数.

四　幂函数

自主学习环节

一、目标分析

　　幂函数的内容是高中数学教学中的一个重点,也是一个难点.它是学生在学习了函数概念、函数性质后第一个研究的具体的函数,所以幂函数的研究方法将为学生研究其他函数提供范式.幂函数的性质研究通常是通过图像进行的,因为在几个基本初等函数中幂函数图像的形式最多,所以这节课的关键在于以学生为主体进行"探究—发现—证明"的教学过程.基于以上分析,设置学生自主学习的目标是:

　　1. 探究幂函数概念的来龙去脉;

　　2. 能作出幂函数的图像;

　　3. 能观察得出幂函数图像的特点并证明相关的结论.

二、问题指向

　　在学生自主学习的环节中设置了 5 个问题,这些问题都是为了帮助学生更好地达成自主学习的目标.

序号	问题内容	指向
1	幂函数的概念是什么?	目标 1
2	幂函数的定义域是什么?	目标 1
3	如何作出幂函数的图像?方法是什么?	目标 2
4	幂函数的图像有什么特点?说明幂函数的什么性质?	目标 3
5	如何证明幂函数的图像的结论?能举例说明吗?	目标 3

三、结果观察

1. 幂函数的概念是什么?

所有学生都能准确给出幂函数的概念.

学生作答:

一般地,函数 $y = x^k$(k 为常数,$k \in \mathbf{Q}$)叫做幂函数.

2. 幂函数的定义域是什么?

大部分学生的回答是笼统的,只有个别学生是按照具体的指数的分类讨论得到结论.所以授课过程中对指数的情况分类讨论是关键和重点.

学生作答一:

(1) $k \geqslant 1, x \in \mathbf{R}$.

(2) $k = 0, x \in (-\infty, 0) \bigcup (0, +\infty)$.

(3) $k < 0, x \in (-\infty, 0) \bigcup (0, +\infty)$.

(4) $k = \dfrac{p}{q}$(p, q 互质且为正,且 $p < q$).

① p 为偶数,$x \in (-\infty, 0) \bigcup (0, +\infty)$;

② p 为奇数,$x \in (0, +\infty)$.

学生作答二:

(1) $a \in \mathbf{N}^*, D = \mathbf{R}$.

(2) $a \in \mathbf{Z}^-, D = \mathbf{R}^+ \bigcup \mathbf{R}^-$.

(3) $a = \dfrac{p}{q}$(p, q 互质)> 0.

① p 为奇数,$D = \mathbf{R}$;

② p 为偶数,$D = \mathbf{N}$.

(4) $a = \dfrac{p}{q} < 0$.

① p 为奇数,$D = \mathbf{R}^+ \bigcup \mathbf{R}^-$;

② p 为偶数，$D=\mathbf{R}^+$.

(5) $a=0,D=\mathbf{R}^+\bigcup\mathbf{R}^-$.

学生作答三：

将 $y=x^a$ 表示为 $y=x^{\frac{m}{n}}\left(\dfrac{m}{n}\in\mathbf{Q}\right)$ 的函数.

(1) 当 $\dfrac{m}{n}$ 为偶数时，若 $\dfrac{m}{n}>0,x\in(0,+\infty)$；若 $\dfrac{m}{n}<0,x\in(0,+\infty)$.

(2) 当 $\dfrac{m}{n}$ 为奇数时，若 $\dfrac{m}{n}>0,x\in\mathbf{R}$；若 $\dfrac{m}{n}<0,x\in(-\infty,0)\bigcup(0,+\infty)$.

3. 如何作出幂函数的图像？方法是什么？

大部分学生是根据初中研究函数的方法描点作图得出函数图像，从而研究幂函数的性质. 也有部分学生根据先前的学习，先分析幂函数的定义域、奇偶性等，再得出幂函数的图像，这也是比较可取的. 在具体的授课过程中，还是应该先分析幂函数的定义域、值域、单调性等性质得出其在第一象限的图像，再得出幂函数完整的图像.

学生作答一：

方法：描点画法.

研究其定义域、值域、单调性、奇偶性、最值.

学生作答二：

① 求定义域.

② 奇偶性.

③ 明确 $(0,+\infty)$ 上的单调性.

④ 列表、描点、连线，画出第一象限的图像.

⑤ 画出整个图像.

学生作答三：

① 求定义域.

② 求奇偶性.

③ 明确(0,+∞)上的单调性.

④ 列表、描点、连线.

4. 幂函数的图像有什么特点? 说明幂函数的什么性质?

学生经过自己的研究得出了很多种结论,其中不乏有正确和有意义的结论,所以这一环节授课时可以充分地让学生表达自己的想法和结论,并引导他们得出正确的结论.

学生作答一:

- 一定出现在第一象限.
- 恒过点(1,1).

学生作答二:

- 一定出现在第一象限,不一定出现在第二、三象限.
- 恒过点(1,1).

学生作答三:

对于幂函数 $y=x^a$:

- $a \geqslant 1$ 时,恒过点(0,0)和(1,1),在$[0,+\infty)$上单调递增.
- $a<0$ 时,恒过点(1,1),在$(0,+\infty)$上恒为减函数.
- $a=0$ 时,$y=1$ 去除点(0,1).
- $a=\dfrac{p}{q}$ 时,恒过点(1,1),在$(0,+\infty)$上单调递增.

学生作答四:

对于幂函数 $y=x^a$,a 取不同值,图像不一样.

$a>0$,・图像都经点(1,1)和(0,0).

　　　　・在$[0,+\infty)$一定是增函数.

$a<0$,・经过点(1,1).

　　　　・在第一象限是减函数.

学生作答五：

对于幂函数 $y=x^a$：

- $a>0$ 时,恒过点$(1,1)$和$(0,0)$,在$[0,+\infty)$上单调递增.
- $a<0$ 时,恒过点$(1,1)$,在$(0,+\infty)$上为减函数.
- $a=0$ 时,为 $y=1$ 去掉点$(0,1)$.
- $0<a_1<1,f(x)=x^{a_1};a_2>1,g(x)=x^{a_2}.f(x)>g(x),x\in(0,1)$.

5. 如何证明幂函数的图像的结论? 能举例说明吗?

显然大部分学生可以证明幂函数的图像恒过点$(1,1)$,也有学生可以根据具体的函数来证明其单调性,也有学生罗列了具体的幂函数图像的结论,可惜没有给出证明,所以授课过程中的证明将是重点.

学生作答一：

可将点$(1,1)$代入,得 $f(1)=1$.则必过点$(1,1)$.

学生作答二：

可以将$(1,1)$代入 $y=x^a$.

当 $y=1,x=1$ 时.a 可以取任意值.

学生作答三：

$y=x^a$,代入$(1,1)$.有 $1=1^a=1$ 成立.

学生作答四：

如 $y=x^2$.

任取 $0<x_1<x_2$,有

$y_2-y_1=x_2^2-x_1^2=(x_2+x_1)(x_2-x_1)>0$.

所以 $y_2>y_1$.

学生作答五：

$y=x^2$.

任取 $x_1>x_2>0$,有

$y_1-y_2=x_1^2-x_2^2=(x_1-x_2)(x_1+x_2)>0.$

所以 $y_1>y_2$.

学生作答六：

$y=x^{k\frac{m}{n}}(m,n\in\mathbf{N}^*),k\in\{-1,1\}.$

		m,n均为奇数		m为奇数而n为偶数		m为偶数而n为奇数	
		$k=1$	$k=-1$	$k=1$	$k=-1$	$k=1$	$k=-1$
定义域	$\mathbf{R}$		$(-\infty,0)\bigcup(0,+\infty)$	$[0,+\infty)$	$(0,+\infty)$	$[0,+\infty)$	$(-\infty,0]$
值域	$\mathbf{R}$		$(-\infty,0)\bigcup(0,+\infty)$	$[0,+\infty)$	$(0,+\infty)$	$[0,+\infty)$	$(-\infty,0]$
奇偶性	奇		奇	非奇非偶	非奇非偶	偶	偶

教师引导环节

一、重点分析

通过对学生自主学习结果的观察以及对学生给出答案的分析,发现学生对于幂函数的概念的定义十分了解,但是对于为什么可以定义幂函数不太清楚,对于幂函数定义域的分类讨论更不清楚了.对于幂函数的研究方法是画出图像—观察图像特点—得出函数性质—证明函数性质,这一研究思路需要让学生清楚,同时也要与学生共同探究,从而让学生真正参与其中去体会.所以教学过程的推进以及课堂教学问题的设置,都是围绕以上重点和难点来展开的.

二、教学过程

幂函数的教学首先要明确幂函数的概念,给出乘幂运算的定义.

在 a^b 中：

1. 指数 b 为自然数 n 时,$a^n=\underbrace{a\cdot a\cdot\cdots\cdot a}_{n个}(n\in\mathbf{N}^*)$；

2. 指数 b 为 0 时,$a^0=1(a\neq 0)$；

3. 指数 b 为负整数时, $a^{-n}=\dfrac{1}{a^n}(a\neq 0,n\in\mathbf{N}^*)$;

4. 指数 b 为正分数时, $a^{\frac{m}{n}}=\sqrt[n]{a^m}(a\geqslant 0,m,n\in\mathbf{N}^*,n\geqslant 2,(m,n)=1)$;

5. 指数 b 为负分数时, $a^{-\frac{m}{n}}=\dfrac{1}{a^{\frac{m}{n}}}(a\neq 0)$.

幂函数的定义:形如 $y=x^b$, b 为常数的函数称为幂函数.其中,有理数 b 必须化为最简形式.

师: 判断下列函数是否是幂函数:

(1) $y=4x^2$;   (2) $y=x^2+1$.

生: 答案是否定的,因为它们均不满足幂函数的定义.

师: 若 $y=x^b$, $b\in\mathbf{Q}^+$ 是函数,则必须满足函数的三要素.因为 b 是确定的常数,所以函数的对应法则确定;关键看定义域,定义域即是要使 x^b 有意义.

生: 当 b 是正整数或 b 为正的既约分数 $\dfrac{p}{q}$ 且 q 为奇数时,定义域为 $\mathbf{R}$;

当 b 为正的既约分数 $\dfrac{p}{q}$ 且 q 为偶数时,定义域为 $\mathbf{R}^+\bigcup\{0\}$;

当 b 是负整数或 b 为负的既约分数 $\dfrac{p}{q}$ 且 q 为奇数时,定义域为 $\mathbf{R}^-\bigcup\mathbf{R}^+$;

此外, b 为其余情况时,定义域为 $\mathbf{R}^+$.

师: 回答得非常好.下面来看例题.

求下列幂函数的定义域:(1) $y=x^3$;   (2) $y=x^{\frac{1}{3}}$;   (3) $y=x^{\frac{1}{2}}$;   (4) $y=x^{-2}$.

生: $y=x^3$ 的定义域为 $\mathbf{R}$;

$y=x^{\frac{1}{3}}$ 的定义域为 $\mathbf{R}$;

$y=x^{\frac{1}{2}}$ 的定义域为 $[0,+\infty)$;

$y=x^{-2}$ 的定义域为 $(-\infty,0)\bigcup(0,+\infty)$.

师: 接下来,我们通过研究幂函数的图像来研究幂函数的性质.

师: 我们借助手边的图形计算器进行画图.

在研究函数 $y=x^b$, $b>0$ 的性质时,我们作出以下四组幂函数的图像(图 1).

1. $y_1=x$, $y_2=x^0$;

2. $y_3 = x^2$, $y_4 = x^3$；

3. $y_5 = x^{\frac{3}{2}}$, $y_6 = x^{\frac{5}{3}}$, $y_7 = x^{\frac{8}{3}}$；

4. $y_8 = x^{\frac{1}{2}}$, $y_9 = x^{\frac{2}{3}}$, $y_{10} = x^{\frac{2}{5}}$.

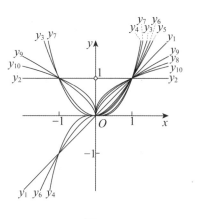

图 1

师：我们来看问题 1：所作的这几个函数图像中，有没有图像经过第四象限？在研究的所有幂函数中，是否存在某个幂函数，它的图像经过第四象限？

生：没有，因为对于一切幂函数，当 $x > 0$，总有 $y > 0$.

师：对，函数的图像都不关于 x 轴对称.再思考问题 2：在所作出的几个幂函数的图像中，可以看到 $y_8 = x^{\frac{1}{2}}$，$y_5 = x^{\frac{3}{2}}$ 的图像只经过第一象限；$y_4 = x^3$，$y_6 = x^{\frac{5}{3}}$，$y_1 = x$ 的图像经过第一、第三象限；经过第一、第二象限的函数是 $y_2 = x^0$，$y_3 = x^2$，$y_7 = x^{\frac{8}{3}}$，$y_9 = x^{\frac{2}{3}}$，$y_{10} = x^{\frac{2}{5}}$.从观察到的现象中，是否可以认为幂函数在第一象限均有图像？

生：是的，道理同问题 1，因为对于一切幂函数，当 $x > 0$，总有 $y > 0$，所以幂函数在第一象限均有图像.

师：事实上，研究幂函数的图像时，我们着重于研究第一象限的图像，因为若在第二、第三象限有图像，必与第一象限的图像关于 y 轴或原点对称.

师：接下来我们来研究幂函数的性质，大家来观察上面四组幂函数在第一象限的图像，首先在第一象限内作出上述四组幂函数的图像（图 2）.

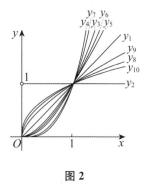

图 2

这四组图像的特点是什么？也即幂函数的图像在第一象限的性质是什么？

生：有两个特点.(1)它们都经过点 $(0,0)$ 和点 $(1,1)$；(2)图像都是上升的.

师：很好.我们要大胆猜测，小心求证，这两个特点一定对吗？

生：对的，"它们都经过点$(0,0)$和点$(1,1)$"的证明如下.对于$y=x^b,b\in\mathbf{Q}^+$，因为$x=0$时，$y=0$，所以$y=x^b,b\in\mathbf{Q}^+$的图像经过点$(0,0)$；类似地，因为$x=1$时，$y=1$，所以$y=x^b,b\in\mathbf{Q}^+$的图像经过点$(1,1)$.所以幂函数$y=x^b,b\in\mathbf{Q}^+$的图像经过点$(0,0)$和点$(1,1)$.

生："在区间$[0,+\infty)$上是单调增函数"的证明如下.任意$x_1,x_2\in[0,+\infty)$，且$x_1<x_2$，因为$b\in\mathbf{Q}^+$，所以$b=\dfrac{q}{p}(p,q\in\mathbf{N},p,q$互质$)$，所以$x_1^q<x_2^q$（不等式性质），所以$x_1^{\frac{q}{p}}<x_2^{\frac{q}{p}}$（不等式性质）.从而，将不等式性质推广，当$0\leqslant x_1<x_2$时，$x_1^b<x_2^b(b\in\mathbf{Q}^+)$，即$y=x^b,b>0$在区间$[0,+\infty)$上是单调增函数.

师：大家再观察$y_3=x^2$与$y_8=x^{\frac{1}{2}}$的图像，可以发现$y_3=x^2$与$y_8=x^{\frac{1}{2}}$的图像上升趋势有着明显的不同.$y_3=x^2$的图像在区间$(0,1)$上在$y=x$的图像的下方，而$y=x^{\frac{1}{2}}$的图像在区间$(0,1)$上在$y=x$的图像的上方.在区间$(0,+\infty)$上函数$y=x^{\frac{1}{2}}$为凸的，函数$y=x^2$为凹的，进而大胆猜测在区间$(0,1)$上，$y=x^b,0<b<1$的图像在$y=x$的图像的上方，$y=x^b,b>1$的图像在$y=x$的图像的下方.如何证明呢？

生：简单分析发现，需要证明任意$x\in(0,1)$，若$0<b<1$，则$x^b>x$；若$b>1$，则$x^b<x$.

证明：因为任意$x\in(0,1)$，若$0<b<1$，则$x^b>0$，$\dfrac{x^b}{x}=x^{b-1}$.因为$0<x<1$，所以$\dfrac{1}{x}>1$.又$b-1<0$，则$1-b>0$，所以$x^{b-1}=\dfrac{1}{x^{1-b}}=\left(\dfrac{1}{x}\right)^{1-b}$.因为$\dfrac{1}{x}>1,1-b>0$，所以$\left(\dfrac{1}{x}\right)^{1-b}>1^{1-b}=1$.所以$x^{b-1}>1$，从而$x^b>x$.

同理，$b>1$时，$b-1>0$.因为$\dfrac{1}{x}>1$，所以$\left(\dfrac{1}{x}\right)^{b-1}>1$，所以$x^{b-1}<1$，从而$x^b<x$.

师：明确$y=x^b,b>0$在第一象限的性质后，我们就可以根据幂函数的奇偶性，在整个平面直角坐标系中作出$y=x^b,b>0$的图像.先借助图形计算器准确地作出下面四组函数的图像（图3）.

1. $y_1 = x$;

2. $y_2 = x^2$;

3. $y_3 = x^{\frac{3}{2}}$;

4. $y_4 = x^{\frac{1}{2}}$.

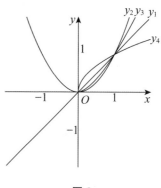

师:请大家叙述四组函数的图像是如何得到的.

生:$y_2 = x^2$ 是偶函数,其余象限的图像可以将第一象限的图像关于 y 轴对称得到.

生:$y_3 = x^{\frac{3}{2}}$ 是非奇非偶函数,图像只在第一象限.

生:$y_4 = x^{\frac{1}{2}}$ 是非奇非偶函数,图像只在第一象限.

图 3

师:有了这样的分析,就可以知道如何在平面直角坐标系中完整地作出这些函数的图像.我们可以运用图形计算器给出图像,也可以自己动手作出任意幂函数 $y = x^b, b \in \mathbf{Q}^+$ 的图像.

师:通过上面的分析发现,作任意幂函数的图像只要准确作出第一象限的图像,再明确在区间 $(0,1)$ 上,$y = x^b$ 的图像是在 $y = x$ 的图像的上方,还是在 $y = x$ 的图像的下方,并根据函数的奇偶性,即可作出整个平面直角坐标系中函数的图像.

师:下面来看例题.

作出以下幂函数的图像:(1)$y = x^{\frac{2}{5}}$;(2)$y = x^{\frac{5}{2}}$.

(1) 因为 $y = x^{\frac{2}{5}} = \sqrt[5]{x^2}$,所以定义域为 **R**.

因为 $0 < \frac{2}{5} < 1$,所以在区间 $(0,1)$ 上此函数的图像在 $y = x$ 的图像的上方,该函数是偶函数,函数的图像关于 y 轴对称(图 4).

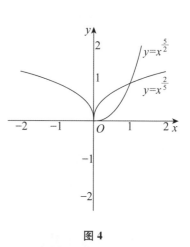

(2) 因为 $y = x^{\frac{5}{2}} = \sqrt[2]{x^5}$,所以定义域为 $[0, +\infty)$.

图 4

因为 $\frac{5}{2} > 1$,所以在区间 $(0,1)$ 上此函数的图像在 $y = x$ 的图像的下方,该函数是非奇非偶函数,函数的图像只在第一象限(图4).

接下来学生借助图形计算器得出 $y=x^b, b<0$ 的三条性质:图像都经过点 $(1,1)$;第一象限内,函数值 y 随着 x 的增大而减小;在第一象限内,图像向上与 y 轴无限接近,向右与 x 轴无限接近.而且进行了完整的证明.

三、反思凝练

著名心理学家布鲁纳(Bruner)指出:"探索是数学教学的生命线."教师引导学生探究,激发他们的求知欲,能加强学生主动探索的能力.这节课可以运用现代化的工具——图形计算器,让学生对各种类型的幂函数的图形都有深刻的了解;然后通过"探究—发现—证明"的教学过程充分发挥学生的主体作用,使学生都能充分参与和体验,并经历知识技能由未知到已知,或由不掌握到掌握的过程.在这节课的教学中,学生始终处于一种积极参与,相互交流合作的状态,并能理论联系实际.他们的思维、表达、自学、实践、合作等能力都得到充分发展,尤其是探究能力.在探究中既有发散思维,又有聚合思维,因而学生的创造思维能力会得到充分发展.证明的教学能够让学生的思维变得更加严密.

五　指数函数

自主学习环节

一、目标分析

这节课是在已掌握了函数的一般性质和简单的指数运算的基础上,进一步研究指数函数,以及指数函数的图像与性质,一方面可以进一步深化学生对函数概念的理解与认识,另一方面也为今后研究对数函数和等比数列的性质打下坚实的基础.基于以上分析,设置学生自主学习的目标是:

1. 理解指数函数的概念;

2. 掌握指数函数的图像、性质及其简单应用;

3. 掌握研究函数的概念与性质的科学方法与步骤.

二、问题指向

在学生自主学习的环节中设置了 5 个问题,这些问题都是为了帮助学生更好地达成自主学习的目标.

序号	问题内容	指向
1	指数函数的概念是什么?	目标 1
2	指数函数的定义域是 **R**,对吗?请给出你的理由.	目标 1
3	如何理解 $2^{\sqrt{3}}$?请给出你的解释.	目标 2
4	如何作出指数函数的图像?方法是什么?	目标 3
5	指数函数的值域是 $(0,+\infty)$,如何得出这个结论?	目标 3

三、结果观察

1. 指数函数的概念是什么？

通过预习，所有的学生都准确地给出指数函数的概念.

> 学生作答一：
>
> 一般地，函数 $y=a^x(a>0$，且 $a\neq1)$ 叫做指数函数.
>
> 学生作答二：
>
> 形如 $y=a^x(a>0$，且 $a\neq0)$ 的函数.

2. 指数函数的定义域是 **R**，对吗？请给出你的理由.

所有学生都能回答出指数函数的定义域是 **R**，但是一些学生给出的理由却不是非常准确，因为没有回答清楚为什么 x 取 **R** 上的任何值都有意义.

> 学生作答一：
>
> 正确.只要 a 满足 $a>0$ 且 $a\neq1$，则 x 取 **R** 上的任何值都有意义.
>
> 学生作答二：
>
> 是.在 x 取 **R** 上的任意值时，函数都有意义.

3. 如何理解 $2^{\sqrt{3}}$？请给出你的解释.

50%左右的学生给出了错误的解释，40%左右的学生通过预习了解了可以用无理数的不足近似值和过剩近似值进行逼近来给出 $2^{\sqrt{3}}$ 的含义，但是未给出具体的例子；10%左右的学生通过给出 $\sqrt{3}$ 逼近的实例，来解释 $2^{\sqrt{3}}$ 的存在性.这样看来，在理解无理数指数幂时，通过直接给出过剩近似值和不足近似值来直观解释应该是有效的.

> 学生作答一：
>
> $2^{\sqrt{3}}=2^{\frac{3}{2}}$.
>
> 学生作答二：
>
> 利用过剩近似与不足近似进行逼近.

学生作答三：

取 $\sqrt{3}$ 的不足近似值：$1,1.7,1.73,1.732,\cdots$.

于是相应地有：$a^{1},a^{1.7},a^{1.73},a^{1.732},\cdots$.

观察到它逐渐地趋近于一个常数，这个常数就规定为 $a^{\sqrt{3}}$.

4. 如何作出指数函数的图像？方法是什么？

几乎所有的学生都是通过描点作图法来作指数函数的图像.但是事实上,他们却忽略了一点,描取特殊点之后用平滑的曲线连接这些点得到图像,曲线需是平滑的曲线.那么如何确定此时连接的曲线就是平滑的曲线呢？这是上课时要重点说明的一个问题,这个问题也可以和问题3联系起来一同解决,从而解释无理数指数幂的存在.还需要关注的是在指数函数的教学过程中强调的是"指数函数的图像和性质",所以这一节的内容是通过描点连线作出指数函数的图像,从而直观看出指数函数的性质,以后再严格证明.

5. 指数函数的值域是 $(0,+\infty)$,如何得出这个结论？

这个问题大部分学生是不能回答出的,但是也有部分学生给出了让人高兴的答案.这个问题的提出,是提醒学生注意函数的值域是函数的重要研究对象,比较容易解释的是 $\{y\,|\,y=a^{x},x\in\mathbf{R}\}\subseteq(0,+\infty)$,而 $(0,+\infty)\subseteq\{y\,|\,y=a^{x},x\in\mathbf{R}\}$ 是难以解释的.问题的结果可以留给学生以后去探求,但是问题却需要在授课过程中向学生提出.

学生作答一：

$y=a^{x}$ 对任意 $a>0$ 且 $a\neq1$ 的实数 a,其幂运算结果总是大于 0 的,即 $y=a^{x}>0$.任意 $m\in\mathbf{R}^{+}$,m 都可表示为 $a^{x}(a>0$ 且 $a\neq1)$.所以值域为 $\mathbf{R}^{+}$.

学生作答二：

值域取决于定义域和对应法则以及图像.发现 $0<a<1$ 时,函数 $y=a^{x}$ 是减函数；$a>1$ 时,函数 $y=a^{x}$ 是增函数；且 $y>0$.因为 $a\neq0$,所以无法取到小于 0 的数且 0 也无法取到.所以值域为 $(0,+\infty)$.

～←·╂·┤··←·╲·┤ **教师引导环节** ·╾·┴·┝━━·┼·┝·━

一、重点分析

通过对学生自主学习结果的观察以及对学生给出答案的分析,发现学生对于指数函数的概念十分了解,但是对于指数函数的定义域是 **R** 的理由解释得比较含糊;作指数函数的图像的方法,还是沿用了以前的描点连线,并没有细致地去考虑其中的关键问题;对于指数函数的值域问题是直接搬教材上的结论,说不清楚原因.所以教学重点是指数函数的概念,指数函数的定义域、值域及其性质;教学难点是正确理解无理数指数幂的意义.教学过程的推进以及课堂教学问题的设置,都是围绕以上重点和难点来展开的.

二、教学过程

师:上节课我们学习了幂函数,就是在 $M=a^b$ 中,固定 b 不变,让 a 在一定范围内变化,这样 M 随着 a 的变化而变化,即给定 a 一个值,按照对应法则 $M=a^b$ 都有一个 M 的值与之对应,而且这个值是唯一的,所以确定一个函数,就是幂函数.既然可以固定 b 不变让 a 变化,那么一个很自然的想法是把二者颠倒一下,即固定 a 不变,让 b 在一定范围内变化,这样按照对应法则 $M=a^b$,M 也有一个值与之对应,而且这个值也是唯一的,所以这也构成一个函数.如同幂函数那样,分别用 x 和 y 来代替 b 和 M,这样,$M=a^b$ 就改写为 $y=a^x$,由于这时的自变量 x 处于指数位置,称这种函数为指数函数.

师:一个新的函数出现以后,最先关注的是它的定义域.因为函数的三要素是定义域、值域和对应法则.对于指数函数而言,知道了函数的对应法则,那么明确了定义域,就可以根据对应法则求出值域,所以首先要明确指数函数的定义域.

师:需要提醒大家的是,在初中的学习过程中,当指数 x 是有理数时,乘幂 a^x 是有意义的,但是当 x 是无理数时,乘幂 a^x 是什么意义我们并不清楚,所以下面的讨论都是假定 x 是有理数,对 x 是无理数的情况稍后讨论.

师:对于指数函数 $y=a^x$ 中的定值 a 我们还没有明确的认识,即 a 到底可以固定为什么样的实数我们还不知道,所以下面先就 a 的取值在实数范围内展开讨论.

首先看 $a>0$ 时的情况.

1. 当 $a=1$ 时, $y=a^x=1^x=1(x\in\mathbf{Q})$,这样随着 x 的变化,函数值 y 始终是定值 1,这种情况简单明了,所以对 $a=1$ 这种情况我们不研究.

2. 当 $a>1$ 时, $y=a^x$ 随着 x 的变化而不断变化,所以 a 取大于 1 的实数时, $y=a^x$ 构成了一个函数,定值 a 可以固定为大于 1 的实数.下面,我们就来研究当 $a>1$ 时,指数函数 $y=a^x$ 在 $x\in\mathbf{Q}$ 的条件下的性质,然后根据其性质作出它的图像.

师:我们现在对指数函数 $y=a^x(a>1)$ 的性质一无所知,所以先在平面直角坐标系中描出几个点,然后从直观上猜想一下它的性质,最后给出严格的证明,这也是处理问题的一种常用方法.

以 $y=2^x$ 为例,列表如下:

x	$\cdots$	-3	-2	-1	0	1	2	3	$\cdots$
y	$\cdots$	$\dfrac{1}{8}$	$\dfrac{1}{4}$	$\dfrac{1}{2}$	1	2	4	8	$\cdots$

然后把上述点描在同一平面直角坐标系中,如图 1 所示.可以看出,这些点都在 x 轴的上方,且逐渐上升.由此,我们可以猜想 $y=a^x(a>1)$ 有什么性质呢?

生:函数值 $y>0$;在有理数集 $\mathbf{Q}$ 上, $y=a^x$ 是增函数.

师:很好.再以 $y=3^x$ 为例,描出几个点,我们发现同样具有上述性质,这说明我们的猜想可能是正确的.下面就来证明"函数值 $y>0$".

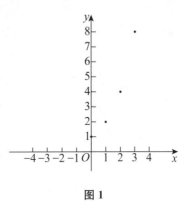

图 1

生:在 $x\in\mathbf{Q}$ 的条件下,分 $x\in\mathbf{Q}^+$, $x=0$, $x\in\mathbf{Q}^-$ 三种情况来证明.

(1) 当 $x\in\mathbf{Q}^+$ 时,如果 x 是正整数,令 $x=n(n\in\mathbf{N}^*)$,则 $y=a^x=a^n$.因为 $a>1$,由不等式的性质,知 $a^n>1^n=1>0$,即 $y>0$.如果 x 是正分数,令 $x=\dfrac{m}{n}$ $(m,n\in\mathbf{N},(m,n)=1)$.因为 $a>1$,所以 $a^m>1^m$,则 $a^{\frac{m}{n}}>1^{\frac{m}{n}}=1>0$.

(2) 当 $x=0$ 时, $y=a^x=a^0=1>0$.

(3) 当 $x \in \mathbf{Q}^-$ 时,我们可以模仿上面 $x \in \mathbf{Q}^+$ 的证明,分 x 是负整数和负分数两种情况来讨论.但是我们可以用另一种方法证明.现在来看 $x \in \mathbf{Q}^-$ 与 $x \in \mathbf{Q}^+$ 的联系,当 $x \in \mathbf{Q}^-$ 时,其相反数 $-x \in \mathbf{Q}^+$,所以我们可以用代换法来证明.令 $x = -t$,则有 $t \in \mathbf{Q}^+$,所以 $y = a^x = a^{-t} = \dfrac{1}{a^t}$,由前面假设,$t \in \mathbf{Q}^+$,由(1)可知 $a^t > 1$.所以,由不等式的性质,知 $0 < \dfrac{1}{a^t} < 1$,即 $0 < y < 1$.

综合(1)(2)(3),可知指数函数 $y = a^x (a > 1)$ 在 $\mathbf{Q}$ 上,函数值是大于 0 的.

师:非常好.那么如何证明指数函数的性质"在有理数集 $\mathbf{Q}$ 上,$y = a^x$ 是增函数"呢?

生:设任意的 $x_1, x_2 \in \mathbf{Q}$ 且 $x_1 < x_2$,则 $\dfrac{a^{x_2}}{a^{x_1}} = a^{x_2 - x_1}$.因为 $a > 1$ 且 $x_2 - x_1 > 0$,所以 $a^{x_2 - x_1} > 1$.又 $a^{x_1} > 0$,则 $a^{x_2} > a^{x_1}$.所以在有理数集 $\mathbf{Q}$ 上,$y = a^x (a > 1)$ 是增函数.

师:很好.上面的过程讨论了指数函数 $y = a^x$ 中的底数 $a > 1$ 且 $x \in \mathbf{Q}$ 时的性质.当 $0 < a < 1$ 时,y 随 x 的变化而变化,所以当 a 固定为大于 0 小于 1 的实数时,$y = a^x$ 也构成了一个函数,所以 a 可以取这样的值.下面可以用类似的方法研究指数函数 $y = a^x (0 < a < 1)$ 在 $\mathbf{Q}$ 上的性质.

生:我们完全可以仿照研究指数函数 $y = a^x (a > 1)$ 的性质那样,先在平面直角坐标系中描出几个点,然后猜想其性质,最后给出证明.

师:对的.但是,我们可以考虑一下是否可以用其他方法来研究它的性质.先看一下 $0 < a < 1$ 与 $a > 1$ 的联系,当 $0 < a < 1$ 时,其倒数是大于 1 的,这时就满足上面证出的性质.所以,可以利用代换的方法来研究指数函数 $y = a^x (0 < a < 1)$ 在 $\mathbf{Q}$ 上的性质.当 $0 < a < 1$ 时,令 $a = \dfrac{1}{t}$,则 $t > 1$,这时,$y = a^x = \dfrac{1}{t^x}$,由上面证出的性质可知,当 $x \in \mathbf{Q}^+$ 时,$t^x > 1$,则 $0 < \dfrac{1}{t^x} < 1$,即 $0 < y < 1$;当 $x = 0$ 时,$t^x = 1$,这时 $y = 1$;当 $x \in \mathbf{Q}^-$ 时,$0 < t^x < 1$,所以 $\dfrac{1}{t^x} > 1$,即 $y > 1$.

我们用代换法证明了指数函数 $y = a^x (0 < a < 1)$ 在 $\mathbf{Q}$ 上的函数值的取值情况.下面,再研究其单调性.

生：设任意的 $x_1,x_2\in\mathbf{Q}$ 且 $x_1<x_2$，则 $\dfrac{a^{x_1}}{a^{x_2}}=a^{x_1-x_2}=\dfrac{1}{t^{x_1-x_2}}=t^{x_2-x_1}$

$\left(\text{其中}\ a=\dfrac{1}{t}\right)$．因为 $t>1$ 且 $x_2-x_1>0$，所以 $t^{x_2-x_1}>1$．又 $a^{x_2}>0$，则 $a^{x_1}>a^{x_2}$．所以指数函数 $y=a^x(0<a<1)$ 在 $\mathbf{Q}$ 上是减函数．

师：我们讨论清楚了指数函数 $y=a^x$ 中的底数 a 可以固定为大于 0 小于 1 的实数，并且得到了相应的性质．接下来，我们再来讨论底数 $a=0$ 以及 $a<0$ 的情况．

生：如果 $a=0$，那么 $y=a^x=0^x$，该式子要么无意义，要么为零，这没有研究的价值，所以 $a=0$ 的情况我们不研究．

生：如果 $a<0$，比如 $a=-2$，那么 $y=a^x=(-2)^x$，那么当 $x=\dfrac{1}{2}$ 时，$y=(-2)^{\frac{1}{2}}$，这在实数范围内是没有意义的．由于研究一个函数时，自变量总是在一个区间上任意取值，因此自变量 x 总可以取到分母为偶数的值，只要 a 取负值，就会出现类似于上面在实数范围内没有意义的情况，所以 $a<0$ 的情况我们也不讨论．

师：两位同学的分析非常到位．综合上面的分析，我们知道指数函数中 $y=a^x$ 中的底数 a 的范围是 $0<a<1$ 或 $a>1$．

师：现在，我们来考虑这样一个问题，前面在作函数 $y=2^x$ 的图像时，只是在平面直角坐标系中描出了几个点，没有用平滑的曲线把它们连起来．现在请大家考虑一下，为什么这样做？

生：前面的讨论过程中，指数函数的性质都是在 $x\in\mathbf{Q}$ 的条件下进行的，由于有理数和无理数在数轴上都是稠密分布的，因此我们无法把横坐标是有理数的点在平面直角坐标系中一一描出来．但是当 x 取无理数时，指数函数的性质怎样还不清楚，所以还不能用平滑的曲线把它们连起来．

师：回答得非常好．为了能够完整地作出函数 $y=2^x$ 的图像，必须研究指数函数 $y=a^x$ 在 x 是无理数时，即 $x\notin\mathbf{Q}$ 的性质．先来看当 x 是无理数时，乘幂 a^x 的意义．比如，$x=\sqrt{2}$，那么 $a^{\sqrt{2}}$ 表示什么呢？

师：我们知道有理数和无理数在数轴上都是稠密分布的，即在整个实数集 $\mathbf{R}$ 都是稠密的，也就是说，任意两个无理数之间都存在有理数，任意两个有理数之间都有无理数．那么对于 $\sqrt{2}$，可以根据不同的精度要求在数轴上找到两列有理数来充分接近它.比如,当精度要求是 0.1 时,可以用 1.4 和 1.5 来接近它;当精度要求是 0.01 时,可以用 1.41 和 1.42 来接近它;当精度要求是 0.001 时,可以用 1.414 和 1.415 来接近它;当精度要求是 0.000 1 时,可以用 1.414 2 和 1.414 3 来接近它;当精度要求更高时,这个过程可以无限进行下去.这样可以找到两列数 α_n 和 β_n 充分接近 $\sqrt{2}$,这两列数分别叫不足近似值和过剩近似值.我们以后可以证明,$a^{\sqrt{2}}$ 是介于 a^{α_n} 与 a^{β_n} 之间的,由于 α_n 和 β_n 是充分接近于 $\sqrt{2}$ 的,因此 a^{α_n} 与 a^{β_n} 也充分接近 $a^{\sqrt{2}}$,即 $a^{\sqrt{2}}$ 是 a^{α_n} 与 a^{β_n} 夹逼出的唯一的数,所以 $a^{\sqrt{2}}$ 是有意义的.由于 a^{α_n} 与 a^{β_n} 满足前面所得到的指数函数的性质,又是与 $a^{\sqrt{2}}$ 充分接近的,因此 $a^{\sqrt{2}}$ 不会改变这些性质.

师:事实上,任何一个无理数都如同 $\sqrt{2}$ 那样,可以在数轴上找到两列有理数来充分接近它,使得它的指数幂有意义并且不会改变指数函数的性质,所以指数函数 $y=a^x$ 中的自变量 x 的取值范围可以扩大到实数集 **R**.所以指数函数定义可以明确为:形如 $y=a^x(a>0$ 且 $a\neq1)$ 的函数叫指数函数,其定义域为 **R**.

师:根据上面的分析可知,自变量 x 是无理数时不会改变在 $x\in\mathbf{Q}$ 的条件下得到的指数函数的性质,所以可以把这些性质推广到整个实数集 **R** 上,即 $y=a^x$ ($x\in\mathbf{R}$)有如下性质:

(1) 若 $0<a<1$,① $x<0$ 时,$y>1$;$x=0$ 时,$y=1$;$x>0$ 时,$0<y<1$;② 在实数集 **R** 上,$y=a^x$ 是减函数.

(2) 若 $a>1$,① $x<0$ 时,$0<y<1$;$x=0$ 时,$y=1$;$x>0$ 时,$y>1$;② 在实数集 **R** 上,$y=a^x$ 是增函数.

师:现在可以明确地用平滑的曲线把前面平面直角坐标系中的点连起来了,最后用图形计算器作出指数函数 $y=2^x$ 的图像,检验与我们作出的图像是否一致.经过对比,发现两个结果是一致的,这也说明把指数函数的定义及性质由有理数集推广到整个实数集 **R** 是正确的.

师:我们可以继续思考.前面已证出指数函数 $y=a^x$ 的函数值 y 是大于零的,那么我们是否可以认为它的值域是 $(0,+\infty)$ 呢? 也就是说,指数函数的函数值是否充满整个区间 $(0,+\infty)$ 呢? 即给定任意一个函数值 $y\in(0,+\infty)$,能否找到一个 x 与它对应呢? 或者说它的值域是否是 $(0,+\infty)$ 的一个子集呢? 如果要确认指数函数的值域就是 $(0,+\infty)$,理论上是要给出严格的证明的,但是在中学阶段还不能够证明,所以这个问题留到大学再解决.

三、反思凝练

事实上,通过对于等式 $M=a^b$ 中的三个量的研究,我们发现固定指数 b(b 是有理数),让底数在一定范围内变化,M 随 a 的变化而变化的函数是幂函数;固定底数 a,让指数 b 在一定范围内变化,M 随 b 的变化而变化的函数是指数函数;固定底数 a,让 M 变化,b 随 M 的变化而变化的函数是对数函数.但是,幂函数、指数函数、对数函数的研究思路是不一样的,幂函数的研究着重于通过图像来研究函数的性质,而指数函数的研究是通过性质的研究最终得到光滑的图像,最后对数函数的研究则是通过指数函数的图像来研究.所以在指数函数的研究学习中比较重要的是指数函数的代数性质的推导和证明,以及无理数指数幂的讨论和理解.希望通过这一教学过程,能让学生学习到函数研究的方法和手段,而新的函数的研究可以有不一样的角度和方向.

六　两角和与差的余弦公式

⊰⊰⊱⊰⊱⊰⊱⊰ **自主学习环节** ⊰⊱⊰⊱⊰⊱⊰⊱

一、目标分析

"两角和与差的余弦、正弦和正切"是"三角比"一章的重要内容,是正弦线、余弦线和诱导公式等知识的延伸,是后继内容(二倍角公式、和差化积公式、积化和差公式等)的知识基础,对于三角变换、三角恒等式的证明和三角函数式的化简、求值等三角问题的解决有重要的支撑作用.基于以上分析,设置学生自主学习的目标是:

1. 了解平面上两点间距离公式的推导并熟记公式;

2. 理解两角和与差的余弦公式和诱导公式的推导过程;

3. 能够从正反两个方向运用两角和与差的余弦公式解决简单应用问题.

二、问题指向

在学生自主学习的环节中设置了 5 个问题,这些问题都是为了帮助学生更好地达成自主学习的目标.

序号	问题内容	指向
1	平面上两点间距离公式是什么？它的推导过程如何？	目标 1
2	两角差的余弦公式是什么？	目标 2
3	为什么要研究两角和与差的三角公式？	目标 2
4	两角和与差的三角公式中,为什么首先推导的是两角差的余弦公式,而不是两角和的正弦公式？你能说明其中的道理吗？	目标 2
5	教材中推导的是两角差的余弦公式,你可以用类似的方法推导出两角和的余弦公式吗？	目标 3

三、结果观察

1. 平面上两点间距离公式是什么? 它的推导过程如何?

几乎所有的学生都能回答出平面上两点间距离公式是 $\sqrt{(x_1-x_2)^2+(y_1-y_2)^2}$,它的证明是根据勾股定理.

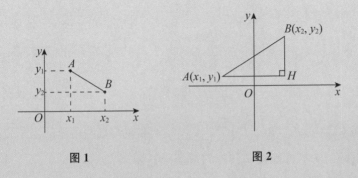

学生作答一:

记两点分别为 $A(x_1,y_1),B(x_2,y_2)$(图1).

根据勾股定理,$|AB|=\sqrt{(x_1-x_2)^2+(y_1-y_2)^2}$.

图1

图2

学生作答二:

过点 A,B 分别作 x 轴、y 轴的平行线交于点 H(图2),则 $AH\perp BH$.

所以在 $\mathrm{Rt}\triangle AHB$ 中,$AH^2+BH^2=AB^2$.

所以 $|x_2-x_1|^2+|y_2-y_1|^2=AB^2$.

所以 $AB=\sqrt{(x_2-x_1)^2+(y_2-y_1)^2}$.

2. 两角差的余弦公式是什么?

所有学生都可以准确回答出.

3. 为什么要研究两角和与差的三角公式?

这个问题其实是提醒学生去了解学习两角和与差三角公式的必要性.学生都各抒己见,给出了自己的理解,其中也有合理的解释,只不过人数不多.

学生作答一：

- 为了更好地解决几何问题等众多现实问题；
- 引到物理等学科中方便使用；
- 研究出来是因为先哲具有探索精神，对着图形、等式各种拼凑组合发现了好用的规律．

学生作答二：

这些公式可以帮助我们通过两个已知角快速推得它们之和或之差的三角比．这组公式成为了角度加减法与三角比运算之间的桥梁．

学生作答三：

方便计算，可以由已知的一些特殊角推出其他角．

学生作答四：

其他三角公式都是在此基础上变形得到的，两角和与差的三角公式是基础．

4. 两角和与差的三角公式中，为什么首先推导的是两角差的余弦公式，而不是两角和的正弦公式？你能说明其中的道理吗？

约 70% 的学生给出的解释不太清楚，30% 的学生可以给出自己的理解．

学生作答一：

因为 $|A'B'| = 2 - 2\cos(\alpha - \beta)$，并不含有 $\sin(\alpha + \beta)$．

学生作答二：

由两角差的余弦公式的推导可以看出，通过类似的计算距离的方式较难得到横纵坐标相乘也即正余弦相乘的形式，所以优先证明余弦的公式，再由诱导公式推正弦．而先证明两角差可能是考虑到两角的终边的夹角是由两角之差得到的，这样证明不需要构造过多，比较自然．

5. 教材中推导的是两角差的余弦公式，你可以用类似的方法推导出两角和的余弦公式吗？

一半的学生可以给出证明，但是书写的过程和给出的任意角的图形表示不太规范．

学生作答一：

如图3,设 $\alpha,-\beta$ 的终边与单位圆交于点 C,B,

则 $C(\cos\alpha,\sin\alpha),B(\cos(-\beta),\sin(-\beta))$. 将

$\alpha,-\beta$ 同时旋转 β 后交单位圆于点 D,A,则有

$D(\cos(\alpha+\beta),\sin(\alpha+\beta)),A(\cos(-\beta+\beta),$

$\sin(-\beta+\beta))$,即 A 为 $(1,0)$.

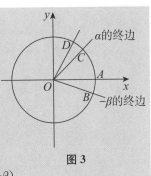

图3

所以 $|CB|^2=|DA|^2=[\cos(\alpha+\beta)-1]^2+\sin^2(\alpha+\beta)$

$\qquad\qquad\qquad =2-2\cos(\alpha+\beta)$.

所以 $\cos(\alpha+\beta)=\cos\alpha\cos\beta-\sin\alpha\sin\beta$.

学生作答二：

求证:对于任意 α,β,均有 $\cos(\alpha+\beta)=\cos\alpha$

$\cos\beta-\sin\alpha\sin\beta$ 成立.

如图4,设 α 与单位圆 O 交于点 $B(\cos\alpha,\sin\alpha),\beta$

与单位圆 O 交于点 $C(\cos\beta,\sin\beta)$. 作点 C 关于 x

轴对称点 $C'(\cos\beta,-\sin\beta)$,则 $\angle BOC'=\alpha+\beta$.

以 OB 为始边绕点 O 逆时针转 β 交 $\odot O$ 于点 P,

则 $\angle AOP=\alpha+\beta$.

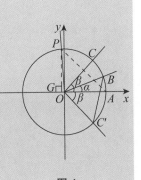

图4

所以点 P 的坐标为 $(\cos(\alpha+\beta),\sin(\alpha+\beta))$.

因为 $AP=BC'$,所以 $[\cos(\alpha+\beta)-1]^2+\sin^2(\alpha+\beta)=(\cos\alpha-\cos\beta)^2+$

$(\sin\alpha+\sin\beta)^2$,即 $\cos(\alpha+\beta)=\cos\alpha\cos\beta-\sin\alpha\sin\beta$.

学生作答三：

在图5中,

$|AC|^2=[\cos(\alpha+\beta)-1]^2+\sin^2(\alpha+\beta)$

$\qquad =\cos^2(\alpha+\beta)-2\cos(\alpha+\beta)+$

$\qquad\quad \sin^2(\alpha+\beta)+1$

$\qquad =2-2\cos(\alpha+\beta)$.

图5

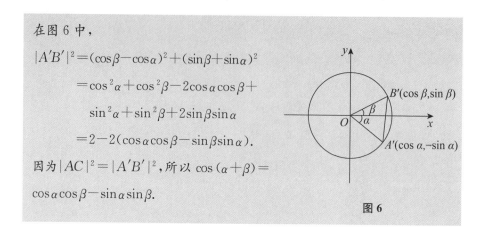

在图 6 中，

$|A'B'|^2 = (\cos\beta - \cos\alpha)^2 + (\sin\beta + \sin\alpha)^2$

$= \cos^2\alpha + \cos^2\beta - 2\cos\alpha\cos\beta +$

$\quad \sin^2\alpha + \sin^2\beta + 2\sin\beta\sin\alpha$

$= 2 - 2(\cos\alpha\cos\beta - \sin\beta\sin\alpha).$

因为 $|AC|^2 = |A'B'|^2$，所以 $\cos(\alpha+\beta) = \cos\alpha\cos\beta - \sin\alpha\sin\beta.$

图 6

教师引导环节

一、重点分析

通过对学生自主学习结果的观察以及对学生给出答案的分析，发现学生对于两角差的余弦公式本身是什么是清楚的，但是对于这个公式怎么来的，为什么不是首先推导出两角差的正弦公式以及为什么推导的不是两角和的三角公式的道理，不是很清楚．而平面上两点间距离公式的推导过程和应用是教学重点和难点．教学过程的推进以及课堂教学问题的设置，都是围绕以上重点和难点来展开的．

二、教学过程

师：我们已经求过一些特殊角的三角比，如 $30°$，$45°$，$60°$…的三角比，那么我们能不能进一步求出这些特殊角的和与差的三角比呢？例如，$45°$ 与 $30°$ 的和是 $75°$，$75°$ 的三角比如何求呢？再如，$45°$ 与 $30°$ 的差是 $15°$，$15°$ 的三角比又如何求呢？

师：我们不妨考虑 $75°$ 的正弦和 $15°$ 的余弦，也就相当于考虑 $45°$ 与 $30°$ 和的正弦，考虑 $45°$ 与 $30°$ 差的余弦．二者的三角比如何求呢？

生：$\sin(45°+30°)=\sin 45°+\sin 30°=\dfrac{\sqrt{2}+1}{2}$，$\cos(45°-30°)=\cos 45°-\cos 30°=$

$\dfrac{\sqrt{2}-\sqrt{3}}{2}$.

师：这位同学的想法是两角和的正弦就等于两角正弦的和，而两角差的余弦就等于两角余弦的差，这样的求法对吗？

生：不对．首先，三角比的关系并不是乘积关系，把"sin""cos"乘进去是没有道理的！其次，从结果上分析：$\dfrac{\sqrt{2}+1}{2}$ 是大于 1 的，而 $\sin 75°$ 是小于 1 的！同理，$\dfrac{\sqrt{2}-\sqrt{3}}{2}$ 是小于零的，而 $\sin 15°$ 是大于零的.

师：回答得非常清楚．我们说两角和的正弦不等于两角正弦的和；两角差的余弦并不等于两角余弦的差！那么究竟两角和与差的三角比应该如何求呢？它们与两个已知角的三角比又有何关系呢？今天我们要研究这些问题！

师：我们可不可以在已经熟悉的直角三角形中研究特殊角的和的三角比呢？例如，用直角三角形研究 $\sin(45°+30°)$.

生：可以的．我们先利用直角三角形研究 $\sin(45°+30°)$．首先作出有公共边 AC，且各含45°与30°角的两个直角三角形 ABC 与 ADC（图 7）．其中，$\angle BAC=45°$，$\angle DAC=30°$，在△ABD 中，$\angle BAD=75°$．我们发现它们的面积有等量关系：$S_{\triangle ABD}=S_{\triangle ABC}+S_{\triangle ADC}$．三角形的面积等于 $\dfrac{1}{2}$ 底乘高，把高化成斜边与正弦值的乘积，就有

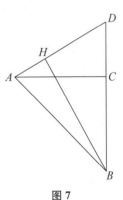

图 7

$$S_{\triangle ABD}=\dfrac{1}{2}AD\cdot BH=\dfrac{1}{2}AD\cdot AB\sin\angle BAD,$$

$$S_{\triangle ABC}=\dfrac{1}{2}AC\cdot BC=\dfrac{1}{2}AC\cdot AB\sin\angle BAC,$$

$$S_{\triangle ADC}=\dfrac{1}{2}AC\cdot DC=\dfrac{1}{2}AC\cdot AD\sin\angle DAC.$$

故有 $\dfrac{1}{2}AD\cdot AB\sin 75°=\dfrac{1}{2}AC\cdot AB\sin 45°+\dfrac{1}{2}AC\cdot AD\sin 30°$，其中 $AC=$

$AB\cos 45°=AD\cos 30°$.为了使等式两边能够化简,通过 AC 把它们都化成含有因子 $AD\cdot AB$ 的式子.于是有

$$\frac{1}{2}AD\cdot AB\sin 75°=\frac{1}{2}AD\cos 30°\cdot AB\sin 45°+\frac{1}{2}AB\cos 45°\cdot AD\sin 30°.$$

化简,可知 $\sin 75°=\sin(45°+30°)=\sin 45°\cos 30°+\cos 45°\sin 30°=\dfrac{\sqrt{6}+\sqrt{2}}{4}$.

根据直角三角形中锐角三角比的定义,得到 $\cos(45°-30°)=\cos 15°=\sin 75°=$ $\dfrac{\sqrt{6}+\sqrt{2}}{4}$.

师:它们具有一般性吗?

生:不具有一般性.只能研究特殊的锐角的和(和也必须是锐角)的三角公式.

师:如何推导任意角的和与差的三角比公式呢? 能不能用两个角各自的三角比来表示这两个角和与差的三角比呢?

生:可以.因为同角的六个三角比,只要知道一个其余五个也就都知道了!

师:所以根据同角三角比的关系,我们今天首先来研究两角和与差的余弦问题.即已知任意角 α,β 的三角比,怎样用它们表示 $\cos(\alpha+\beta)$ 和 $\cos(\alpha-\beta)$ 的问题.

生:因为在实数范围内,和与差是可以相互转化的!"和"可以转化为"差","差"可以转化为"和"! 即 $\alpha+\beta=\alpha-(-\beta),\alpha-\beta=\alpha+(-\beta)$,所以,对于两角和的余弦及两角差的余弦,我们只要求出其中一个,另一个也就知道了!

师:很好.因为已知条件是任意角 α,β 的三角比,所以我们先来回忆一下任意角的三角比是如何定义的.任意角的三角比是在平面直角坐标系中通过角的终边上的点的坐标来定义的! 而现在我们要研究角的三角比关系自然要回到平面直角坐标系中进行研究.如何在平面直角坐标系中作出任意角 α,β 呢?

生:按规定以原点作为角的顶点,x 轴正半轴作为角的始边,射线从始边旋转就可以得到任意角.

师:因为 α,β 是任意的,所以射线旋转的方向和圈数都是任意的.但又因为 α,β 是确定的,所以我们可以假设 α 的终边与 β 的终边如图 8 所示,这仅仅是示意图.接下来就在角的终边上取点,为了方便计算,我们使所取点与原点的距离为 1,也即

取以原点为圆心,1 为半径的圆与角的终边的交点,而这个圆我们也称其为单位圆.设交点分别为$P(x_P,y_P),Q(x_Q,y_Q)$.根据三角比的定义,可得$\cos\alpha=x_P,\sin\alpha=y_P,\cos\beta=x_Q,\sin\beta=y_Q$.原来的三角比是通过坐标去定义的,现在要研究三角比之间的关系,所以将坐标用三角比的形式去表示,目的在于通过坐标之间的关系来研究三角比之间的关系,所以点 P 的坐标为$(\cos\alpha,\sin\alpha)$,点 Q 的坐

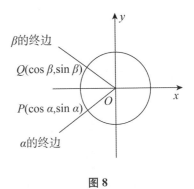

图 8

标为$(\cos\beta,\sin\beta)$.我们还发现任意角的终边与单位圆的交点横纵坐标分别是这个角的余弦和正弦.

　　师:现在要求的是 $\alpha+\beta$ 与 $\alpha-\beta$ 的三角比,所以接下来要作出 $\alpha+\beta$ 或 $\alpha-\beta$ 的终边.那么,如何在已知 α,β 的前提下得到 $\alpha+\beta$ 或 $\alpha-\beta$ 的终边呢? 因为规定原点为角的顶点,x 轴正半轴为角的始边,角是旋转而形成的,所以只要将 α 的终边旋转 β 即可得到 $\alpha+\beta$ 终边,α 的终边旋转 $-\beta$ 即可得到 $\alpha-\beta$ 的终边.旋转 β 的终边也可以.在图 9 中作出 $\alpha+\beta$ 和 $\alpha-\beta$ 的终边,记其与单位圆的交点分别为 R,S.则 R,S 的坐标分别是 $R(\cos(\alpha+\beta),\sin(\alpha+\beta)),S(\cos(\alpha-\beta),\sin(\alpha-\beta))$.

　　师:得到 P,Q,R,S 四个点的坐标之后,如何解决问题呢? 我们必须明确问题是什么——"如何用已知的两角三角比来表示两角和与差的三角比",最终我们应该得到一个等式表示三角比之间的关系.这关键在于建立或寻找"已知的两角三角比"与"两角和与差的三角比"之间的等量关系.这个等量关系从何而来? 如何建立? 我们应该分析已知条件里有什么可以作为等量关系的基础.

　　师:因为已知任意角 α 和角 β 的三角比,所以点 $P(\cos\alpha,\sin\alpha)$ 和点 $Q(\cos\beta,\sin\beta)$ 是已知的、确定的,那么它们之间的关系也是已知的、确定的,即 $|PQ|=\sqrt{(x_P-x_Q)^2+(y_P-y_Q)^2}=\sqrt{(\cos\alpha-\cos\beta)^2+(\sin\alpha-\sin\beta)^2}$ 是确定的、已知的.它是建立两角三角比与两角和与差三角比之间等量关系的基础.因此在将 α 的终边旋转 β 得到 $\alpha+\beta$ 终边时,同时将 β 的终边也旋转 β,得到 2β 的终边,此时 $\alpha+\beta$ 的终边、2β 的终边与单位圆交点间的距离等于 $|PQ|$.同样,α 的终边旋转 $-\beta$ 得到 $\alpha-\beta$ 的终边,同时将 β 的终边也旋转 $-\beta$ 得到角 $\beta+(-\beta)=0$ 的终边,即 x 轴正半

轴,此时 $\alpha+\beta$ 的终边、0 的终边与单位圆的交点间距离也等于 $|PQ|$. 所以,为了保持 $|PQ|$ 不变,我们一定要将 α 或 β 的终边同时旋转 β 或 $-\beta$. 哪一种方案好,同学们自己动手试试看.

师:如图 9,将 α,β 都旋转 $-\beta$ 得到 $S(\cos(\alpha-\beta),\sin(\alpha-\beta))$ 与 $T(1,0)$,此时有等式 $|ST|=|PQ|$,化简可得 $\cos(\alpha-\beta)=\cos\alpha\cos\beta+\sin\alpha\sin\beta$,从而解决了问题. 而旋转 β,由于 $U(\cos 2\beta,\sin 2\beta)$,$R(\cos(\alpha+\beta),\sin(\alpha+\beta))$ 均为未知的,无法从 $|RU|=|PQ|$ 得到结果,解决不了问题. 于是确认将 α,β 的终边同时旋转 $-\beta$,利用旋转前后 $|PQ|$ 不变,可得 $\cos(\alpha-\beta)=\cos\alpha\cos\beta+\sin\alpha\sin\beta$.

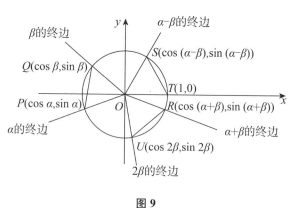

图 9

师:这一公式是否对于所有 $\alpha,\beta\in\mathbf{R}$ 均成立? 此公式成立基于 $|PQ|\neq 0$,我们需要关注 $|PQ|=0$ 时,即 α,β 终边重合时,公式是否成立. 因为 $\alpha=\beta+2k\pi(k\in\mathbf{Z})$,$\cos(\alpha-\beta)=\cos 2k\pi=1$. 又因为 $\cos\alpha\cos\beta+\sin\alpha\sin\beta=\cos^2\alpha+\sin^2\alpha=1$,所以 $\cos(\alpha-\beta)=\cos\alpha\cos\beta+\sin\alpha\sin\beta(\alpha,\beta\in\mathbf{R})$. 至此,我们得到了两角差的余弦公式,那么两角和的余弦公式又怎样呢?

生:利用转换思想,可以得到 $\cos(\alpha+\beta)=\cos(\alpha-(-\beta))=\cos\alpha\cos(-\beta)+\sin\alpha\sin(-\beta)=\cos\alpha\cos\beta-\sin\alpha\sin\beta$.

师:推导出两角和与差的余弦公式了,就可以解决我们上课前提出的问题了,即求 $75°$ 与 $15°$ 的三角比.

利用公式,可得:

$$\cos 75°=\cos(45°+30°)=\cos 45°\cos 30°-\sin 45°\sin 30°=\frac{\sqrt{6}-\sqrt{2}}{4}.$$

$$\cos 15°=\cos(45°-30°)=\cos 45°\cos 30°+\sin 45°\sin 30°=\frac{\sqrt{6}+\sqrt{2}}{4}.$$

师:事实上推导两角差的余弦公式的方法是具有普遍性的,我们可以用类似的方法推导两角和的余弦公式.

生：以 x 轴正半轴为角 $-\beta$ 的始边，$-\beta$ 的终边与单位圆交于点 $B(\cos(-\beta),\sin(-\beta))$；以 x 轴正半轴为 α 的始边，而 α 的终边与单位圆交于点 $C(\cos\alpha,\sin\alpha)$；以 x 轴正半轴为 $\alpha+\beta$ 的始边，而 $\alpha+\beta$ 的终边与单位圆交于点 $A(\cos(\alpha+\beta)$，$\sin(\alpha+\beta))$，将 $\triangle COB$ 刚性旋转 β

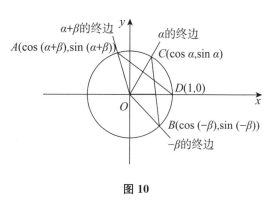

图 10

至 $\triangle AOD$ 的位置（旋转的过程是不用关心的，但旋转的最终结果是确定的）．所以 $|AD|=|CB|$，基于此等式代入化简就可以得到 $\cos(\alpha+\beta)=\cos\alpha\cos\beta-\sin\alpha\sin\beta$.

师：这也是不错的方法．特别地，需要提醒大家注意该公式不是对于所有 $\alpha,\beta\in\mathbf{R}$ 均成立．该公式成立基于 $|AD|\neq0$，我们需要关注 $|AD|=0$，即 $\alpha+\beta=k\pi(k\in\mathbf{Z})$ 时的情况，需要代入检验公式左边是否与右边相等．

三、反思凝练

两角和与差的余弦公式的推导过程是整个中学阶段的重点，因为公式的证明过程中涉及角的旋转．证明过程的难点在于角的任意性，而解决这一问题的关键在于认识到角的旋转过程不是我们研究的关键（也即不用关注旋转是逆时针旋转还是顺时针旋转），我们应注重的是角旋转的结果．整个教学过程应该培养学生逆向思维的意识和习惯；注重培养学生的代数意识，特殊值法的应用意识；还应该关注学生的观察能力，逻辑推理能力和合作学习能力的培养．

七　反正弦函数

❖⋯⋯⋯⋯⋯⋯ 自主学习环节 ⋯⋯⋯⋯⋯⋯❖

一、目标分析

　　教材的这一章节写的言简意赅,给了教师很大的发展空间.针对不同的学生可以使用不一样的适合学生的设计.反正弦函数是紧接着三角函数之后的内容.反正弦函数作为基本初等函数之一,对后继课程的学习有着重要的作用.特别是在反三角函数中,反正弦函数有着模本的作用.所以反正弦函数是反三角函数单元学习的重点和难点.这节课与反函数的基本概念、性质有着紧密的联系,通过对这一节课的学习,既可以让学生掌握反正弦函数的概念,又可使学生加深对反函数概念的理解,而且为学习其他反三角函数奠定了基础.这节课起到承上启下的重要作用.基于以上分析,设置学生自主学习的目标是:

　　1. 了解为什么要学习反正弦函数;

　　2. 了解反正弦函数的概念的来龙去脉;

　　3. 了解符号 $\arcsin x$ 的含义;

　　4. 知道反正弦函数的图像,并掌握反正弦函数的性质.

二、问题指向

　　在学生自主学习的环节中设置了 5 个问题,这些问题都是为了帮助学生更好地达成自主学习的目标.

序号	问题内容	指向
1	反正弦函数的概念是什么?	目标1、目标2
2	反正弦函数是正弦函数的反函数吗? 请说明理由.	目标1、目标2

（续表）

序号	问题内容	指向
3	为什么要研究反正弦函数?	目标1、目标2
4	反正弦函数的符号为什么是 arc sin x? 请说明理由.	目标3
5	反正弦函数的性质如何研究?	目标4

三、结果观察

1. 反正弦函数的概念是什么?

所有学生都可以准确回答出反正弦函数的定义是: $y = \sin x\left(x \in \left[-\dfrac{\pi}{2}, \dfrac{\pi}{2}\right]\right)$ 的反函数.

2. 反正弦函数是正弦函数的反函数吗? 请说明理由.

所有学生都认为反正弦函数不是正弦函数的反函数,但是能够给出正确解释的学生不足 50%.

学生作答一:

不是.正弦函数同一个 y 对应多个 x.

学生作答二:

不是.正弦函数没有反函数,x 与 y 不一一对应.

学生作答三:

不是.正弦函数的定义域是全体实数,但反正弦函数的值域是 $\left[-\dfrac{\pi}{2}, \dfrac{\pi}{2}\right]$.

学生作答四:

不是.它是部分正弦函数,也就是 $y = \sin x\left(x \in \left[-\dfrac{\pi}{2}, \dfrac{\pi}{2}\right]\right)$ 的反函数,整个正弦函数并无反函数.

3. 为什么要研究反正弦函数?

学生给出了自己的理解和解释,部分学生给出了学习反正弦函数必要性的解释,也了解了为什么要学习反正弦函数.但是也有部分学生对于为什么要研究函数的反函数并不清楚.

> 学生作答一：
>
> 已知一个角的正弦值,可以表示那个角,并通过转化求得在反正弦函数定义域外的角的大小.
>
> 学生作答二：
>
> 用正弦值表示角的大小,研究正弦值变化时角的变化.
>
> 学生作答三：
>
> 知道三角比可推出对应的角度.
>
> 学生作答四：
>
> 可以通过三角函数值求出角度；同时反正弦函数是正弦函数的反函数,可以通过反正弦函数加深对正弦函数的认识.
>
> 学生作答五：
>
> 有些知道三角比但不知道确切值的角不方便记录,于是引入反正弦函数以方便记录、计算.
>
> 学生作答六：
>
> 解决"知值求角"的问题.

4. 反正弦函数的符号为什么是 $\arcsin x$？请说明理由.

一些学生给出的解释中显示他们已经了解了 arc 的本意是弧长,$\arcsin x$ 的本意是正弦值 x 所对应的在区间 $\left[-\dfrac{\pi}{2}, \dfrac{\pi}{2}\right]$ 上的角,至于为什么需要用这样一个符号来表示反正弦函数,学生的理解显然都不到位,所以这是教学的重点.

> 学生作答一：
>
> arc 是弧长的意思,在弧度制中与角的大小相同.故 $\arcsin x$ 即表示"$\sin x$ 所对的弧长",在单位圆中就是角的大小.

学生作答二：

arc 意思为"弧度".例如,$f(x)=\arcsin x$,$x\in[-1,1]$,即正弦值 x 的对应的区间 $\left[-\dfrac{\pi}{2},\dfrac{\pi}{2}\right]$ 上的弧度.

学生作答三：

arc 是弧的意思,$\arcsin x$ 就是 x 在弧度制下对应的角度大小.

学生作答四：

arc 表示 the angle of sth,欧拉提出反三角函数的概念,并且首先使用"arc+函数名"的形式表示反三角函数.

学生作答五：

与正弦函数 $\sin x$ 有关,且反三角函数也称弓形函数(arcus functions).

5. 反正弦函数的性质如何研究?

绝大部分学生能够了解反正弦函数的性质可以通过原来函数与其反函数的关系来进行研究以及证明.

学生作答一：

根据反正弦函数的图像,然后加以证明.

学生作答二：

用正弦函数的性质与反函数性质相结合.

教师引导环节

一、重点分析

通过对学生自主学习结果的观察以及对学生给出答案的分析,发现学生对于反正弦函数的概念比较清楚,但是对于为什么要学习反正弦函数以及反正弦函数符号的具体含义还是不太了解.所以要强调过程教学,启发思维,调动学生学习数学的积极性,让学生真正参与其中,使学生了解整个"反正弦函数"概念的来龙去脉,包括对反正弦函数符号、含义的理解等.要使学生不仅知其然,而且还知其所以然.所以教学过程的推进以及课堂教学问题的设置,都是围绕以上重点和难点来展开的.

二、教学过程

师:我们今天学习反正弦函数.三角学起源于测量,天文测量、航海测量都是利用三角形之间的边角关系来测量的,即利用比值与角之间的关系测量得到距离、高度和角度.在测量的实际计算过程中我们经常会遇到两类相反的问题.一类是已知角求比值,这是我们学习过的.例如,正弦函数 $y = \sin x$ 就是一个关于角的函数,任意角 x 都有唯一确定的正弦值 y 与之对应,即已知某一个角都可以通过正弦函数,将其正弦值表示出来.例如,$x = \dfrac{\pi}{6}$,其正弦值 y 可以表示为 $y = \sin\dfrac{\pi}{6} = \dfrac{1}{2}$;$x = 2$,其正弦值 y 表示为 $y = \sin 2$.另一类是与之相反的问题,即已知比值求角.例如,已知角 x 的正弦值为 $\dfrac{1}{2}$,那么角 x 如何表示呢? 可以表示为 $x = \dfrac{\pi}{6} + 2k\pi$ 或 $x = \dfrac{5\pi}{6} + 2k\pi(k \in \mathbf{Z})$.如果已知角的正弦值是 $\dfrac{1}{3}$,那么角 x 又如何表示呢? 这就产生了怎样用正弦值表示相应角的问题.我们说正弦函数 $y = \sin x$ 研究的是如何用角确定正弦值,角是自变量,正弦值是因变量,而现今要解决的是如何用正弦值确定相应的角的问题.所以,我们要反过来,由正弦函数的因变量去确定自变量,即需要考虑正弦函数的反函数.

师:我们学习过反函数,知道反函数的概念,也明确不是任何一个函数都存在反函数.函数要存在反函数必须要求其自变量与因变量是一一对应的.那么正弦函数是否存在反函数呢?

生:答案是否定的.因为任一正弦值 y 都有无数个角 x 与之对应.正弦函数的自变量与因变量是多对一的,所以不存在反函数.

师:正弦函数不存在反函数,那么怎样利用正弦函数,由正弦值确定相应的角呢? 下面通过一个例子来说明问题.关于 x 的式子 $\sin x = \dfrac{1}{2}$,x 可以表示的角有无数个,为 $x=\dfrac{\pi}{6}+2k\pi$ 或 $x=\dfrac{5\pi}{6}+2k\pi(k\in\mathbf{Z})$,那么这个结果从何而来?

师:首先你能写出的满足条件的 x 是哪个?

生:$\dfrac{\pi}{6}$,因为 $\sin\dfrac{\pi}{6}=\dfrac{1}{2}$,所以 $x=\dfrac{\pi}{6}$.

师:还可以写出哪些满足条件的 x?

生:是 $\dfrac{\pi}{6}+2k\pi(k\in\mathbf{Z})$.

师:为什么?

生:因为根据三角比的定义,相同终边的角对应的三角比相等.

师:还有其他满足条件的 x 吗?

生:有! 因为根据诱导公式,有 $\sin\dfrac{\pi}{6}=\sin\left(\pi-\dfrac{\pi}{6}\right)=\sin\dfrac{5}{6}\pi=\dfrac{1}{2}$,所以 $x=\dfrac{5\pi}{6}+$

$2k\pi(k\in\mathbf{Z})$.

师:通过这个例子,我们说用正弦值表示相应角时,只要能表示出一个相应的角就可以了.根据三角比的定义和诱导公式可以用它将其余的角表示出来.虽然正弦函数不存在反函数,但可以选取某一区间,使得 $y=\sin x$ 在该区间上存在反函数,这样就可以用正弦值表示相应的角了.那么选取怎样的区间,使得 $y=\sin x$ 存在反函数呢? 依据两个原则:(1) $y=\sin x$ 在该区间上存在反函数;(2) 能取到 $y=\sin x$ 的一切函数值.依据这两个原则选择怎样的区间呢?

生:先选择 $\left[0,\dfrac{\pi}{2}\right]$,因为它包含了所有正的锐角和零角.

师:但不符合原则(2).

生:补上 $\left[-\dfrac{\pi}{2},0\right)$,因为在区间 $\left[-\dfrac{\pi}{2},\dfrac{\pi}{2}\right]$ 上可以取到 $y=\sin x$ 的一切函数值,并且 $\left[-\dfrac{\pi}{2},0\right)$ 与 $\left[0,\dfrac{\pi}{2}\right]$ 是连接在一起的,且关于原点对称,应用方便.

师:所以,可以选取闭区间 $\left[-\dfrac{\pi}{2},\dfrac{\pi}{2}\right]$,使得 $y=\sin x$ 在该区间上存在反函数,而这个反函数就是今天要学习的反正弦函数.由于反正弦函数并不是正弦函数的反函数，而是函数 $y=\sin x$，$\left[-\dfrac{\pi}{2},\dfrac{\pi}{2}\right]$ 的反函数．用一个符号来表示，引进：

$x=\arcsin y$．选择 arcsin 表示反正弦函数是有道理的．arcsin 中 sin 是正弦，arc 是什么意思呢？arc 并不是"反"的意思，它是英文单词，意为"圆弧"，圆弧即圆周上的一段，那么圆弧 l 与圆心角 α 有什么关系呢？$l=\alpha r$，在单位圆中 $r=1$，即 $l=\alpha$，此时弧即角，角即弧．我们可以将 arc 理解作角，所以 arcsin 从字面上理解就是正弦值为 y 所对应的角，因此用 $x=\arcsin y$ 表示正弦值为 y 所对应的角 x，等号表示"是"的意思，所以，在 $x=\arcsin y$ 中，正弦值为 y 所对应的角是 x，x 是正弦值为 y 所对应的角．因为反正弦函数 $x=\arcsin y$ 是函数 $y=\sin x$，$\left[-\dfrac{\pi}{2},\dfrac{\pi}{2}\right]$ 的反函数，所以自变量 y 的取值范围就是原来函数的值域 $[-1,1]$，因变量 x 的取值范围就是原来函数的定义域 $\left[-\dfrac{\pi}{2},\dfrac{\pi}{2}\right]$，即 $\arcsin y\in\left[-\dfrac{\pi}{2},\dfrac{\pi}{2}\right]$，且 $\sin(\arcsin y)=y$．

师：所以反正弦函数值 $\arcsin\dfrac{1}{2}$ 表示区间 $\left[-\dfrac{\pi}{2},\dfrac{\pi}{2}\right]$ 上的一个角 α，并且 $\sin\alpha=\dfrac{1}{2}$，这个角就是 $\dfrac{\pi}{6}$，即 $\arcsin\dfrac{1}{2}=\dfrac{\pi}{6}$．

师：反正弦函数值 $\arcsin\dfrac{1}{3}$ 表示区间 $\left[-\dfrac{\pi}{2},\dfrac{\pi}{2}\right]$ 上的一个角 α，并且 $\sin\alpha=\dfrac{1}{3}$，要想知道这个角可以通过查表或计算器得到结果．现在我们可以解决前面上课时提出的问题"已知 $\sin x=\dfrac{1}{3}$，$x\in\left[-\dfrac{\pi}{2},\dfrac{\pi}{2}\right]$，$x$ 如何表示"了，x 可以表示为 $\arcsin\dfrac{1}{3}$．

师：式子 $\arcsin\dfrac{\pi}{2}$ 表示什么？等于多少呢？它等于 1，对吗？

生：不对．因为 $\arcsin y$ 中 $|y|\leqslant 1$，所以 $\arcsin\dfrac{\pi}{2}$ 无意义．

师：所以对于反正弦函数值 $\arcsin y$，我们需要注意以下几点．

(1) 当 $|y|\leqslant 1$ 时，它有意义；

(2) 它表示区间 $\left[-\dfrac{\pi}{2},\dfrac{\pi}{2}\right]$ 上的角；

（3）$\sin(\arcsin y) = y$.

师：习惯上，x 表示自变量，y 表示因变量，将反正弦函数记作：$y = \arcsin x$，$x \in [-1,1]$.所以反正弦函数的定义域是 $[-1,1]$，值域是 $\left[-\dfrac{\pi}{2}, \dfrac{\pi}{2}\right]$.

师：可以根据反正弦函数的性质通过描点得到图像，也可以利用原来函数图像与反函数图像关于直线 $y = x$ 对称翻折而得到（图1）.从反正弦函数的图像中，大家可以直观了解反正弦函数的一些性质.

生：反正弦函数是奇函数；$y = \arcsin x$ 在区间上 $[-1,1]$ 是增函数；当 $x = -1$ 时，$y_{\min} = -\dfrac{\pi}{2}$，当 $x = 1$ 时，$y_{\max} = \dfrac{\pi}{2}$.

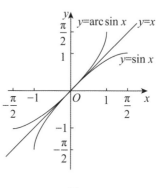

图1

师：今天主要解决的问题是如何用正弦值表示相应的角以及反正弦函数的概念.现在我们能用任一正弦值 y 表示区间 $\left[-\dfrac{\pi}{2}, \dfrac{\pi}{2}\right]$ 上的角，那么对于其他区间上的角如何去表示呢？例如，$\sin x = \dfrac{1}{3}$，$x \in \left[\dfrac{\pi}{2}, \pi\right]$ 中的 x 如何表示呢？大家思考一下，我们将在下节课中共同研究这个问题.

三、反思凝练

知识是方法的载体，我们不仅要学习数学知识，还需要通过学习发现问题，进而解决问题.这节课直入主题，以问题驱动，引导学生积极思考，共同解决问题.从正弦函数有无反函数到在怎样的区间上有反函数，从对符号的引入到反正弦函数，从反正弦函数的性质到反正弦函数的图像，问题步步深入，在此过程中培养学生的质疑精神，并让学生共同参与.整个教学过程遵循学生的思维过程，引导学生自己发现问题、解决问题，通过多角度的思考反正弦函数的概念，使得学生真正理解和掌握.

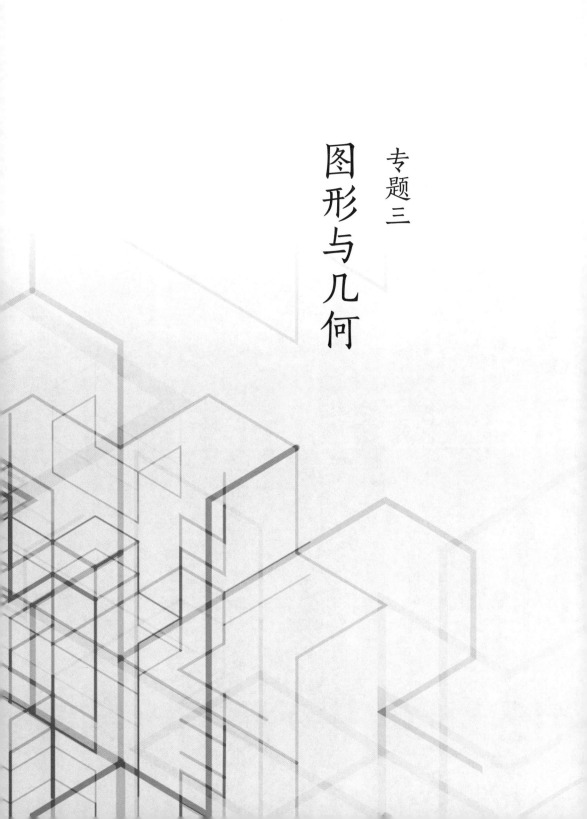

专题三

图形与几何

一　椭圆的标准方程

自主学习环节

一、目标分析

在学习椭圆的标准方程以前,已经在平面直角坐标系中研究了直线和圆两个基本几何图形.学生初步掌握了研究解析几何问题的主要方法,即在平面直角坐标系中,通过曲线的方程来研究曲线的几何性质.从"椭圆的标准方程"这节课开始,我们会进一步深化利用代数方法研究几何问题,所以这节课的授课重点是求方程、再利用方程讨论几何性质的方法.这一方法在双曲线、抛物线的教学中可以进一步应用和巩固,因此"椭圆的标准方程"起到了承上启下的重要作用.

授课的重点还有让学生了解相关数学史.从数学史的发展历程而言,圆锥曲线的发现与研究始于古希腊,当时人们从纯粹几何学的观点研究了这种与圆密切相关的曲线,它们的几何性质是圆的几何性质的自然推广.17 世纪初期,笛卡尔(R. Descartes)发明了坐标系,人们才开始在坐标系的基础上,用代数方法研究圆锥曲线.圆与直线的几何性质学生比较熟悉,而椭圆的几何性质对学生而言无疑是陌生的,所以这也是我们在教学中应该向学生介绍和讲授的.基于以上分析,设置学生自主学习的目标是:

1. 了解椭圆定义的来龙去脉;

2. 清晰椭圆标准方程的推导过程;

3. 掌握如何运用椭圆的标准方程研究椭圆的性质;

4. 了解在旦德林(Dandelin)双球模型中如何研究椭圆的性质.

二、问题指向

在学生自主学习的环节中设置了 6 个问题,这些问题都是为了帮助学生更好地达成自主学习的目标.

序号	问题内容	指向
1	椭圆的定义为什么是"平面上到两个定点 F_1,F_2 的距离之和等于常数 $2a(2a>|F_1F_2|)$ 的点的轨迹"?	目标 1
2	如何证明"以方程 $\dfrac{x^2}{a^2}+\dfrac{y^2}{b^2}=1(a>b>0)$ 的解为坐标的点,都在这个椭圆上"?	目标 2
3	椭圆的存在是否依赖于其标准方程?(即有方程才有椭圆,没有方程就没有椭圆)请说明你的理由.	目标 3
4	如何证明如图 1 所示的截口 Γ 是椭圆? 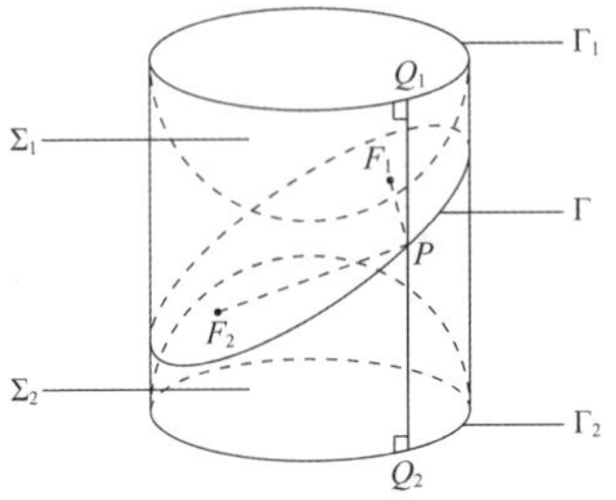 图 1	目标 4
5	若动点 P 到定点 $M(1,0)$ 的距离与该动点到直线 $x=4$ 的距离之比为 $1:2$,求动点 P 的轨迹.	目标 1、目标 2
6	你如何看待问题 5 中动点 P 的轨迹,这样的结论是偶然还是必然?请说明理由.	目标 1、目标 2

三、结果观察

1. 椭圆的定义为什么是"平面上到两个定点 F_1,F_2 的距离之和等于常数 $2a$ $(2a>|F_1F_2|)$ 的点的轨迹"?

85％的学生不能清楚回答这个问题,15％的学生认为椭圆的定义是源于圆的定义.这样的解释虽然不完整,但至少可以激起学生了解椭圆的定义来龙去脉的兴趣.这将是具体教学过程中重点解决的问题.

> 学生作答一:
>
> 圆的定义为到定点为定长的点的轨迹.为了进一步推广研究,出现了椭圆的定义.
>
> 学生作答二:
>
> 可类比圆的定义.
>
> 若$|F_1F_2|=2a$,则轨迹为线段F_1F_2.
>
> 若$|F_1F_2|>2a$,则不存在.

2. 如何证明"以方程$\dfrac{x^2}{a^2}+\dfrac{y^2}{b^2}=1(a>b>0)$的解为坐标的点,都在这个椭圆上"?

10％的学生完全不理解这个问题,仍然沿用了教材上的证明.事实上,这样是不对的,教材上的证明实质上是证明了曲线上的点的坐标均满足方程.30％的学生用该命题的逆否命题——"不在椭圆上的点的坐标不满足方程"来进行证明,其中的错误更是显而易见了.60％的学生可以利用资料中提供的两种方法给出证明.这就预示着在接下来的教学过程中,验证"满足以方程的解为坐标的点都在曲线上"这一环节可以有的放矢.

> 学生作答一:
>
> 设两点坐标分别为$F_1(-c,0)$,$F_2(c,0)$,定长为$2a$,则$\sqrt{(x+c)^2+y^2}+\sqrt{(x-c)^2+y^2}=2a$,所以
>
> $$(x+c)^2+y^2=4a^2-4a\sqrt{(x-c)^2+y^2}+(x-c)^2+y^2$$
> $$\Rightarrow 4a^2-4xc=4a\sqrt{(x-c)^2+y^2}$$
> $$\Rightarrow a^2-xc=a\sqrt{(x-c)^2+y^2}$$
> $$\Rightarrow a^4-2a^2cx+c^2x^2=a^2x^2-2a^2cx+a^2c^2+a^2y^2$$
> $$\Rightarrow a^2(a^2-c^2)=(a^2-c^2)x^2+a^2y^2.$$

令 $a^2-c^2=b^2$.

所以 $a^2b^2=b^2x^2+a^2y^2$.

所以 $\dfrac{x^2}{a^2}+\dfrac{y^2}{b^2}=1$.

证毕.

学生作答二：

可证明其逆否命题为真命题,即不在椭圆上的点均不满足方程.

证明：任取椭圆外的一点 (x,y),焦点为 $F_1(c,0)$,$F_2(-c,0)$.

因为点不在椭圆上,所以 $\sqrt{(x-c)^2+y^2}+\sqrt{(x+c)^2+y^2}\neq2a$,$c^2=a^2-b^2$.

化简,得 $\sqrt{(x-c)^2+y^2}\neq2a-\sqrt{(x+c)^2+y^2}$

$$\Rightarrow x^2-2xc+c^2+y^2\neq4a^2+x^2+2xc+c^2+y^2-4a\sqrt{(x+c)^2+y^2}$$

$$\Rightarrow a\sqrt{(x+c)^2+y^2}\neq a^2+xc$$

$$\Rightarrow a^2(x^2+2xc+c^2+y^2)\neq a^4+x^2c^2+2a^2xc$$

$$\Rightarrow x^2(a^2-c^2)+a^2y^2\neq a^2(a^2-c^2)$$

$$\Rightarrow x^2b^2+a^2y^2\neq a^2b^2$$

$$\Rightarrow \dfrac{x^2}{a^2}+\dfrac{y^2}{b^2}\neq1.$$

所以逆否命题得证,即原命题得证.

学生作答三：

任取方程 $\dfrac{x^2}{a^2}+\dfrac{y^2}{b^2}=1$ 的一组解 (x_0,y_0),记为点 $P(x_0,y_0)$,则 $y_0^2=(a^2-c^2)\left(1-\dfrac{x_0^2}{a^2}\right)$,其中 $a^2-c^2=b^2$.所以

$$|PF_1|=\sqrt{(x_0+c)^2+y_0^2}=\sqrt{(x_0+c)^2+(a^2-c^2)\left(1-\dfrac{x_0^2}{a^2}\right)}$$

$$=\sqrt{\dfrac{c^2}{a^2}x_0^2+2cx_0+a^2}$$

$$=\left|\dfrac{c}{a}x_0+a\right|.$$

同理,$|PF_2|=\left|\dfrac{c}{a}x_0-a\right|$.

因为 $-a \leqslant x_0 \leqslant a$，所以 $-c \leqslant \dfrac{c}{a}x_0 \leqslant c$.

所以 $\dfrac{c}{a}x_0 + a \geqslant a - c > 0$ 且 $\dfrac{c}{a}x_0 - a \leqslant c - a < 0$.

所以 $|PF_1| = \dfrac{c}{a}x_0 + a, |PF_2| = a - \dfrac{c}{a}x_0$.

所以 $|PF_1| + |PF_2| = 2a$.

所以，以 $\dfrac{x^2}{a^2} + \dfrac{y^2}{b^2} = 1$ 的解为坐标的点在椭圆上.

学生作答四：

只要保证推导得出的曲线方程每一步都是同解变形即可.

由 $\dfrac{x^2}{a^2} + \dfrac{y^2}{b^2} = 1$，可知 $-a \leqslant x \leqslant a, -b \leqslant y \leqslant b, b^2 = a^2 - c^2$.

所以 $a^2 - ac \leqslant a^2 - cx \leqslant a^2 + ac$.

又因为 $a^2 - ac = a(a - c) > 0$，所以 $a\sqrt{(x-c)^2 + y^2} = a^2 - cx \Leftrightarrow [a\sqrt{(x-c)^2 + y^2}]^2 = (a^2 - cx)^2$.

又 $-a - c \leqslant x - c \leqslant a - c$，所以 $(x-c)^2 \leqslant (-a-c)^2 = (a+c)^2$.

因为 $y^2 \leqslant a^2 - c^2$，所以 $\sqrt{(x-c)^2 + y^2} \leqslant \sqrt{(a+c)^2 + a^2 - c^2} = \sqrt{2a^2 + 2ac} < \sqrt{4a^2} = 2a$.

所以 $2a - \sqrt{(x-c)^2 + y^2} > 0$.

所以 $\sqrt{(x+c)^2 + y^2} = 2a - \sqrt{(x-c)^2 + y^2} \Leftrightarrow [\sqrt{(x+c)^2 + y^2}]^2 = [2a - \sqrt{(x-c)^2 + y^2}]^2$.

所以 $\sqrt{(x-c)^2 + y^2} + \sqrt{(x+c)^2 + y^2} = 2a \Leftrightarrow \dfrac{x^2}{a^2} + \dfrac{y^2}{a^2 - c^2} = 1$.

3. 椭圆的存在是否依赖于其标准方程？（即有方程才有椭圆，没有方程就没有椭圆）请说明你的理由.

90% 的学生知道椭圆的存在是根据定义，而不是通过方程来确定.解析几何中的曲线标准方程只是用来研究曲线的一种工具.

学生作答:

不依赖.因为由椭圆的定义可知椭圆是平面上到定点 F_1,F_2 的距离之和等于常数(大于$|F_1F_2|$)的动点 P 的轨迹,所以只要有两个定点即可有椭圆.而标准方程只是建立在平面直角坐标系基础上用来将几何图形代数化的工具.

4. 如何证明如图 1 所示的截口 Γ 是椭圆?

图 1 实际上是旦德林双球模型的示意图.在资料中,我们提供给学生的是圆锥截口的证明过程,但实际问题中要求证明的是圆柱的截口.事实上,证明方法是一致的,90%以上的学生可以完成这一证明过程.

学生作答一:

切线(球):$PM=PN$(图 2).

$\Rightarrow$双球模型(图 1)中,$PQ_1=PF_1$,$PQ_2=PF_2$.

$\Rightarrow PQ_1+PQ_2=PF_1+PF_2=MN$,即定值.

$\Rightarrow$切口为椭圆.

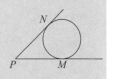

图 2

学生作答二:

F_1,F_2 分别为两球公共切线的切点.过点 P 作垂直于两个平面的直线,交于 Q_1,Q_2,则 $Q_1P+PQ_2=$圆柱高度.

因为 PQ_1,PQ_2 分别与两球相切于点 Q_1,Q_2,所以 $F_1P=Q_1P$,$F_2P=PQ_2$,所以 $F_1P+F_2P=PQ_1+PQ_2=$圆柱高度.

所以点 P 到 F_1,F_2 距离之和为定值,满足定义.

5. 若动点 P 到定点 $M(1,0)$ 的距离与该动点到直线 $x=4$ 的距离之比为 $1:2$,求动点 P 的轨迹.

90%的学生都能通过求解曲线方程的步骤求出点 P 的轨迹方程,再通过轨迹方程来判定是何种曲线.

学生作答：

解：设点 P 的坐标为 (x, y). 则

$$4[(x-1)^2+y^2]=(x-4)^2.$$

展开，得 $4x^2-8x+4+4y^2=x^2-8x+16.$

整理，得 $3x^2+4y^2=12.$

所以 $\dfrac{x^2}{4}+\dfrac{y^2}{3}=1$，满足椭圆的标准方程.

所以点 P 的轨迹为椭圆.

6. 你如何看待问题 5 中动点 P 的轨迹，这样的结论是偶然还是必然？请说明理由.

95% 以上的学生能判定是必然，大部分学生会用课外书上以及提供的课前学习资料中的椭圆第二定义给出解释.

学生作答一：

必然. 下证"到一个定点与到一条定直线的距离之比为定值的点的轨迹是椭圆".

⇒：设定点 A 为 $(c,0)$，定直线为 $x=\dfrac{a^2}{c}$，点 P 为 (x,y)，则

$$\frac{\sqrt{(x-c)^2+y^2}}{\left|x-\dfrac{a^2}{c}\right|}=k.$$

整理，得 $(1-k^2)x^2-\left(2c-\dfrac{2k^2a^2}{c}\right)x+y^2+c^2-\dfrac{k^2a^4}{c^2}=0.$

当 $k=\dfrac{c}{a}$ 时，$\left(1-\dfrac{c^2}{a^2}\right)x^2+y^2+c^2-a^2=0,$

所以，$\dfrac{b^2}{a^2}x^2+y^2=b^2$，即 $x^2+\dfrac{y^2}{\dfrac{b^2}{a^2}}=a^2.$

⇐:设椭圆的标准方程为 $\dfrac{x^2}{a^2}+\dfrac{y^2}{b^2}=1(a>b)$,点 P 为 (x,y),则定点 A 为 $(c,0)$,定直线 $x=\dfrac{a^2}{c}$.所以,

$$\frac{\sqrt{(x-c)^2+y^2}}{\left|x-\dfrac{a^2}{c}\right|}=k.$$

学生作答二:

是必然.椭圆轨迹方程与 $a\sqrt{(x-c)^2+y^2}=a^2-cx$ 等价.

教师引导环节

一、重点分析

通过对学生自主学习结果的观察以及对学生给出答案的分析,在具体的教学过程中,教学重点问题应该是椭圆定义的来龙去脉以及椭圆标准方程的推导过程.所以教学过程的设计以及课堂教学问题的设置,都是围绕以上重点来展开的.

二、教学过程

师:前面我们学习了圆,我们知道圆的定义是平面上到定点的距离等于定长的点的轨迹.那么自然联想到平面上到两个定点的距离相等的点的轨迹,轨迹就是以这两个定点为端点的线段的中垂线,这很简单不必再研究.今天我们来研究的是在平面上到两个定点的距离之和等于定长的点的轨迹.

师:研究轨迹,我们是用代数的方法来研究,就是通过轨迹方程来研究轨迹,所以需要求出轨迹方程.求曲线方程,首先是建立平面直角坐标系,那么如何建系呢?

师:我们可以考虑,设两个定点为 F_1,F_2,如果 P 是轨迹上的点,那么点 P 关于直线 F_1F_2 的对称点 P' 是否也在轨迹上?又点 P 关于线段 F_1F_2 的中垂线的对称点 P'' 是否也在轨迹上?点 P' 和点 P'' 一定在轨迹上,所以我们知道所求的轨迹一定是关于直线 F_1F_2、线段 F_1F_2 的中垂线对称的.因而,我们就以直线 F_1F_2 为

x 轴,线段 F_1F_2 的中垂线为 y 轴建立平面直角坐标系.为了计算方便,设 $|F_1F_2|=2c$,则 $F_1(-c,0)$,$F_2(c,0)$;同理设定长为 $2a$.求曲线方程前,同学们可以先来思考一下 $2a$ 与 $2c$ 的关系.

生:若三点 P,F_1,F_2 不共线,则构成 $\triangle PF_1F_2$,有 $2a>2c$;若三点 P,F_1,F_2 共线,且点 P 在线段 F_1F_2 的两端延长线上,则仍有 $2a>2c$;若点 P 在线段 F_1F_2 上,则 $2a=2c$;平面上没有点能使 $2a<2c$.即若给定的是 $2a<2c$,则无轨迹;若 $2a=2c$,则轨迹是线段 F_1F_2,这很简单不必研究.

师:因此,我们研究的是当 $2a>2c$,即 $a>c$ 时的轨迹.

师:设点 P 为 (x,y),则将 $|PF_1|+|PF_2|=2a$ 用坐标的距离公式表示,有 $\sqrt{(x+c)^2+y^2}+\sqrt{(x-c)^2+y^2}=2a$,该方程是否为所求的轨迹方程,为什么?用它来研究轨迹的性质方便吗?

生:是轨迹方程,因为满足轨迹方程的要求,但是运用这样的方程进行曲线性质的研究不方便,需要化简.

师:因为该方程含有两个根号,所以平方两次之后就能去掉两个根号.大家可以看看如下过程:

$$\sqrt{(x+c)^2+y^2}+\sqrt{(x-c)^2+y^2}=2a$$
$$\overset{①}{\Longleftrightarrow}\sqrt{(x+c)^2+y^2}=2a-\sqrt{(x-c)^2+y^2}$$
$$\overset{②}{\Longrightarrow}\left[\sqrt{(x+c)^2+y^2}\right]^2=\left[2a-\sqrt{(x-c)^2+y^2}\right]^2$$
$$\overset{③}{\Longleftrightarrow}(x+c)^2+y^2=4a^2-4a\sqrt{(x-c)^2+y^2}+(x-c)^2+y^2$$
$$\overset{④}{\Longleftrightarrow}a\sqrt{(x-c)^2+y^2}=a^2-cx$$
$$\overset{⑤}{\Longrightarrow}\left[a\sqrt{(x-c)^2+y^2}\right]^2=(a^2-cx)^2$$
$$\overset{⑥}{\Longleftrightarrow}a^2x^2-2a^2cx+a^2c^2+a^2y^2=a^4-2a^2cx+c^2x^2$$
$$\overset{⑦}{\Longleftrightarrow}(a^2-c^2)x^2+a^2y^2=a^2(a^2-c^2)$$
$$\overset{⑧}{\Longleftrightarrow}\frac{x^2}{a^2}+\frac{y^2}{a^2-c^2}=1.$$

注意以上推导过程的两个非等价变形②和⑤,相信大家从最终的结论 $\dfrac{x^2}{a^2}+\dfrac{y^2}{b^2}=1$ 出发,已经能够说明方程的等价性.当然也可以通过验证以方程的解为坐标的点在曲线上来说明.所以 $\sqrt{(x+c)^2+y^2}+\sqrt{(x-c)^2+y^2}=2a \Leftrightarrow \dfrac{x^2}{a^2}+\dfrac{y^2}{b^2}=1$.

师:解析几何是用代数方法研究几何图形的性质.知道了轨迹的方程,接下来就是通过研究方程来研究轨迹的几何性质!

师:通过研究方程 $\dfrac{x^2}{a^2}+\dfrac{y^2}{b^2}=1$,可以发现,若点 $P(x,y)$ 在轨迹上,则它的坐标满足方程,且 $P'(-x,y)$,$P''(-x,-y)$,$P'''(x,-y)$ 的坐标也满足方程,所以该轨迹关于 x 轴对称,关于 y 轴对称,关于原点中心对称.我们可以只考虑 $x \geqslant 0$,$y \geqslant 0$ 的情况,此时 $y = \dfrac{b}{a}\sqrt{a^2-x^2}$,可以将 y 作为 x 的函数,考虑其在第一象限的图像,此时 x 增大,y 随之而变小,可以描点作出在第一象限的图像(图 3).

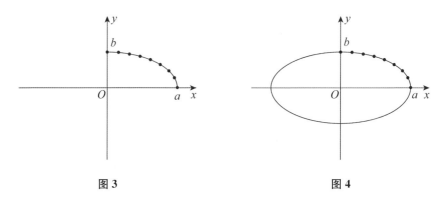

图 3　　　　　　　　　　　　　　　　图 4

师:再根据对称性,就可以得出轨迹的大致图像(图 4).

生:哦! 这原来是一个封闭的、扁扁的、长长的圆.

师:对的,也正是因为所得到的图像是一个扁扁的圆,所以就定义其为椭圆,椭的本意就有"长、扁"之意.所以定义:平面上与两个定点的距离之和等于常数(大于两定点间的距离)的点的轨迹叫做椭圆.这两个定点叫做椭圆的焦点,两焦点的距离叫做焦距.按照上述方法建立平面直角坐标系,则椭圆的方程是 $\dfrac{x^2}{a^2}+\dfrac{y^2}{b^2}=1$,其中 $a>c$,$b^2=a^2-c^2(b>0)$.因而 $a>b>0$,焦距 $F_1F_2=2c$.方程 $\dfrac{x^2}{a^2}+\dfrac{y^2}{b^2}=1$ 称为椭圆的标准方程,该椭圆的两个焦点位于 x 轴上,并关于原点对称.若将椭圆的两个焦点置于 y 轴上,并关于原点对称,就可以得到另一种形式的标准方程——$\dfrac{y^2}{a^2}+\dfrac{x^2}{b^2}=1$.

师:我们来看例题.求适合下列条件的椭圆的标准方程.

(1) 两个焦点的坐标分别是$(-4,0),(4,0)$,椭圆上一点到两焦点距离的和等于10.

(2) 两个焦点的坐标分别是$(0,-2),(0,2)$,并且经过点$\left(-\dfrac{3}{2},\dfrac{5}{2}\right)$.

生:(1) 因为椭圆的焦点在x轴上,设所求的椭圆标准方程为$\dfrac{x^2}{a^2}+\dfrac{y^2}{b^2}=1$ $(a>b>0)$.因为$c=4,a=5$,所以$b=3$,故所求方程为$\dfrac{x^2}{25}+\dfrac{y^2}{9}=1$.

(2) 因为椭圆的焦点在y轴上,设所求的椭圆标准方程为$\dfrac{y^2}{a^2}+\dfrac{x^2}{b^2}=1$ $(a>b>0)$.因为$c=2$,又过点$\left(-\dfrac{3}{2},\dfrac{5}{2}\right)$,可得联立方程组$\begin{cases}a^2-b^2=4,\\ \dfrac{25}{4}\cdot\dfrac{1}{a^2}+\dfrac{9}{4}\cdot\dfrac{1}{b^2}=1,\end{cases}$ 所以$a^2=10,b^2=6$,故所求方程为$\dfrac{y^2}{10}+\dfrac{x^2}{6}=1$.

师:事实上,椭圆曲线的发现和研究都起源于2 000多年前的古希腊.伟大的古希腊数学家阿波罗尼斯(Apollonius)利用圆柱和球面的简朴特性得出了圆柱斜截线就是椭圆并给出证明.这的确是一个令人惊叹的杰作!常见的一段竹杆,大体上是一个圆柱,它的正切截线是一个圆,但是其斜切截线不再是圆的,这也许就是椭圆的一种自然出处.

师:大家可以类比体会.圆的几何特性是它有一个圆心且圆心和其上各点等距,自然会问由斜截圆柱所得的截线是否也具有类似的几何特性呢.古希腊几何学家在上述问题的探讨中获得令人鼓舞的简洁答案,即一个椭圆具有两个焦点F_1,F_2使得其上任给一点到两者的距离之和为一定长.我们用图1来解说当年对于这种圆柱截线的基本特性的证法.设Γ是一个半径为R的圆柱面和一个斜截平面的交集,我们可以用两个半径为R的球面,由上、下两端沿着柱面向截面Γ滑动,一直到分别和Γ相切于F_1,F_2的位置.记Γ_1,Γ_2分别是上、下球面$\sum_1,\sum_2$和柱面相切的圆.设P

是 Γ 上任意一点,Q_1Q_2 是柱面上过点 P 的那一条线段,$Q_1\in\Gamma_1$,$Q_2\in\Gamma_2$.由切线的性质,有 $PF_1=PQ_1$,$PF_2=PQ_2$,所以 $PF_1+PF_2=Q_1Q_2$,为定长.

师:接下来看一个例题.若动点 P 到定点 $M(1,0)$ 的距离与该动点到直线 $x=4$ 的距离之比为 $1:2$,求动点 P 的轨迹.大家都知道它的轨迹是焦点为 $(1,0)$ 和 $(-1,0)$ 的椭圆.此时可以知道:到定点的距离与到定直线的距离之比为常数的点的轨迹是椭圆! 这一结论是必然还是偶然呢? 我们回到椭圆的标准方程的推导过程中观察.

在第一次平方前有等式 $\sqrt{(x+c)^2+y^2}=2a-\sqrt{(x-c)^2+y^2}$,我们可以清楚地看到两个距离;第二次平方前我们可以看到等式 $a\sqrt{(x-c)^2+y^2}=a^2-cx$,等式的左侧有一个根号表示一个距离,即动点 $P(x,y)$ 到点 $F_1(c,0)$ 的距离,那么同学们可以思考一下等式右边的 a^2-cx 代表什么.

生:将 $a\sqrt{(x-c)^2+y^2}=a^2-cx$ 等价变形并整理,可得 $\dfrac{\sqrt{(x-c)^2+y^2}}{\left|\dfrac{a^2}{c}-x\right|}=\dfrac{c}{a}$

$(a>c>0)$,即满足动点到定点的距离与该动点到定直线的距离之比为常数(小于 1).

师:对的.其实在椭圆标准方程的推导过程中,已经存在上述等式,它蕴含的意思就是椭圆上的动点到定点的距离与该动点到定直线的距离之比为常数(小于1),这也是椭圆的另一几何性质,希望同学们可以了解.

三、反思凝练

学生在学习了直线的方程、圆的方程的基础上,对"利用代数方法研究曲线的几何性质"有了初步的认识,而椭圆是一种学生没有系统研究过的曲线,从研究简单熟悉的几何对象到研究圆锥曲线,跨度较大,学生的思维上存在一定的障碍,学习内容对学生的几何和代数能力要求更高.学习过程中难点有三:一是如何形成椭圆的定义;二是在推导椭圆标准方程的过程中,如何利用椭圆的定义分析曲线的对称性,进而建立平面直角坐标系;三是如何处理比较复杂的根式化简.因此,将学生的学习难点作为"自主学习环节"中的自学目标进行分解,分解成 6 个问题,让学生在上课之前就对问题有所了解并回答相关问题,教师在了解了学生情况之后,教学设计就可以有的放矢.

二　双曲线的标准方程

自主学习环节

一、目标分析

"双曲线的标准方程"这节课整体的研究思路与"椭圆的标准方程"的研究思路类似,但是也有差异,差异在于双曲线方程的推导过程中需要检验方程的解;同时双曲线的几何性质中的渐近线的研究也是重点.另外,经过初中的学习学生知道反比例函数的图像是双曲线,那么初中学习的双曲线和高中解析几何中要研究的双曲线是同一概念吗? 基于以上分析,设置的学生自主学习的目标是:

1. 了解双曲线的定义;

2. 清晰双曲线标准方程的推导过程;

3. 掌握如何运用双曲线的标准方程研究双曲线的性质.

二、问题指向

在学生自主学习的环节中设置了 5 个问题,这些问题都是为了帮助学生更好地达成自主学习的目标.

序号	问题内容	指向
1	双曲线的定义是什么?	目标 1
2	双曲线为什么定义为"平面上与两个定点 F_1,F_2 的距离之差的绝对值等于常数 $2a(0<2a<|F_1F_2|)$ 的点的轨迹"?	目标 1
3	类似于椭圆的标准方程,如何证明"以方程$\dfrac{x^2}{a^2}-\dfrac{y^2}{b^2}=1(a>0,b>0)$的解为坐标的点,都在这个双曲线上"?	目标 2

（续表）

序号	问题内容	指向
4	初中教材中说反比例函数 $y=\dfrac{k}{x}(k\neq 0)$ 的图像是双曲线,真的吗? 为什么?	目标 3
5	直观上想象双曲线与直线相交可以有四个交点、三个交点、两个交点、一个交点或没有交点,这个结论对吗?	目标 3

三、结果观察

1. 双曲线的定义是什么?

80%以上的学生都可以准确回答,20%不到的学生仍然会忽略双曲线的条件.

学生作答一:

平面上与两个定点 F_1,F_2 的距离之差的绝对值等于常数 $2a(0<2a<|F_1F_2|)$ 的点的轨迹.

学生作答二:

双曲线是指平面上到两个定点的距离之差的绝对值为定值的点的轨迹.

2. 双曲线为什么定义为"平面上与两个定点 F_1,F_2 的距离之差的绝对值等于常数 $2a(0<2a<|F_1F_2|)$ 的点的轨迹"?

只有个别学生可以简略回答,大多数学生还是不清楚怎样回答.所以这类问题依旧是课堂教学的重点.

学生作答:

求方程→描点→看几何性质→定义.

3. 类似于椭圆的标准方程,如何证明"以方程 $\dfrac{x^2}{a^2}-\dfrac{y^2}{b^2}=1(a>0,b>0)$ 的解为坐标的点,都在这个双曲线上"?

超过 70%的学生想用类似于椭圆标准方程的两种证明方法去推导,但事实上证明双曲线标准方程的同解变形,即证明 $|\sqrt{(x+c)^2+y^2}-\sqrt{(x-c)^2+y^2}|=2a\Leftrightarrow$ $\dfrac{x^2}{a^2}-\dfrac{y^2}{b^2}=1(a>0,b>0)$ 是比较困难的一件事情.这里的验证只能通过代入检验来

说明,这一问题也将是课堂教学的重点.

4. 初中教材中说反比例函数 $y=\dfrac{k}{x}(k\neq0)$ 的图像是双曲线,真的吗? 为什么?

90％以上的学生认为是真的,其中约 60％以上的学生给出了证明,约 40％的学生说不清楚理由.所以课堂教学中将此作为一道例题进行讲解就好.

学生作答一:

顶点分别为 $A_1(\sqrt{k},\sqrt{k})$,$A_2(-\sqrt{k},-\sqrt{k})$,焦点分别为 $F_1(\sqrt{2k},\sqrt{2k})$,$F_2(-\sqrt{2k},-\sqrt{2k})$.

证明:设 $y=\dfrac{k}{x}(k>0)$ 上任意一点为 $P\left(x,\dfrac{k}{x}\right)$,则

$$||PF_1|-|PF_2||$$

$$=\left|\sqrt{(x+\sqrt{2k})^2+\left(\dfrac{k}{x}+\sqrt{2k}\right)^2}-\sqrt{(x-\sqrt{2k})^2+\left(\dfrac{k}{x}-\sqrt{2k}\right)^2}\right|$$

$$=\left|\sqrt{\left(x+\dfrac{k}{x}\right)^2+2\sqrt{2k}\left(x+\dfrac{k}{x}\right)+2k}-\sqrt{\left(x+\dfrac{k}{x}\right)^2-2\sqrt{2k}\left(x+\dfrac{k}{x}\right)+2k}\right|$$

$$=\left|\left|x+\dfrac{k}{x}+\sqrt{2k}\right|-\left|x+\dfrac{k}{x}-\sqrt{2k}\right|\right|=2\sqrt{2k}.$$

学生作答二:

真的.若 $y=\dfrac{k}{x}$ 为双曲线,因为 $y=\dfrac{k}{x}$ 关于 $y=x$ 对称,且渐近线为 x 轴、y 轴,可知其顶点为 $A_1(\sqrt{k},\sqrt{k})$,$A_2(-\sqrt{k},-\sqrt{k})$,焦点为 $F_1(\sqrt{2k},\sqrt{2k})$,$F_2(-\sqrt{2k},-\sqrt{2k})$.

设函数 $y=\dfrac{k}{x}(k>0)$ 的图像上任意一点为 $P\left(x,\dfrac{k}{x}\right)$,则

$$||PF_1|-|PF_2||$$

$$=\left|\sqrt{(x+\sqrt{2k})^2+\left(\dfrac{k}{x}+\sqrt{2k}\right)^2}-\sqrt{(x-\sqrt{2k})^2+\left(\dfrac{k}{x}-\sqrt{2k}\right)^2}\right|$$

$$=\left|\left|x+\dfrac{k}{x}+\sqrt{2k}\right|-\left|x+\dfrac{k}{x}-\sqrt{2k}\right|\right|$$

$$=2\sqrt{2k}.$$

所以 $y=\dfrac{k}{x}(k>0)$ 为双曲线.

5. 直观上想象双曲线与直线相交可以有四个交点、三个交点、两个交点、一个交点或没有交点,这个结论对吗?

40%学生认为这个结论是对的;60%学生认为结论错误,并且给出了相应的说明.

学生作答一:

结论是对的.

$$\begin{cases} \dfrac{x^2}{a^2}-\dfrac{y^2}{b^2}=1, \\ Ax+By+C=0. \end{cases} \Rightarrow 二元二次方程,可能有 1 组解、2 组解、3 组解、$$

4 组解或无解.

学生作答二:

结论不对.

$$\begin{cases} Ax+By+C=0, & \text{①} \\ \dfrac{x^2}{a^2}-\dfrac{y^2}{b^2}=1, & \text{②} \end{cases}$$

把①代入②,得到关于 x 的一元二次方程.

当 $\Delta=0$ 时,有 1 个交点.

当 $\Delta>0$ 时,有 2 个交点.

当 $\Delta<0$ 时,没有交点.

教师引导环节

一、重点分析

通过对学生自主学习结果的观察以及对学生给出答案的分析,发现学生对于双曲线定义的认识远远没有达到教学设想的目标.有椭圆的标准方程的学习作为铺垫,学生应该在双曲线的标准方程的学习上有所心得,但是问题 2 只有个别学生能够回答出,这与预期相差较大.所以在具体的教学过程中,教学重点问题应该是对双曲线定义来龙去脉的解释以及双曲线方程和性质的研究.教学过程的推进以及课堂教学问题的设置,都是围绕以上两个重点来展开的.

二、教学过程

师:我们前面了解了平面上到两定点的距离之和为常数(大于两定点间的距离)的点的轨迹是椭圆,那么请问:平面上到两定点的距离之差为常数的点的轨迹存在吗？ 是什么呢?

生:常数等于两定点间的距离,轨迹为两条射线;常数大于两定点间的距离,无轨迹;常数小于两定点间的距离,轨迹还不清楚.

师:那么我们今天就研究平面上到两定点的距离之差为常数(小于两定点间的距离)的点的轨迹.我们仍然延续研究椭圆的方法,通过研究双曲线的标准方程达到研究双曲线性质的目的.

师:首先我们需要建立平面直角坐标系,如何根据条件建立平面直角坐标系呢?

生:考虑到和研究椭圆相同的方法,可以设两个定点为 F_1,F_2,如果 P 是轨迹上的点,那么点 P 关于直线 F_1F_2 的对称点 P' 也在轨迹上,点 P 关于线段 F_1F_2 的中垂线的对称点 P'' 也在轨迹上,所以所求的轨迹一定是关于直线 F_1F_2、线段 F_1F_2 的中垂线对称的.所以,就以直线 F_1F_2 为 x 轴,线段 F_1F_2 的中垂线为 y 轴建立平面直角坐标系.为了计算方便,设 $|F_1F_2|=2c$,则两定点的坐标分别为 $F_1(-c,0),F_2(c,0)$;同理,设定长为 $2a$,易知 $a<c$.

师:很好,接下来是设点和建立方程,哪个同学愿意尝试?

生:设所求轨迹上任意一点为 $P(x,y)$,又已知 $F_1(-c,0),F_2(c,0)$,常数$=2a$,所以列式 $||PF_1|-|PF_2||=2a$,则

$$\left|\sqrt{(x+c)^2+y^2}-\sqrt{(x-c)^2+y^2}\right|=2a$$

$$\Leftrightarrow \sqrt{(x+c)^2+y^2}-\sqrt{(x-c)^2+y^2}=\pm 2a$$

$$\Leftrightarrow \sqrt{(x+c)^2+y^2}=\pm 2a+\sqrt{(x-c)^2+y^2}$$

$$\Rightarrow (x+c)^2+y^2=(x-c)^2+y^2\pm 4a\sqrt{(x-c)^2+y^2}+4a^2$$

$$\Leftrightarrow 4xc-4a^2=\pm 4a\sqrt{(x-c)^2+y^2}$$

$$\Leftrightarrow xc-a^2=\pm a\sqrt{(x-c)^2+y^2}$$

$$\Rightarrow x^2c^2-2xca^2+a^4=a^2(x^2-2xc+c^2+y^2)$$

$$\Leftrightarrow x^2(c^2-a^2)-a^2y^2=a^2c^2-a^4=a^2(c^2-a^2).$$

令 $b=\sqrt{c^2-a^2}$，即 $b^2+a^2=c^2$．

所以有 $b^2x^2-a^2y^2=a^2b^2$，即 $\dfrac{x^2}{a^2}-\dfrac{y^2}{b^2}=1(a>0,b>0)$．

其中，方程化简的过程中出现了两次非同解变形：一个是 $\sqrt{(x+c)^2+y^2}=\pm 2a+\sqrt{(x-c)^2+y^2}\Rightarrow(x+c)^2+y^2=(x-c)^2+y^2\pm4a\sqrt{(x-c)^2+y^2}+4a^2$；另一个是 $xc-a^2=\pm a\sqrt{(x-c)^2+y^2}\Rightarrow x^2c^2-2xca^2+a^4=a^2(x^2-2xc+c^2+y^2)$．所以可以用类似于椭圆标准方程的证明方法去证明这两个变形是同解变形．

师：真的可以用类似于椭圆标准方程的证明方法证明这两个变形是同解变形吗？

生：好像不可以，我尝试了很久都没有成功．

师：对的．类似于椭圆标准方程的推导过程并推导每一个步骤是同解变形的方法在双曲线中是不适用的，只能使用第二种方法——代入检验，即验证以方程 $\dfrac{x^2}{a^2}-\dfrac{y^2}{b^2}=1(a>0,b>0$，其中 $c^2=a^2+b^2)$ 的解为坐标的点在双曲线上．

任取方程 $\dfrac{x^2}{a^2}-\dfrac{y^2}{b^2}=1(a>0,b>0)$ 的一组解 (x_0,y_0)，记为点 $P(x_0,y_0)$，则 $y_0^2=(a^2-c^2)\left(1-\dfrac{x_0^2}{a^2}\right)$，所以

$$|PF_1|=\sqrt{(x_0+c)^2+y_0^2}=\sqrt{(x_0+c)^2+(c^2-a^2)\left(\dfrac{x_0^2}{a^2}-1\right)}$$

$$=\sqrt{\dfrac{c^2}{a^2}x_0^2+2cx_0+a^2}=\left|\dfrac{c}{a}x_0+a\right|.$$

同理，$|PF_2|=\left|\dfrac{c}{a}x_0-a\right|$．

如果 $x_0\leqslant-a$，那么 $x_0<-\dfrac{a^2}{c}$，所以 $\dfrac{c}{a}x_0+a<0$．所以 $|PF_1|=-\left(\dfrac{c}{a}x_0+a\right)$，

$|PF_2|=a-\dfrac{c}{a}x_0$，所以 $|PF_2|-|PF_1|=2a$.

若 $x_0 \geqslant a$，则 $x_0 > \dfrac{a^2}{c}$，即 $\dfrac{c}{a}x_0 - a > 0$. 所以 $\left|PF_1\right| = \dfrac{c}{a}x_0 + a$，$\left|PF_2\right| = $

$\dfrac{c}{a}x_0 - a$，所以 $|PF_1| - |PF_2| = 2a$.

因此以方程 $\dfrac{x^2}{a^2} - \dfrac{y^2}{b^2} = 1(a>0,b>0$，其中 $c^2 = a^2 + b^2)$ 的解为坐标的点在轨迹

上，这个方程是要研究的轨迹方程.

师：接下来，可以根据轨迹方程的特点来研究轨迹.

生 1：通过研究方程 $\dfrac{x^2}{a^2} - \dfrac{y^2}{b^2} = 1$，可以发现，若点 $P(x,y)$ 在轨迹上，则它的坐

标满足方程，且 $P'(-x,y)$，$P''(-x,-y)$，$P'''(x,-y)$ 的坐标也满足方程，所以

该轨迹关于 x 轴对称，关于 y 轴对称，关于原点中心对称. 所以我们可以只考虑

$x \geqslant 0, y \geqslant 0$ 的情况，此时 $y = \dfrac{b}{a}\sqrt{x^2 - a^2}(x \geqslant a)$.

生 2：在 $y = \dfrac{b}{a}\sqrt{x^2 - a^2}(x \geqslant a)$ 中，因为 $x^2 - a^2 < x^2$，所以 $y = \dfrac{b}{a}\sqrt{x^2 - a^2} < $

$\dfrac{b}{a}\sqrt{x^2} = \dfrac{b}{a}x$，即 $y < \dfrac{b}{a}x$，所以轨迹总在射线 $y = \dfrac{b}{a}x(x \geqslant 0)$ 的下方.

生 3：从函数的角度，可以发现 y 作为 x 的函数，x

增大，y 随之而增大，可以描点作出 $y = \dfrac{b}{a}\sqrt{x^2 - a^2}$

$(x \geqslant a)$ 在第一象限的图像(图 1).

师：三位同学分析得非常好. 但有一个问题，"所研

究的轨迹总在射线 $y = \dfrac{b}{a}x(x \geqslant 0)$ 的下方"这样的描述

对于轨迹来说还是不够确定，谁能更准确地描述要研

究的轨迹在射线 $y = \dfrac{b}{a}x(x \geqslant 0)$ 下方的什么位置？

生：是无限靠近永不相交.

师：为什么会有这样的结论呢？

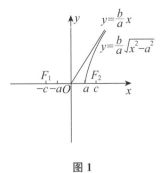

图 1

生 1：如图 2，在这个轨迹上任取一点 $M(x_0, y_0)$，过点 M 做 x 轴的垂线交 $y = \dfrac{b}{a}x$ 于点 $N(x_0, Y)$，则 $Y = \dfrac{b}{a}x_0$．点 M 到 $y = \dfrac{b}{a}x$ 的距离为 $|MQ|$．

因为 $y_0 = \dfrac{b}{a}\sqrt{x_0{}^2 - a^2} = \dfrac{b}{a}x_0\sqrt{1 - \left(\dfrac{a}{x_0}\right)^2} \leqslant \dfrac{b}{a}x_0 = Y$，所以 $|MN| = Y - y_0 = \dfrac{b}{a}(x_0 - \sqrt{x_0{}^2 - a^2}) = \dfrac{ab}{x_0 + \sqrt{x_0{}^2 - a^2}}$，且 $|MQ| < |MN|$．当 x_0 增大时，$|MN|$ 接近于零，$|MQ|$ 也接近于零，所以要研究的轨迹在第一象限的部分从射线 ON 的下方逐渐接近于射线 ON．

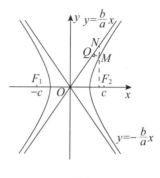

图 2

生 2：也可以直接研究点 M 到渐近线 $y = \dfrac{b}{a}x$ 的距离 $|MQ|$．

$$|MQ| = \frac{|bx_0 - ay_0|}{\sqrt{a^2 + b^2}} = \frac{|bx_0 - b\sqrt{x_0{}^2 - a^2}|}{\sqrt{a^2 + b^2}}$$

$$= \frac{b|x_0 - \sqrt{x_0{}^2 - a^2}|\,|x_0 + \sqrt{x_0{}^2 - a^2}|}{\sqrt{a^2 + b^2}\,|x_0 + \sqrt{x_0{}^2 - a^2}|}$$

$$= \frac{ba^2}{\sqrt{a^2 + b^2}\,|x_0 + \sqrt{x_0{}^2 - a^2}|}.$$

随着 x_0 增大，$|MQ|$ 接近于零，所以要研究的轨迹在第一象限的部分从射线 ON 的下方逐渐接近于射线 ON．

师：两位同学说得都很好．那么接下来我们就可以根据对称性，得出所要研究的轨迹的大致图像是两支弯曲的曲线，所以我们形象地称其为双曲线．方程 $\dfrac{x^2}{a^2} -$

$\dfrac{y^2}{b^2}=1$ 称为双曲线的标准方程，$y=\pm\dfrac{b}{a}x$ 称为双曲线的渐近线．A_1,A_2 叫做双曲线的顶点；$F_1(-c,0),F_2(c,0)$ 是双曲线的焦点，$|F_1F_2|$ 叫做焦距，其长度为 $2c$；线段 A_1A_2 叫做双曲线的实轴，长度为 $2a$；线段 B_1B_2 叫做双曲线的虚轴，长度为 $2b$（图3）．如果焦点在 y 轴上，并且点 O 与线段 F_1F_2 的中点重合，a,b,c 的意义同上，双曲线的方程是 $\dfrac{y^2}{a^2}-\dfrac{x^2}{b^2}=1(a>0,b>0)$，只需将 $\dfrac{x^2}{a^2}-\dfrac{y^2}{b^2}=1$ 方程中的 x,y 互换即可．A_1,A_2 叫做双曲线的顶点；$F_1(0,-c),F_2(0,c)$ 是双曲线的焦点，$|F_1F_2|$ 叫做焦距，其长度为 $2c$；线段 A_1A_2 叫做双曲线的实轴，长度为 $2a$；线段 B_1B_2 叫做双曲线的虚轴，长度为 $2b$（图4）．

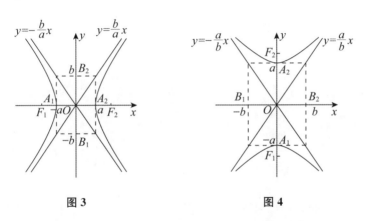

图3　　　　　　　　　　　图4

师：初中学习时，我们就知道反比例函数的图像是双曲线，真的是双曲线吗？下面我们来看一个例题．已知双曲线的虚轴和实轴相等，其两个焦点 F_1,F_2 在直线 $y=x$ 上，线段的中点是原点，$|F_1F_2|=2c$，分别写出双曲线和两条渐近线的方程．

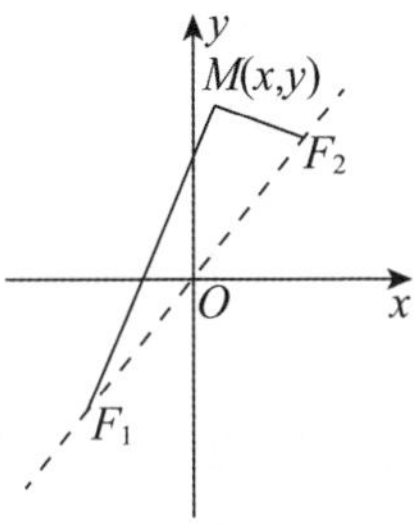

生：从图5可以知道 F_2 的坐标为 $\left(c\cos\dfrac{\pi}{4},c\sin\dfrac{\pi}{4}\right)$，即 F_2 的坐标为 $\left(\dfrac{\sqrt{2}}{2}c,\dfrac{\sqrt{2}}{2}c\right)$．同理，$F_1$ 的坐标为 $\left(-\dfrac{\sqrt{2}}{2}c,-\dfrac{\sqrt{2}}{2}c\right)$．易知 $c^2=2a^2$，则 $2a=\sqrt{2}c$．

图5

设 $M(x,y)$ 为双曲线上任意一点，则由 $||MF_1|-|MF_2||=\sqrt{2}c$，得

$$\sqrt{\left(x+\frac{\sqrt{2}\,c}{2}\right)^2+\left(y+\frac{\sqrt{2}\,c}{2}\right)^2}-\sqrt{\left(x-\frac{\sqrt{2}\,c}{2}\right)^2+\left(y-\frac{\sqrt{2}\,c}{2}\right)^2}=\pm\sqrt{2}\,c,$$

整理可得 $xy=\dfrac{c^2}{4}$.

师:由此可见初中学习的反比例函数的图像的确是双曲线.

师:我们再来看以下例题.

求下列双曲线的渐近线方程(写成直线方程的一般式).

(1) $4x^2-y^2=4$；(2) $4x^2-y^2=-4$；(3) $x^2-4y^2=4$；(4) $x^2-4y^2=-4$.

生:(1) 渐近线方程:$2x\pm y=0$；

(2) 渐近线方程:$2x\pm y=0$；

(3) 渐近线方程:$x\pm 2y=0$；

(4) 渐近线方程:$x\pm 2y=0$.

师:我们可以猜测 $\dfrac{x^2}{a^2}-\dfrac{y^2}{b^2}=1$ 的渐近线方程为 $\dfrac{x^2}{a^2}-\dfrac{y^2}{b^2}=0$，即 $\left(\dfrac{x}{a}+\dfrac{y}{b}\right)\left(\dfrac{x}{a}-\dfrac{y}{b}\right)=0$ 吗?

生:这个结论是正确的,因为满足定义.

师:反过来正确吗? 如果渐近线方程为 $\left(\dfrac{x}{a}+\dfrac{y}{b}\right)\left(\dfrac{x}{a}-\dfrac{y}{b}\right)=0$,双曲线方程是什么呢?

生:双曲线方程应该是 $\dfrac{x^2}{a^2}-\dfrac{y^2}{b^2}=\lambda\,(\lambda\neq 0)$.

师:为什么呢?

生:根据双曲线渐近线方程的定义,可知若双曲线方程为 $\dfrac{x^2}{a^2}-\dfrac{y^2}{b^2}=\lambda\,(\lambda\neq 0)$,则其渐近线的方程是 $\left(\dfrac{x}{a}+\dfrac{y}{b}\right)\left(\dfrac{x}{a}-\dfrac{y}{b}\right)=0$.

师:再看下一个例题.

已知双曲线的渐近线方程为 $x\pm 2y=0$.

(1) 双曲线过点 $M(4,\sqrt{3})$,求双曲线的方程；

（2）双曲线过点 $M(4,\sqrt{5})$，求双曲线的方程.

生:（1）因为渐近线方程是 $x\pm2y=0$，所以双曲线的方程为 $x^2-4y^2=C$.因为双曲线过点 $M(4,\sqrt{3})$，所以 $4^2-4(\sqrt{3})^2=C$，得 $C=4$.所以双曲线的方程为 $x^2-4y^2=4$.

（2）因为双曲线过点 $M(4,\sqrt{5})$，所以 $4^2-4(\sqrt{5})^2=C$，得 $C=-4$.所以双曲线的方程为 $x^2-4y^2=-4$.

三、反思凝练

在双曲线的标准方程的教学过程中，部分内容是可以类似于椭圆的标准方程的，但是有以下几个方面是需要在教学中注意的.

1. 证明"以方程 $\dfrac{x^2}{a^2}-\dfrac{y^2}{b^2}=1(a>0,b>0$，其中 $c^2=a^2+b^2$)的解为坐标的点在双曲线上"时，只有一种方法，就是设点代入验证是否满足 $||PF_1|-|PF_2||=2a$，而不能验证方程的等价性.

2. 双曲线的图像的研究仍然是以函数的图像为基础，这也凸显了解析几何是利用代数方法研究几何图形性质的特点.

3. 双曲线性质的关键在于渐近线，所以渐近线的学习也是重点.

三   抛物线的标准方程

自主学习环节

一、目标分析

在了解了椭圆和双曲线的定义之后,学生很自然会有这样的问题:"平面上的动点到两定点距离之积(商)的轨迹是什么?"所以在自主学习环节中,学生需要借助资料包理清该问题.其实学生对抛物线并不陌生,在初中时就知道二次函数的图像是抛物线,所以学习的重点就应该是如何从已知的二次函数及其图像研究得出抛物线的几何性质,这也符合解析几何中利用方程研究曲线的本质.另外,学生在画图时经常会混淆双曲线与抛物线,因而要注意辨析.基于以上分析,设置学生自主学习的目标是:

1. 了解抛物线定义的来龙去脉;

2. 清晰抛物线标准方程的推导过程;

3. 掌握如何运用抛物线的标准方程研究抛物线的性质;

4. 初步区分双曲线和抛物线.

二、问题指向

在学生自主学习的环节中设置了 5 个问题,这些问题都是为了帮助学生更好地达成自主学习的目标.

序号	问题内容	指向
1	椭圆是平面上到两个定点 F_1,F_2 距离之和为定长（$2a>\lvert F_1F_2\rvert$）的点的轨迹，双曲线是平面上到两个定点 F_1,F_2 距离之差的绝对值为定长（$0<2a<\lvert F_1F_2\rvert$）的点的轨迹，那么我们为什么不研究平面上到两个定点 F_1,F_2 距离之积为定长或者距离之商为定长的点的轨迹呢？	目标1
2	抛物线为什么定义为"平面上到一个定点和到一条定直线（定点不在定直线上）的距离相等的点的轨迹"？	目标1
3	初中教材中说二次函数 $y=ax^2+bx+c\,(a\neq0)$ 的图像是抛物线，真的吗？	目标2
4	抛物线是半个双曲线吗？请说明理由.	目标3
5	高一时我们学习了函数 $y=x+\dfrac{a}{x}\,(a\neq0)$，称其图像为双曲线，它真的是双曲线而不是两个抛物线吗？请说明理由.	目标4

三、结果观察

1. 椭圆是平面上到两个定点 F_1,F_2 距离之和为定长（$2a>\lvert F_1F_2\rvert$）的点的轨迹，双曲线是平面上到两个定点 F_1,F_2 距离之差的绝对值为定长（$0<2a<\lvert F_1F_2\rvert$）的点的轨迹，那么我们为什么不研究平面上到两个定点 F_1,F_2 距离之积为定长或者距离之商为定长的点的轨迹呢？

学习过相关材料后，80％以上的学生可以回答这个问题，了解了平面上到两个定点 F_1,F_2 距离之积为定长点的轨迹为卡西尼（G. D. Cassini）卵形线，因为轨迹方程的最高次数超过了两次，不属于平面解析几何的研究范畴，所以在平面解析几何里不研究.平面上到两个定点 F_1,F_2 距离之商为定长的点的轨迹一般情形下是圆（又称为阿波罗尼斯圆），特殊情形下是直线.

学生作答一：

设 $F_1(-c,0),F_2(c,0)$.猜想：

① $\sqrt{(x+c)^2+y^2} \cdot \sqrt{(x-c)^2+y^2}=a^2$

② $\dfrac{\sqrt{(x+c)^2+y^2}}{\sqrt{(x-c)^2+y^2}}=a.$

略证：

① 将等式两边平方,得 $x^4+c^4+y^4-2x^2c^2+2c^2y^2+2x^2y^2=a^4.$

整理,得 $(x^2+y^2)^2-2c^2(x^2-y^2)=a^4-c^4.$

（图像不会画）

② 当 $a=1$ 时,轨迹为中垂线.

当 $a \neq 1$ 时, $\left(x-\dfrac{a^2+1}{a^2-1}c\right)^2+y^2=\left(\dfrac{2ac}{a^2-1}\right)^2.$

学生作答二：

积为定长时,方程为：$(x^2+y^2)^2-2c^2(x^2-y^2)=a^4-c^4.$（此时,
$|PF_1| \cdot |PF_2|=a^2$,两定点为 $F_1(-c,0),F_2(c,0)$）

根据 a 与 c 不同的大小关系,其图形轨迹不同.太复杂.

商为定长时,方程为：

$$\left(x-\dfrac{a^2+1}{a^2-1}c\right)^2+y^2=\left(\dfrac{2ac}{a^2-1}\right)^2. \quad \left(此时,\dfrac{|PF_1|}{|PF_2|}=a,|F_1F_2|=2c\right)$$

此时其轨迹为圆；不必重复研究.

2. 抛物线为什么定义为"平面上到一个定点和到一条定直线（定点不在定直线上）的距离相等的点的轨迹"？

这个题目学生都说不清楚道理,所以它仍然是授课过程中的重点.

3. 初中教材中说二次函数 $y=ax^2+bx+c(a \neq 0)$ 的图像是抛物线,真的吗？

90%以上的学生都知道 $y=ax^2+bx+c(a\neq0)$ 的图像都是抛物线,而且都能说出其中的原因.

学生作答一:

真的!

① $y=ax^2$ 是抛物线.由 $x^2=\dfrac{1}{a}y$,可得

$$x^2+y^2-\frac{1}{2a}y+\frac{1}{16a^2}=y^2+\frac{1}{2a}y+\frac{1}{16a^2}.$$

即 $x^2+\left(y-\dfrac{1}{4a}\right)^2=\left(y+\dfrac{1}{4a}\right)^2$.

即 $\sqrt{x^2+\left(y-\dfrac{1}{4a}\right)^2}=\left|y+\dfrac{1}{4a}\right|$.

所以 (x,y) 到 $\left(0,\dfrac{1}{4a}\right)$ 的距离等于其到直线 $y=-\dfrac{1}{4a}$ 的距离.

所以 $y=ax^2$ 图像是以 $\left(0,\dfrac{1}{4a}\right)$ 为焦点,以 $y=-\dfrac{1}{4a}$ 为准线的抛物线.

② $y=a\left(x+\dfrac{b}{2a}\right)^2+\dfrac{4ac-b^2}{4a}$ 可由 $y=ax^2$ 平移而得,所以也是抛物线.

学生作答二:

真的.

因为 $y=a\left(x^2+\dfrac{b}{a}x\right)+c$

$\qquad =a\left[x^2+\dfrac{b}{a}x+\left(\dfrac{b}{2a}\right)^2\right]+c-\dfrac{b^2}{4a}$

$\qquad =a\left(x+\dfrac{b}{2a}\right)^2+c-\dfrac{b^2}{4a}.$

所以其可由 $y=ax^2$ 左移 $\dfrac{b}{2a}$ 个单位,上移 $c-\dfrac{b^2}{4a}$ 个单位得到.

因为 $y=ax^2$ 的图像为抛物线,所以其图像仍为抛物线.

4. 抛物线是半个双曲线吗？请说明理由.

90%以上的学生都可以给出合理的解释.学生自主学习的时候可以自己解决这类问题,这样也有助于学生理解抛物线的性质.

学生作答一：

不是.两者定义不同.双曲线：到两定点差为定值.

抛物线：到定点等于到定直线的距离.

学生作答二：

不是.

① 抛物线没有渐近线,但双曲线有.

② 它们向外发展的趋势不同.

③ 双曲线：$\dfrac{c}{a} > 1$；抛物线：$\dfrac{c}{a} = 1$.

学生作答三：

不是.双曲线存在渐近线,抛物线无.

学生作答四：

不是.双曲线存在渐近线,(x, y) 到该线的距离越来越小；而抛物线的 x,y 都是无限延伸的,没有上述性质.

5. 高一时我们学习了函数 $y = x + \dfrac{a}{x}(a \neq 0)$,称其图像为双曲线,它真的是双曲线而不是两个抛物线吗？请说明理由.

80%的学生对于这个问题判断正确,但也可以看到严格的数学证明对于学生而言的确有难度,因此可以在课堂教学中增加类似的设计,以便培养学生的理性思维方式.

学生作答：

不是.只有双曲线有渐近线,$y = x + \dfrac{a}{x}$ 的图像有渐近线 $x = 0$ 和 $y = ax$.

❖❖❖❖❖❖❖❖ **教师引导环节** ❖❖❖❖❖❖❖❖

一、重点分析

通过对学生自主学习结果的观察以及对学生给出答案的分析,发现学生对于抛物线的定义为"平面上到一个定点与到一条定直线(定点不在定直线上)距离相等的点的轨迹"的理由还是不太明确,对于二次函数的图像是抛物线的理由还是不清楚;对于抛物线的几何性质到底是什么也不明白;虽然能够直观判断双曲线与抛物线的不同,但是如何用代数方法去研究还是不明确.所以在具体的教学过程中,教学重点应该是抛物线定义的来龙去脉、利用抛物线的方程研究抛物线的几何性质,以及利用方程研究抛物线与双曲线图形性质的差异.教学过程的推进以及课堂教学问题的设置,都是围绕以上重点来展开的.

二、教学过程

师:前面已经学习了圆、椭圆和双曲线三种曲线,今天我们共同来学习第四种曲线——抛物线.

师:我们学习过二次函数,知道它的图像叫做抛物线,它是根据二次函数的解析式描点而成的,是由方程描出的曲线,那么这个抛物线有什么几何性质呢？今天我们先来研究这个问题.在解析几何中,曲线的几何性质往往是通过其方程来研究的.二次函数从方程的角度来看是二次方程,那么我们学习过的哪些曲线的轨迹方程是二次的？

生:圆、椭圆、双曲线的标准方程是二次的.

师:为什么圆、椭圆、双曲线的标准方程是二次的？

生:这是因为它们都是由距离定义的轨迹.

师:为什么用简单的距离运算关系(和、差)来定义的轨迹就是二次的呢？

生:这是因为两点间的距离公式经过平方化简后依旧是二次的.

师:那么二次函数的解析式也是二次的,我们逆向思维考虑,是否由二次函数的解析式所描出的图形(曲线),也可能具有某种与距离有关的几何性质？我们先来探索一个最简单的例子,看看 $y = x^2$ 的图像是否与距离有关.与距离有关的式子往往是完全平方的,所以关键在于将 $y=x^2$ 配方后能否得到一个与距离有关的式子.

生:可以的.由 $x^2=y \Leftrightarrow x^2+y^2-\dfrac{1}{2}y+\dfrac{1}{16}=y^2+\dfrac{1}{2}y+\dfrac{1}{16} \Leftrightarrow \sqrt{x^2+\left(y-\dfrac{1}{4}\right)^2}=\left|y+\dfrac{1}{4}\right|$,发现 $y=x^2$ 图像上的点到定点 $F\left(0,\dfrac{1}{4}\right)$ 的距离等于到直线 $y=-\dfrac{1}{4}$ 的距离.于是得知二次函数 $y=x^2$ 的图像也就是称为抛物线的图像是到定点 $\left(0,\dfrac{1}{4}\right)$ 的距离等于到定直线 $y=-\dfrac{1}{4}$ 的距离的几何轨迹.

师:是否所有的二次函数的图像都具有类似的几何性质?

生:我们只要看 $y=ax^2(a \neq 0)$,能否作类似 $y=x^2$ 的变形即可.

$$y=ax^2 \Leftrightarrow \dfrac{1}{a}y=x^2 \Leftrightarrow x^2+y^2-\dfrac{1}{2a}y+\dfrac{1}{4a^2}=y^2+\dfrac{1}{2a}y+\dfrac{1}{4a^2}$$

$$\Leftrightarrow \sqrt{x^2+\left(y-\dfrac{1}{4a}\right)^2}=\left|y+\dfrac{1}{4a}\right|.$$

可以看到,抛物线 $y=ax^2$ 上所有点到定点 $\left(0,\dfrac{1}{4a}\right)$ 与到定直线 $y=-\dfrac{1}{4a}$ 距离相等.

师:那么函数 $y=ax^2+bx+c(a \neq 0)$ 图像上的点呢?

生:函数 $y=ax^2+bx+c(a \neq 0)$ 可以化简为 $y=a\left(x+\dfrac{b}{2a}\right)^2+\dfrac{4ac-b^2}{4a}$,所以 $y=ax^2+bx+c(a \neq 0)$ 可由 $y=ax^2$ 的图像平移而得,其几何特性不变.于是得知二次函数 $y=ax^2+bx+c(a \neq 0)$ 的图像——抛物线——具有"到定点的距离等于到定直线的距离"的性质.

师:那么反过来看,一般地,平面上到一个定点的距离与到一条定直线的距离相等的点的轨迹又如何呢?

师:这就是我们今天要研究的问题,即设定点 F 到定直线 l 的距离为 $p(p>0)$,求平面上到定点 P 的距离等于到定直线 l 的距离相等的点的轨迹.研究轨迹的性质是通过研究轨迹方程来达成的.求轨迹方程前,先把已知条件的位置关系明确.分两类:一类是定点 F 在直线 l 上,问题简单,轨迹直接就是过点 F 与直线 l 垂直的直线;第二类是定点 F 不在直线 l 上时,通过建立平面直角坐标系,求出满足条件的方程,通过方程研究轨迹的性质,这是我们今天研究的重点.

师:如何建立平面直角坐标系来求轨迹方程呢?

生:可以以对称轴为 x 轴.

师:原点和 y 轴如何确定?

生 1:可以以定直线为 y 轴建立平面直角坐标系(图 1),这样可以得出相应的轨迹方程为

$$\sqrt{(x-p)^2+y^2}=|x|\Leftrightarrow y^2=2px-p^2. \qquad ①$$

生 2:可以以定点为原点建立平面直角坐标系(图 2),这样可以得出相应的轨迹方程为

$$\sqrt{x^2+y^2}=|x+p|\Leftrightarrow y^2=2px+p^2. \qquad ②$$

生 3:可以以定点到直线的垂线段的中点为原点建立平面直角坐标系(图 3),这样可以得出相应的轨迹方程为

$$\sqrt{\left(x-\frac{p}{2}\right)^2+y^2}=\left|x+\frac{p}{2}\right|\Leftrightarrow y^2=2px. \qquad ③$$

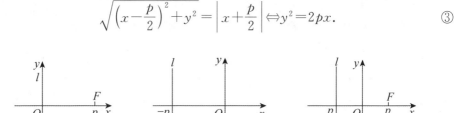

图 1　　　　图 2　　　　图 3

师:①和②中的方程都含有常数项,而③的形式更简单.我们研究轨迹,总归希望轨迹方程简单,这样对于研究轨迹的性质比较方便,所以我们按上述第三种方法建立平面直角坐标系,如图 4,取经过点 F 且垂直于准线 l 的直线为 x 轴,x 轴与 l 相交于点 K,以线段 KF 的中垂线为 y 轴,且使点 F 位于 x 轴正半轴,建立平面直角坐标系,得到满足条件的轨迹方程 $y^2=2px$.

师:由 $y^2=2px(p>0)$,可知该曲线关于 x 轴对称,所以我们又可以科学地"偷懒",只考虑 $y>0$ 的情况,即 $y=\sqrt{2px}$.从函数的角度,我们知道这是一个幂函

数 $y=x^{\frac{1}{2}}$ 与函数 $y=\sqrt{2p}$ 的乘积,所以我们可以通过描点画出图像,再根据对称性画出它在第四象限的图像(图 4).这就是我们今天研究的平面上到一个定点的距离与到一条定直线(定点不在定直线上)的距离相等的点的轨迹.这条曲线古希腊数学家阿波罗尼斯称之为齐曲线.之所以命名为齐曲线,是因为阿波罗尼斯发现这条曲线有一定的几何性质.感兴趣的同学可以参看阿波罗尼斯编著的数学巨著《圆锥曲线论》.随后,物

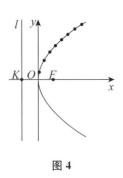

图 4

理学家在研究过程中发现抛体运动(平抛、斜抛运动等)的运动轨迹都是这类曲线,所以也就把这类曲线称为抛物线.其中,定点叫做抛物线的焦点,定直线叫做抛物线的准线.形如 $y^2=2px$ 的方程叫做抛物线的标准方程,其中 p 为焦点到准线的距离,抛物线与它的对称轴的交点称为抛物线的顶点,抛物线的对称轴称为抛物线的轴.

当然我们也可以通过抛物线的几何性质来作出该曲线(图 5).把一根直尺固定在画图板内直线 l 的位置上;把一块三角板的一条直角边紧靠着直尺的边缘;把一条绳子的一端固定在三角板的另一条直角边上的一点 A,截取绳子的长等于从点 A 到直线 l 的距离 AC,并且把绳子的另一端固定在画图板的一点 F;用一支粉笔扣着绳子,紧靠着三角板的这条直角边把绳子绷紧,然后使三角板紧靠着直尺上下滑动,这样粉笔就描出一条曲线.

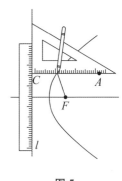

图 5

师:你能写出顶点在原点,焦点在 y 轴正半轴、焦点在 x 轴负半轴、焦点在 y 轴负半轴三种情况下抛物线的方程吗? 除了按定义推导外,有没有简单的方法?

生 1:选择焦点在 y 轴正半轴,顶点在原点的抛物线,则 $\sqrt{x^2+\left(y-\dfrac{p}{2}\right)^2}=\left|y+\dfrac{p}{2}\right|\Leftrightarrow x^2=2py$.

生 2:坐标变换. 对于 $y^2=2px$,若是将它的坐标逆时针旋转 $90°$,得到的抛物线的方程为:$y=-x',x=y'\Leftrightarrow x^2=2py$.

师:同理也可以求出其他情况,完成下表.

标准方程	图形	顶点	对称轴	焦点	准线
$y^2=2px$		$(0,0)$	x 轴	$\left(\dfrac{p}{2},0\right)$	$x=-\dfrac{p}{2}$
$y^2=-2px$		$(0,0)$	x 轴	$\left(-\dfrac{p}{2},0\right)$	$x=\dfrac{p}{2}$
$x^2=2py$		$(0,0)$	y 轴	$\left(0,\dfrac{p}{2}\right)$	$y=-\dfrac{p}{2}$
$x^2=-2py$		$(0,0)$	y 轴	$\left(0,-\dfrac{p}{2}\right)$	$y=\dfrac{p}{2}$

我们把上述四种位置的抛物线方程都称为抛物线的标准方程.同时从上表我们也知道,若给出抛物线标准方程,就可以找到抛物线的焦点坐标与准线方程;反之,若抛物线的顶点在原点,已知焦点坐标或准线方程(取其一)就可以写出抛物线的标准方程.

师:回到最初的问题,$y=x^2$ 的图像是怎样的抛物线呢? $y=x^2$ 的图像是顶点在坐标原点,焦点在 y 轴正半轴上的抛物线.请写出其焦点坐标与准线方程.

生:$y=x^2$ 的焦点坐标是 $\left(0,\dfrac{1}{4}\right)$,准线方程是 $y=-\dfrac{1}{4}$.

师:如果将方程改为 $y=-2x^2$,它的焦点坐标与准线方程呢?

生:$y=-2x^2$ 的焦点坐标是 $\left(0,-\dfrac{1}{8}\right)$,准线方程是 $y=\dfrac{1}{8}$.

师：如果 $y=-2x^2$ 上有一点到焦点的距离是 4，它到 x 轴的距离是多少？你能求出它的坐标吗？

生：因为 $y=-2x^2$ 上的点满足到焦点的距离等于到准线的距离，而点到准线的距离等于点到 x 轴的距离 $+\dfrac{p}{2}$，又 $p=\dfrac{1}{4}$，所以 $4=$ 点到 x 轴的距离 $+\dfrac{1}{8}$，则点到 x 轴的距离 $=\dfrac{31}{8}$．所以点的纵坐标就是 $-\dfrac{31}{8}$，则横坐标就是 $\dfrac{\sqrt{31}}{4}$ 或 $-\dfrac{\sqrt{31}}{4}$．

三、反思凝练

这节课研究的是抛物线，是解析几何基本思想方法的又一次应用．我们从已经熟悉的 $y=x^2$ 的图像入手，分析得出该图像的几何性质，引出课题．选取适当的平面直角坐标系，求出轨迹方程；通过研究轨迹方程得出轨迹简单的几何性质，从而作出轨迹，给出抛物线的定义，并说明定义的合理性．这节课的重点和难点是抛物线定义的得出和求解抛物线的标准方程．在通过轨迹方程研究轨迹这一过程中，再一次使学生体会将几何问题代数化的基本思想，培养用已知解释未知以及分析、解决问题的能力．

四 平面的基本性质

一、目标分析

这节课是在立体几何序言课之后的第一节课,是对于教材中三个公理的学习.那么立体几何作为数学的分支,是通过怎样的方法和思路来研究立体图形的呢? 在这节课中将向学生讲清道明.基于以上分析,设置学生自主学习的目标是:

1. 理解立体几何中三个公理的概念及其作用和地位;

2. 能够证明三个公理中的推论以及引理.

二、问题指向

在学生自主学习的环节中设置了 6 个问题,这些问题都是为了帮助学生更好地达成自主学习的目标.

序号	问题内容	指向
1	公理 1"如果一条直线上有两个点在同一个平面上,那么这条直线上的所有点都在这个平面上"的地位和作用是什么?	目标 1
2	公理 2"如果两个不同的平面有一个公共点,那么它们有一条经过该公共点的公共直线"的地位和作用是什么?	目标 1
3	公理 3"不在同一直线上的三点确定一个平面(这里'确定一个平面'的含义是'有且只有一个平面')"的地位和作用是什么?	目标 1
4	公理 2 和公理 3 中都涉及"唯一性"的问题,这两个"唯一性"都是必要的吗?	目标 2

(续表)

序号	问题内容	指向
5	公理 3 的推论 3"两条平行的直线确定一个平面"的存在性如何证明?	目标 2
6	你能够运用公理 1、2、3 及其推论证明引理"设三个不同的平面 α,β,γ 两两相交. 记 $\alpha\cap\gamma=a,\alpha\cap\beta=b,\beta\cap\gamma=c$,则①若 a,b 重合,则 a,b,c 都重合;②若 $a\cap b=P$,则 $a\cap b\cap c=P$;③若 $a/\!/b$,则 $a/\!/c,b/\!/c$"吗?	目标 2

三、结果观察

1. 公理 1"如果一条直线上有两个点在同一个平面上,那么这条直线上的所有点都在这个平面上"的地位和作用是什么?

从学生的回答来看,大部分学生可以了解公理 1 的地位和作用.

> 学生作答一:
>
> 判定直线是否在平面上,用于判定直线与平面的关系.
>
> 学生作答二:
>
> 判定直线是否在平面上,由点面关系推至线面关系.
>
> 学生作答三:
>
> 地位:是立体几何理论体系的基础.
>
> 作用:将点、线、面建立联系,确定点、线对于平面的位置.判定直线是否在一个平面上.

2. 公理 2"如果两个不同的平面有一个公共点,那么它们有一条经过该公共点的公共直线"的地位和作用是什么?

从学生的回答来看,绝大部分学生可以了解公理 2 的地位和作用.

> 学生作答一:
>
> 地位:从平面图形确定立体图形(点→线→面).
>
> 作用:确定平面的依据.

学生作答二：

能够用来判定两平面相交,也可判断三点共线.

学生作答三：

确定平面与平面相交时交集为一直线,平行时为空集.可用于判定三点共线,证明点在交线上.

3. 公理 3"不在同一直线上的三点确定一个平面(这里'确定一个平面'的含义是'有且只有一个平面')"的地位和作用是什么?

从学生的回答来看,绝大部分学生可以了解公理 3 的地位和作用.

学生作答一：

确定平面.可用于证明多点在同一平面上.

学生作答二：

与公理 1 搭配可证明推论.一点定点,两点定线,三点定面,每多一个点⇒多一个维度.

4. 公理 2 和公理 3 中,都涉及"唯一性"的问题,这两个"唯一性"都是必要的吗?

这个问题学生的回答并不太好.可能因为学生在自主学习的过程中,还不能理解唯一性的真实含义.事实上,公理 2 和公理 3 的"唯一性"可以互推.通常情况下,数学上的公理是要求尽可能地简洁不重复,因而不必要两个公理中均出现"唯一性".

学生作答一：

公理 2 不必要,公理 3 必要.

公理 2:若有两条交线为 a,b,由于 a,b 均在 α 和 β 上,即可确定 $\beta=\alpha$.这与 α,β 与相交矛盾,所以只有一条交线.

公理 3:无法证明,因此为立体几何的基础,是推出后续一切结论的必要条件.

学生作答二：

必要.由于脱离了平面几的范畴,一切"看上去"只有一个的结论都需立足于三个公理进行严格证明.

5. 公理 3 的推论 3"两条平行的直线确定一个平面"的存在性如何证明?

90%左右的学生通过资料包的学习可以了解到推论 3 中平面的存在性的证明是直接利用平行直线的定义,而 10%左右的学生却仍然惯性思维,用推论 1 和推论 2 的证明方法去证明存在性.

> 学生作答一:
>
> 若 $a /\!/ b$,则 a 上任取两点 M,N,它们必能和 b 上一点 P
> 确定一个平面(图 1). 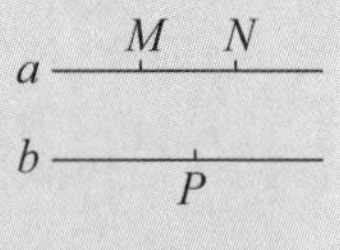
>
> $$a \; \underset{}{\overset{\displaystyle M \quad N}{\rule{3cm}{0.4pt}}}$$
> $$b \; \underset{\displaystyle P}{\rule{3cm}{0.4pt}}$$
>
> 图 1
>
> 学生作答二:
>
> 用平面几何中对于"平行直线"的定义,可知"在同一平面上不相交的直线叫做平行线".

6. 你能够运用公理 1、2、3 及其推论证明引理"设三个不同的平面 α,β,γ 两两相交.记 $\alpha \cap \gamma = a$,$\alpha \cap \beta = b$,$\beta \cap \gamma = c$,则①若 a,b 重合,则 a,b,c 都重合;②若 $a \cap b = P$,则 $a \cap b \cap c = P$;③若 $a /\!/ b$,则 $a /\!/ c$,$b /\!/ c$"吗?

90%以上的学生通过资料包提供的材料,可以给出正确的证明,这为这一环节的教学设计提供了方向.

> 学生作答一:
>
> ① 因为 a,b 重合,所以 $a = b$.
>
> 因为 $\alpha \cap \gamma = a$,$\alpha \cap \beta = a$,所以 $a \subsetneqq \alpha$,$a \subsetneqq \beta$,$a \subsetneqq \gamma$.
>
> 由公理 2,知两相交平面有一条公共直线,所以 a 为 β,γ 的公共直线.所以 $\beta \cap \gamma = a$.
>
> 又因为 $\beta \cap \gamma = c$,所以 $a = c$.得证.
>
> ② 因为点 P 在 a 上,所以点 P 在 α 上,且点 P 在 γ 上.

因为点 P 在 b 上,所以点 P 在 α 上,且点 P 在 β 上,所以 $P \in \beta \cap \gamma$.

因为 $\beta \cap \gamma = c$,所以 $P \in c$,所以 $a \cap b \cap c = P$.得证.

③ 假设 $a \cap c = M$,则 $a \cap b \cap c = M$.

这与 $a /\!/ b$ 矛盾,所以 $a /\!/ c$.

同理 $b /\!/ c$,得证.

学生作答二:

① 因为 $\alpha \cap \gamma = a$,所以 $a \subsetneqq \gamma$.

因为 $\alpha \cap \beta = a$,所以 $a \subsetneqq \beta$.

所以 $\beta \cap \gamma = a = c$.

所以 a,c 重合.同理 b,c 重合.所以 a,b,c 重合.

② 因为 $\alpha \cap b = P$,所以 $P \in \alpha,\beta,\gamma$,所以 $P \in \beta \cap \gamma = c$.所以 $a \cap b \cap c = P$.

③ 因为 $a \in \alpha, b \in \alpha$,所以 a,b 相交或平行.

若 a,b 相交,设交点为 P.所以 $P \in \alpha,\beta,\gamma$.

因为 $\beta \cap \gamma = c$,所以 $P \in c$.则 a,b,c 三线交于一点 P.

因为 $a /\!/ b$,所以 a,b,c 三线不相交.

所以 $a /\!/ c, b /\!/ c$.

教师引导环节

一、重点分析

通过对学生自主学习结果的观察以及对学生给出答案的分析,发现学生基本可以了解关于平面性质的三个公理和三个推论,而且对于一些易错点能给出正确判断并能给出正确的证明.但是对于唯一性的证明还有欠缺,这将是教学的重点和难点,所以教学过程的推进以及课堂教学问题的设置,都是围绕以上重点和难点来展开的.

二、教学过程

师：今天我们开始学习立体几何，立体几何是研究立体图形的几何性质的数学分支．立体几何其实大家并不陌生，首先它是初中平面几何的延续，其次在初中预备班六年级第二学期的教材中已经出现过．首先问大家一个问题：初中平面几何研究的是什么呢？

生：研究的是平面几何图形的性质．

师：对的．平面几何研究的是直线型图形的性质，如三角形、四边形、多边形的性质．那么它是用什么方法来研究的呢？ 解析几何是用代数方法、坐标法来研究几何图形的性质的，那么平面几何是用什么方法来研究平面图形的性质呢？

师：我们通过初中学习的平面几何发现，平面几何是用几何研究几何，那么是在什么基础上进行研究的呢？

师：我们回忆一下三角形面积公式 $S = \frac{1}{2} b_{底} h_{高}$ 是怎么得到的．事实上，它是将三角形拼成平行四边形后割补成矩形，然后用面积的度量单位——正方形进行度量．之所以可以将三角形拼成平行四边形，然后割补成矩形，完全是依靠过直线外一点作已知直线的平行线来解决的．那么过直线外一点作已知直线的平行线，可以作吗？可以作几条？

生：在平面上过直线外一点作已知直线的平行线有且仅有一条．

师：对的，那么为什么呢？

生：这个好像不知道．

师：其实这就是平面几何的公理之一．

师：什么叫做公理呢？ 有同学了解吗？

师：在欧式几何中，有一些基本的基础作为公理或者公设．公理是人类长期反复的实践检验，不需要加以证明的基本事实．公理其实就是对研究对象的性质的基本约定，在这些基本的公理（或公设）的基础上，我们可以逻辑地分析和推理，派生出更多的几何性质（或定理），然后利用这些已有的公理、定理、性质去研究新的几何图形的性质.

师: 那么立体图形是一些怎样的图形呢?

生: 立体图形是指不全在一个平面上的图形.

师: 对的,立体图形是由点、线段和平面所组成,所以立体图形是由直线和平面相交、相截而成的.因此研究立体几何就是研究直线和平面之间的关系,把它们之间关系的最基本性质作为公理,作为基础.数学本身是研究"关系"的一门学科.接下来,我们来研究直线与平面之间最基本的位置关系.

师: 公理1"如果一条直线上有两个不同的点在同一个平面上,那么这条直线上所有的点都在这个平面上(即直线在平面上)".公理1主要是用来判定直线在平面上,它也刻画了平面的"平"这一基本特征,用直线的"直"刻画平面的"平",用直线可以"无限长"刻画平面可以在空间"无限延伸".公理1也是判定直线是否在平面上的依据(只需说明直线上有两点在这一平面上即可).由此可以得到,空间中直线与平面的位置关系可以依据直线与平面公共点的个数进行分类:

(1) 无公共点(称直线与平面平行);

(2) 仅有一个公共点(称直线与平面相交);

(3) 有两个(无数个)公共点(称直线在平面上或平面经过直线).

师: 我们在这一章节中还要学会立体几何的文字语言、图形语言和符号语言,并能熟练转换这三种语言.

公理1的文字语言是:如果一条直线上有两个不同的点在同一个平面上,那么这条直线在这个平面上.

图形语言:(图2)

符号语言:若 $A \in \alpha, B \in \alpha$,则直线 $AB \subsetneq \alpha$.

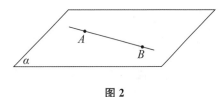

图2

师: 公理2"如果两个不同的平面有一个公共点,那么它们有一条经过该公共点的公共直线".公理2是通过两个平面的位置关系来反映平面的"无限延伸"的属性.公理2也是判定两个不同的平面交线位置的依据(只需寻找两个公共点,即可确定两平面的交线).由此可以得到,空间中两个不同的平面的位置关系可以依据两平面公共点的个数进行分类:

(1) 无公共点(称两平面平行);

(2) 有一个公共点(即有一条公共交线,称两平面相交).

公理 2 的文字语言是:如果两个不同的平面有一个公共点,那么它们有且只有一条过该点的公共直线.

图形语言:(图 3)

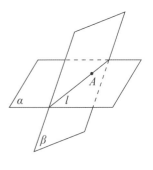

符号语言:若 $A \in \alpha$, $A \in \beta$,且 α 与 β 不重合,则 $\alpha \cap \beta = l$,且 $A \in l$.

师:公理 3"不在同一直线上的三点确定一个平面(这里'确定一个平面'的含义是'有且只有一个平面')".公理 3 是说明需要怎样的条件才能确定一个平面.公理 3 提供了确定平面最基本的依据.需要强调的是"不共线"的三点,因为若三点共线,则经过该直线有无数个平面,且这些平面可以以直线为轴旋转而重合.

图 3

公理 3 的文字语言是:不在同一直线上的三点确定一个平面(这里"确定一个平面"的含义是"有且只有一个平面").

图形语言:(图 4)

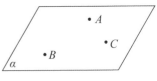

符号语言:若 A, B, C 三点不共线,则点 A, B, C 确定一个平面 α,使得 $A \in \alpha$, $B \in \alpha$, $C \in \alpha$.

图 4

师:公理 2 和公理 3 中都涉及"唯一性"的问题,这两个"唯一性"只需保留一个即可,另一个可以通过公理进行论证.例如,保留公理 3 的唯一性,可用反证法证明公理 2 中的唯一性.

已知:如果两个不同的平面 α, β 有一个公共点 A,那么它们有一条经过该公共点 A 的公共直线 l.求证:平面 α 与 β 有且只有一条经过点 A 的公共直线.

证明:若存在 l'(不同于 l)也是经过点 A 的平面 α, β 的公共直线,则 $l \cap l' =$

A.由公理 3 的推论 2,可知 l 和 l' 确定一个平面.又 $l\subsetneqq\alpha,l\subsetneqq\beta,l'\subsetneqq\alpha,l'\subsetneqq\beta$,所以平面 α,β 重合(矛盾),故平面 α,β 有且只有一条经过该公共点的公共直线.公理 2 的唯一性得证.

师:公理 3 的推论 1 是"过一条直线及直线外一点,有且只有一个平面".哪位同学可以把它转换为符号语言?

生:已知直线 l 和点 A,且 $A\notin l$.求证:过直线 l 和点 A 有且只有一个平面.

师:如何证明呢?

生:如图 5,在直线 l 上取两点 B,C,因为 $A\notin l$,所以 A,B,C 三点不共线.根据公理 3,可知过 A,B,C 三点有且只有一个平面,记为 α.又因为 $B\in l,C\in l$,由公理 1,可知 $l\subsetneqq\alpha$.于是,过直线 l 和点 A 有且只有一个平面.

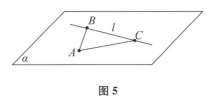

图 5

师:很好.公理 3 的推论 2 是"过两条相交直线,有且只有一个平面".这个推论的符号语言是什么? 如何证明?

生:已知直线 a,b,且 $a\bigcap b=A$.求证:过直线 a 和 b 有且只有一个平面.

证明:如图 6,在直线 b 上取一点 B(异于点 A).由推论 1,过直线 a 及点 B 有且只有一个平面,记为 α.由 $a\bigcap b=A$,可知 $A\in a$,$A\in b$,则 $A\in\alpha$.又因为 $B\in\alpha,B\in b$,由公理 1,知 $b\subsetneqq\alpha$,于是过直线 a,b 有且只有一个平面 α.

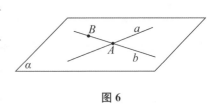

图 6

师:推论 2 证明得非常清楚.公理 3 的推论 3 是"过两条平行直线,有且只有一个平面".请同学证明一下.

生:推论 3 就是"已知直线 a,b,且 $a/\!/b$.求证:过直线 a 和 b 有且只有一个平面".

证明:如图 7,因为 $a/\!/b$,所以直线 a 和 b 在同一个平面上,记为 α.在直线 b 上取一点 P.由推论 1,过直线 a 和点 P 有且只有一个平面.又因为 $a\subsetneqq\alpha,P\in b$,则

$P \in \alpha$,所以过直线 a 和点 P 的唯一平面就是 α.也就是说,过直线 a 和 b 有且只有一个平面.

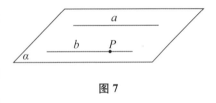

图 7

师:证明得非常好.有的同学在课前自主学习时,可能没有注意到平行直线一定共面这一基本事实,想方设法地要绕过它,想在直线 a,b 上分别取点 A,B 和 C,D,然后根据公理 1 和推论 1、2 去论证直线 a,b 共面,这样的想法会遇到较大困难,最终无法给出证明.

师:下面我们来看一个例题.

设三个不同的平面 α,β,γ 两两相交.记 $\alpha \cap \gamma = a,\alpha \cap \beta = b,\beta \cap \gamma = c$.证明:

① 若 a,b 重合,则 a,b,c 都重合;

② 若 $a \cap b = P$,则 $a \cap b \cap c = P$;

③ 若 $a /\!/ b$,则 $a /\!/ c,b /\!/ c$.

生:① 若 a,b 重合,在直线 a 上任取两点 P,Q.因为 $P \in a,Q \in a$,且 $a = \alpha \cap \gamma$,所以 $P \in \gamma,Q \in \gamma$;同理因为 $P \in b,Q \in b$,且 $b = \alpha \cap \beta$,所以 $P \in \beta,Q \in \beta$;所以 $P \in \beta \cap \gamma,Q \in \beta \cap \gamma$,即 $P \in c,Q \in c$,所以 a,b,c 重合.

② 若 $a \cap b = P$,则 $P \in a,P \in b$.又 $a = \alpha \cap \gamma,b = \alpha \cap \beta$,所以 $P \in \gamma \cap \beta$,即 $P \in c$;又因为 b 与 c、c 与 a 都不会重合,否则由①知 a 与 b 也重合,所以 $a \cap b \cap c = P$.

③ 因为 $a /\!/ b$,且由题可知 a,c 共面于平面 γ.若 a,c 重合,由①知 a,b 也重合(与 $a /\!/ b$ 矛盾);若 a,c 相交,由②知 a,b 也相交(与 $a /\!/ b$ 矛盾).故 $a /\!/ c$.同理 $b /\!/ c$.

师:我们把上述例题作为引证,就可以证明教材中的公理 4,即"若 $a /\!/ b$ 且 $b /\!/ c$,则 $a /\!/ c$",哪个同学来试一试?

生:(1) 若 a,b,c 共面,则由平面几何知识知 $a /\!/ c$.

(2) 若 a,b,c 不共面,由条件,可设 a,b 共面于 α,b,c 共面于 β.

① 若 a,c 共面,则由引理知 $a /\!/ c$.

② 若 a,c 不共面,在 c 上任取一点 P,则 a 与点 P 确定平面 γ'.假设 α 与 γ' 重合,则 b 和点 P 都在平面 α 上,又 b 和点 P 都在平面 β 上,与推论 1 矛盾;假设 β 与 γ' 重合,则 $a\subsetneqq\beta,b\subsetneqq\beta,c\subsetneqq\beta$,与 a,b,c 不共面矛盾.所以 γ' 与 α,β 都不重合.因为 $P\in c\subsetneqq\beta$ 且 $P\in\gamma'$,由公理 2,知 $\gamma'\cap\beta=c'$ 且 $P\in c'$.又因为 $a\subsetneqq\alpha,a\subsetneqq\gamma'$ 且 γ' 与 α 不重合,所以 $\alpha\cap\gamma'=a$.由引理,知 $c'/\!/b$,又 c',b 共面于 β,即均在 β 上,则过点 P 有两条直线 c,c' 都平行于 b,与平面几何知识矛盾.

综上, $a/\!/c$,即空间中平行线也具有传递性.

师:证明得很好.课后请大家完成课外练习.

三、反思凝练

立体几何关于三公理和三推论的这节课在整个立体几何的教学过程中是非常重要的起始课,整个教学过程要给学生一个非常重要的示范,让学生感受立体几何区别于解析几何的研究方法——利用已有的公理和定理来研究新的几何图形的性质,并让学生熟悉文字语言、符号语言、图形语言以及三种语言之间的转换.

五　三垂线定理及其逆定理

自主学习环节

一、目标分析

"三垂线定理"是立体几何学习过程中比较"著名"的定理,不仅因为它是立体几何中难得有"名字"的定理,更重要的是三垂线定理是第一次非常具体地将空间三维问题转换为平面二维问题进行讨论的经典方法.基于以上分析,设置学生自主学习的目标是:

1. 掌握三垂线定理及其逆定理的形成和论证;

2. 分清三垂线定理及其逆定理中各条直线之间的关系.

二、问题指向

在学生自主学习的环节中设置了 5 个问题,这些问题都是为了帮助学生更好地达成自主学习的目标.

序号	问题内容	指向
1	斜线可能与平面上的直线垂直吗? 若能,请举出实例;若不能,请说出理由.	目标2
2	如何判定平面上的直线与斜线垂直? 你的方法是什么?	目标1
3	三垂线定理及其逆定理的具体含义是什么? 请简要概括.	目标2
4	为什么称为三垂线定理? 是有三条垂线吗?	目标2
5	为什么要学习三垂线定理及其逆定理?	目标1

三、结果观察

1. 斜线可能与平面上的直线垂直吗？若能,请举出实例;若不能,请说出理由.

这个问题全部学生都可以给出肯定的答案,并且给出合理的理由.

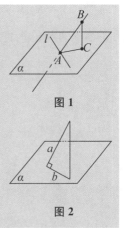

学生作答一：

能.如图1,斜线 AB 与平面 α 的交点为 A,过点 B 作 α 的垂线,垂足为 C,连接 AC,作 AC 的垂线 l.因为 $BC \perp l$,$CA \perp l$,所以 $l \perp$ 面 BAC.所以 $l \perp BA$.证毕.

图1

学生作答二：

能.如图2,将直角三角尺一直角边 b 固定在一个平面 α 上旋转,则有 $a \perp b$,a 为 α 的斜线.

图2

2. 如何判定平面上的直线与斜线垂直？你的方法是什么？

大部分学生可以用三垂线定理作为一种方法来判定平面上的直线与斜线是否垂直,也有不少的学生选用了之前学习过的异面直线所成角进行判定.

学生作答一：

① 若这条直线与斜线的射影垂直,则该直线与斜线垂直.

② 作直线的平行线,与斜线相交.分别取两线上一点,连接成三角形.若符合勾股定理,则垂直.

学生作答二：

作斜线在平面上的射影,证明该射影与平面上的直线垂直.或证明异面直线所成角为 $90°$.

学生作答三：

① 若斜线在平面上的射影与平面上的直线垂直,则斜线与平面上的直线垂直.

② 平移直线到斜线与平面交点处,使斜线与平面上直线相交.选取平面上直线和斜线上任意两点,相连,则这两点之间距离、两点分别与斜线在平面交点距离已知,可通过勾股定理判定是否垂直.

3. 三垂线定理及其逆定理的具体含义是什么? 请简要概括.

全部学生都可以准确回答.

4. 为什么称为三垂线定理? 是有三条垂线吗?

几乎所有学生按照自己的理解给出了解释,五花八门,但是基本可以给出是斜线和平面上直线的垂直以及射影和平面上直线垂直之间的关系.

> 学生作答一:
>
> 不是.是三条直线的垂直关系.
>
> $\begin{cases} 平面上的直线. \\ 平面的斜线与该斜线在此平面上的射影. \end{cases}$
>
> 学生作答二:
>
> 不是.是平面上的一条直线同时垂直于三条直线:
>
> ① 平面的一条斜线;
>
> ② 该斜线在平面上的射影;
>
> ③ 过该斜线上任意一点,所作的该平面的垂线.
>
> 其中,③一定成立(线面垂直的定义).故若①成立,则②也成立.反之亦然.

5. 为什么要学习三垂线定理及其逆定理?

50%的学生可以通过三垂线的学习对于三垂线的意义有了认识,加上在学习三垂线之前已经学习了二面角的相关定义,所以学生也能将三垂线的学习和二面角联系;但是也有 50%的学生并不理解三垂线的本质含义以及学习的必要性.

> 学生作答一:
>
> 帮助我们证明异面直线的垂直关系,降维.也帮助我们找到二面角,作出二面角.

学生作答二：

① 将空间问题转化为平面问题；

② 可用来作二面角等.

学生作答三：

通过降维使异面垂直化为平面垂直,并可利用它研究二面角.

学生作答四：

为了更方便地判定两条异面直线垂直.

原先判定两条异面直线的关系只能在其中一条直线上任选一点,平移另一条直线过该点,再看夹角.但学习了三垂线定理后,只要看斜线在平面上的射影是否与该直线垂直即可.这就将空间线线垂直转化成了平面直线垂直,也就是把空间三维问题转化成了二维问题(立体几何中的降维思想).

学生作答五：

三垂线定理及其逆定理为等价命题,则可将一对直线的关系作为另一对关系的条件及结论,体现了转化的思想.

教师引导环节

一、重点分析

通过对学生自主学习结果的观察以及对学生给出答案的分析,发现学生基本可以了解三垂线定理及其逆定理是什么,但是对于为什么学习三垂线定理及其逆定理中各条直线之间的关系还是不清楚,这将是教学的重点.所以教学过程的推进以及课堂教学问题的设置,都是围绕以上重点和难点来展开的.

二、教学过程

师：前面一节课我们学习了直线与平面垂直，则直线与平面上的所有直线都垂直，那么斜线可能与平面上的直线垂直吗？同学们可以举例说明吗？

生：当然可以，将直线与平面垂直的模型旋转可得（图3）.

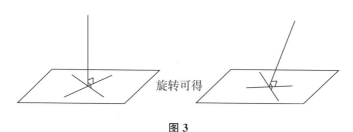

图 3

师：很好，那么如何判定平面上的直线与斜线垂直？可以利用先前学习的直线与平面垂直的判定定理来判断吗？

生：因为直线与平面垂直的性质定理，我们知道只要平面上的直线与斜线所在平面垂直，那就可以得到平面上的直线与斜线垂直.所以问题的关键在于构造一个平面，只要这个平面是由垂线、斜线构成的就好，这样问题也就解决了.而垂线和斜线所构成的这个平面其实也就是斜线及其射影所构成的平面.

师：这是一个非常棒的思路.也就是说，平面上的一条直线，如果它和这个平面的一条斜线的射影垂直，那么它也和这条斜线垂直.这个命题对吗？

生：其实这个命题就是已知 PA，PO 分别是平面 α 的垂线、斜线，AO 是 PO 在平面 α 上的射影，$l \subsetneq \alpha$，$l \perp AO$. 求证：$l \perp PO$.

证明：因为 $PA \perp \alpha$，$l \subsetneq \alpha$，所以 $l \perp PA$.又因为 $l \perp AO$，所以 $l \perp$ 平面 PAO.又 $PO \subsetneq$ 平面 PAO，所以 $l \perp PO$.

师：这个证明非常完整.我们接下来看例1.

例 1　如图 4，已知正方体 $ABCD-A_1B_1C_1D_1$，连接 BD_1，AC.求证：$BD_1 \perp AC$.

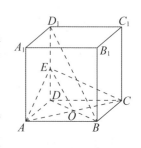

图 4

生：可以通过两条异面直线所成角是否是 $90°$ 来判断.

取 DD_1 的中点 E，连接 BD，与 AC 交于点 O，连接 OE，则 $OE /\!/ BD_1$，所以 BD_1 与 AC 所成的角即为 OE 与 AC 所成的角.因为 $AE=EC$，所以三角形 AEC 为等腰三角

形.又 O 为 AC 的中点,所以 $OE\perp AC$,所以 $BD_1\perp AC$.

师:很好.有没有其他方法?

生:如图 5,连接 BD.因为四边形 $ABCD$ 是正方形,所以 $AC\perp BD$.又因为 $DD_1\perp$ 平面 $ABCD$,所以 BD 是斜线 BD_1 在平面 $ABCD$ 上的射影.因为 AC 在平面 AC 上,所以 $BD_1\perp AC$.

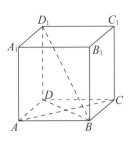

图 5

师:通过例 1,我们可以发现了这样一个真命题,"平面上的一条直线如果和这个平面的一条斜线的射影垂直,那么它也和这条斜线垂直".这个命题既解决了我们前面提出的两个问题,更为重要的是它将三维的垂直关系判定转化为二维的垂直关系判定,体现了立体几何中降维的思想,故而称此命题为三垂线定理.

所谓"三垂线定理"中的"三垂线",其含义是"三条直线的两类垂直关系"."三条直线"是指:平面上的直线,平面的斜线和该斜线在此平面上的射影.两类"垂直关系"是指:平面上的直线与平面的斜线垂直,平面上的直线与斜线在此平面上的射影垂直.

师:"三垂线定理"既然是一个数学命题,必存在逆命题,其逆命题是什么?

生:其逆命题是"在平面上的一条直线,如果它和这个平面的一条斜线垂直,那么它也和这条斜线的射影垂直".

师:这个逆命题是否为真呢?

生:逆命题为真.已知 PA,PO 分别是平面 α 的垂线、斜线,AO 是 PO 在平面 α 上的射影,$l\subsetneqq\alpha$,$l\perp PO$.求证 $l\perp AO$.

证明:因为 $PA\perp\alpha$,$l\subsetneqq\alpha$,所以 $l\perp PA$.又因为 $l\perp PO$,所以 $l\perp$ 平面 PAO.又 $AO\subsetneqq$ 平面 PAO,所以 $l\perp AO$.

师:我们称该逆命题为三垂线逆定理.进一步可以得到"平面上的直线与平面的斜线垂直"与"平面上的直线与斜线在此平面上的射影垂直"是等价条件.这个等价条件非常重要,它告诉我们异面直线的垂直可以用共面直线的垂直来判定.经过这样的剖析,大家对三垂线定理已经理解深刻了,下面我们来看具体的例题.

例 2 如图 6,已知长方体 $ABCD-A_1B_1C_1D_1$,点 M 在 AA_1 上,点 N 在 CD 上,点 P 在平面 $A_1B_1C_1D_1$ 上,过点 P 在平面 $A_1B_1C_1D_1$ 上作一条直线 l,使得 $l\perp MN$.

生:如图 6,A_1N_1 为 MN 在平面 A_1C_1 上的射影,则过点 P 在平面 A_1C_1 上作 $l\perp A_1N_1$ 即可.

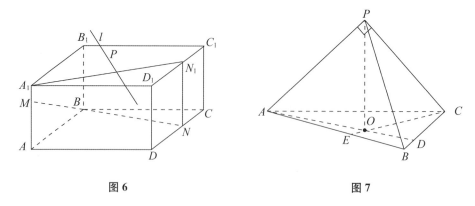

图 6　　　　　　　　　　　图 7

师:下面看例 3.

例 3　已知 PA,PB,PC 两两垂直.求证:点 P 在平面 ABC 上的射影 O 是 $\triangle ABC$ 的垂心.

生:如图 7,因为点 P 在平面 ABC 上的射影为 O,所以 $PO\perp$ 平面 ABC.

连接 AO,延长 AO,交 BC 于点 D,则 AO 是 PO 在平面 ABC 上的射影.

因为 $AP\perp PB,AP\perp PC$,所以 $AP\perp$ 平面 PBC.又 $BC\subseteqq$ 平面 PBC,所以 $AP\perp BC$.

所以 $AD\perp BC$,即 AD 是 $\triangle ABC$ 的边 BC 上的高.

连接 CO 并延长交 AB 于点 E.同理可证 $CE\perp AB$,CE 是 $\triangle ABC$ 的边 AB 上的高.

所以 O 为 $\triangle ABC$ 的垂心.

师:再看例 4.

例 4　自一个角的顶点引这个角所在平面的斜线,如果这条斜线和这个角的两边成等角,那么这条斜线在这个平面上的射影是这个角的平分线(或平分线的反向延长线).

生:如图 8,设 $\angle BAC$ 在平面 α 上,PA 为平面 α 的斜线,$\angle BAP=\angle CAP$.作 $PD\perp$ 平面 α,垂足为 D.连接 AD,则 AD 为 PA 在平面 α 上的射影.过点 D 作 $DE\perp AB$,垂足为 E,过点 D 作 $DF\perp AC$,垂足为 F,连接 PE,PF,则 $PE\perp AB$,$PF\perp AC$.因为 $\angle PAE=\angle PAF$,$PA=PA$,所以 $\mathrm{Rt}\triangle PAE\cong\mathrm{Rt}\triangle PAF$,所以

$AE=AF$,所以 Rt$\triangle DAE\cong$Rt$\triangle DAF$,所以$\angle DAE=\angle DAF$,即 AD 是$\angle BAC$的平分线(如果 PA 的射影在$\angle BAC$ 的外部,那么 AD 就是$\angle BAC$ 的平分线的反向延长线).

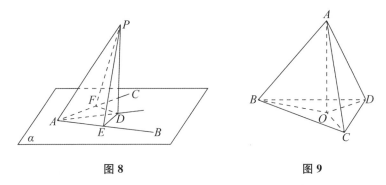

图 8　　　　　　　　　　图 9

师:很好,我们来看例 5.

例 5　在四面体 $ABCD$ 中,$AB\perp CD$,$AC\perp BD$,判断异面直线 AD,BC 是否垂直,并说明理由.

生:如图 9,作 $AO\perp$平面 BCD,垂足为 O,连接 BO,CO,DO,则 BO,CO,DO分别为 AB,AC,AD 在平面 BCD 上的射影.因为 $AB\perp CD$,所以 $BO\perp CD$.同理 $CO\perp BD$.于是 O 是$\triangle BCD$ 的垂心.所以 $DO\perp BC$,所以 $AD\perp BC$.

师:下面看例 6.

例 6　已知 $AB//CD$ 且都在平面 α 上,AB 和 CD 相距 28 cm,EF 在平面 α 外,$EF//AB$ 且与 AB 相距 17 cm,与平面 α 相距 15 cm,求 EF 与 CD 的距离.

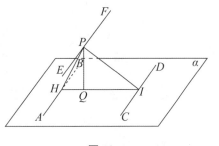

图 10

生:如图 10,设 P 为 EF 上任一点,过点 P 作 $PQ\perp$平面 α,垂足为 Q,则 $PQ=15$ cm.因为 $AB//CD$,过点 Q 可作 HI 与 AB,CD 都垂直,垂足分别为 H,I,则 $HI=28$ cm.连接 PH,则 $PH\perp AB$,所以 $PH=17$ cm.在直角三角形 PQH 中,$HQ=\sqrt{PH^2-PQ^2}=\sqrt{17^2-15^2}=8$ cm,$QI=HI-HQ=28-8=20$ cm.连接 PI,则 $PI\perp CD$,PI 的长就是 EF 与 CD 的距离.在直角三角形 PQI 中,$PI=\sqrt{PQ^2+QI^2}=\sqrt{15^2+20^2}=25$ cm.

生:还有另外一种情况(图 11),此时 $PI=39$ cm.

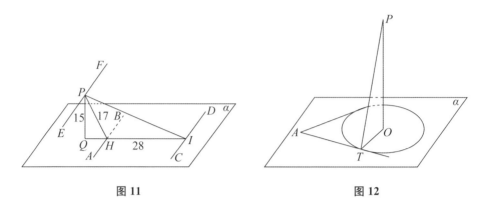

图 11　　　　　　　　　　　　　　图 12

师:我们看最后一个例题.

例 7　如图 12,自平面 α 上一点 A,在这平面上作一条直线使它和这平面外的一点 P 的距离等于定长 m.我们分析以后发现,假设直线 AT 符合条件,并设点 P 在平面 α 上的射影为点 O.作 $PT \perp AT$,垂足为 T.因为在直角△POT 中,OP 为定长,$PT = m$,所以 OT 也是定长,于是点 T 可求.有哪位同学愿意尝试一下?

生:可以得出如下做法.

(1) $PO \perp$ 平面 α,垂足为 O;

(2) 以点 O 为圆心,以 $\sqrt{m^2 - OP^2}$ 为半径,在平面 α 上作⊙O;

(3) 过点 A 作的⊙O 切线 AT,即为所求.

讨论:① 若 $m = PO$ 或 $m = PA$,本题一解;② 若 $PO < m < PA$,本题二解;③ 若 $m < PO$ 或 $m > PA$,本题无解.

三、反思凝练

"三垂线定理"为判断空间两条直线是否垂直提供了一种思路和方法,因为在空间内判断两条异面直线是否垂直比较抽象、比较复杂、比较困难,所以想寻找一个更加有效、简捷的方法.通过模型演示或其他方法,发现平面上一条直线只要和平面的一条斜线在该平面上的射影垂直,就可以判断平面上的这条直线和平面的斜线垂直,这就把空间问题转化为平面问题,也即通过降维,转化为平面问题.所以这是这节课的重点,也是要学习三垂线定理的理由.

六 棱柱和圆柱的体积

一、目标分析

几何体的体积问题对于学生而言并不陌生,因为在小学五年级第二学期的第四单元里学习了长方体、正方体的体积与表面积.但是由于时间比较久远,因此对于长方体体积公式如何得出的推导过程有些遗忘,更为重要的是对于长方体的长、宽、高不是整数的情况下如何推导不是很清楚,所以厘清长方体的体积是长乘宽乘高是重点.另外,需要对于祖暅原理有初步理解和认识.基于以上分析,设置学生自主学习的目标是:

1. 几何体体积的概念;

2. 长方体体积公式的推导过程;

3. 理解祖暅原理,以及探究它的来龙去脉.

二、问题指向

在学生自主学习的环节中设置了 5 个问题,这些问题都是为了帮助学生更好地达成自主学习的目标.

序号	问题内容	指向
1	什么叫做几何体的体积?	目标 1
2	类比长度和面积的度量,体积是如何度量的? 请简要说明.	目标 2
3	假设长方体的长,宽,高分别是 a,b,c,则长方体的体积 $V=abc$,为什么?	目标 2

（续表）

序号	问题内容	指向
4	有学生说:"已知长方形的面积等于长乘宽,在这个已知条件下,任意平面多边形的面积就都可以度量了."你觉得这个学生的判断对吗？请给出你的理由.	目标3
5	祖暅原理是指"夫叠棊成立积,缘幂势既同,则积不容异",这是什么意思？请给出你的理解.	目标3

三、结果观察

1. 什么叫做几何体的体积?

80%的学生可以回答出几何体的体积就是几何体所占空间的大小.20%的学生受到祖暅原理的影响,认为几何体的体积是由无数平面累积而成的.

> 学生作答一:
>
> 这个几何体所占空间的大小叫做几何体的体积.
>
> 学生作答二:
>
> 几何体所占的空间大小叫做该几何体的体积.
>
> 学生作答三:
>
> 无数平面图形叠加在一起的大小.
>
> 学生作答四:
>
> 几何体的面积的叠加.

2. 类比长度和面积的度量,体积是如何度量的? 请简要说明.

60%的学生可以类比长度和面积的度量给出体积度量的方式.40%的学生忽略了"类比",而是直接利用了初中学习的物理知识给出了解释.

> 学生作答一:
>
> 测量长度和面积可用长度占刻度尺格子数和面积占小方格纸格子数.体积除了计算得到.度量可将其放入充满水的杯子里淹没,看排出的水的体积.

> **学生作答二:**
>
> 可以选定一个单位,用来度量体积,求出几何体是单位体积的多少倍,多少个倍数就是几何体的体积数值,可以把棱长等于单位长度的正方体所占空间作为一个体积单位.
>
> **学生作答三:**
>
> 想到的是初中物理的一个方法,把物体放入水中,测量其水位变化差值,差值即为体积.

3. 假设长方体的长,宽,高分别是 a,b,c,则长方体的体积 $V=abc$,为什么?

只有 10% 的学生可以说出长方体体积公式的大概由来,绝大部分学生认为长方体的体积公式需要通过祖暅原理去推导.

> **学生作答一:**
>
> 将 $1\times1\times1$ 的正方体作为一个最小单元,底面先铺一层长为 a,宽为 b,高为 1 的"面".c 个这样的面堆叠起来就是一个 $a\cdot b\cdot c$ 的长方体,而它的体积即为 $a\cdot b\cdot c$ 个小正方体的体积.
>
> **学生作答二:**
>
> 由祖暅原理,看作是面叠加而成的柱体.因此长方体是 ab 的面积,叠成 c 的高,累积起来即为 $V=abc$.
>
> **学生作答三:**
>
> 可以先求一个面的面积为 ab.而长方体是由许多这样的平面堆成的,这些平面组成厚度为 c 的长方体.

4. 有学生说:"已知长方形的面积等于长乘宽,在这个已知条件下,任意平面多边形的面积就都可以度量了."你觉得这个学生的判断对吗? 请给出你的理由.

40% 的学生可以准确回答这个问题,这为接下来立体图形的割补作好了知识的铺垫,但是 60% 的学生的回答有点差强人意.

学生作答一：

正确.因为任意多边形可以分割成若干个三角形,三角形可以补成平行四边形,平行四边形可以通过割补形成长方形.

学生作答二：

我觉得可以.因为任何一个平面多边形都能分割成许多小长方形,即使有锐角也同样逼近,能够做到.因此无限逼近总可以填满,因而可以度量.

学生作答三：

不对.任意平面多边形中底和高是不确定的.需要通过"补""割"等方法求面积.

5. 祖暅原理是指"夫叠棊成立积,缘幂势既同,则积不容异",这是什么意思? 请给出你的理解.

绝大部分学生对这个问题的回答很清楚.

学生作答一：

就是"体积可看成是由面积叠加而成,用一组平行平面截两个空间图形,若在等高处的面积对应相等,则两空间图形的体积必然相等".也就是说,柱体的体积可以通过"堆"或"推"的形象化来看,就像一叠书可以摞起来叠叠好,本质上体积并未变化,因为是一片片薄片积累的.

学生作答二：

"幂"是水平截面面积,"势"是高.所以体积可看成是由面积叠加而成,用一组平行平面截两个空间图形,若在任意等高处的截面面积都对应相等,则空间图形体积必然相等.

学生作答三：

意思是体积可看成是由面积叠加而成,用一组平行平面截两个空间图形,若在任意等高处截面面积都对应相等,则两空间图形的体积必然相等.

◄━◈━✦━◄━ܢ━◄　**教师引导环节**　►━ܢ━►━✦━┼━ܢ━►

一、重点分析

通过对学生自主学习结果的观察以及对学生给出答案的分析,在具体的教学过程中,教学重点问题应该是让学生理解长方体体积公式的推导过程;在发现祖暅原理的过程中,体会从"平面"到"空间"的类比、猜想、论证的数学思想方法;体会祖暅原理中由"面积都相等"推出"体积相等"的辩证法的思想;在推导棱柱体积公式的过程中,理解从特殊到一般,从一般到特殊的归纳演绎的数学思想方法;理解祖暅原理的含义,理解利用祖暅原理计算几何体体积的方法.教学过程的设计以及课堂教学问题的设置,都是围绕以上的重点来展开的.

二、教学过程

师:各位同学,我们今天学习的内容是"柱体的体积".在生产实际中,我们经常遇到体积的计算问题,如兴修水利、修建道路需要计算土方,修建粮仓、水池需要计算建材数量和容积.因此有必要研究几何体的体积计算公式,那么今天就首先从我们熟悉的多面体——棱柱入手来研究棱柱的体积如何计算.其实我们初中就学习过正方体、长方体的体积公式.长方体的体积等于长乘宽乘高,正方体的体积等于棱长的立方.那么接下来有两个问题想与同学们沟通一下.问题 1 是什么叫做几何体的体积.

生:几何体占空间部分的大小叫做它的体积.这是体积的概念.

师:好的.问题 2 是体积又是如何度量的? 要回答问题 2,我们不妨回顾一下,我们是如何度量长度和面积的?

生:我们在度量长度时,会用长度单位.例如,1 米,1 厘米等;将要测量的线段用 1 厘米来截,看这条线段是 1 厘米的多少倍数,就是这条线段有多少厘米.5 倍就是 5 厘米,1.5 倍就是 1.5 厘米.

生:在度量面积时,也有面积单位.例如,1 平方米即边长为 1 米的正方形,可以作为 1 个单位面积去度量平面图形的面积.

师：回答得不错.所以在体积测量中,我们也要先选定一个单位,用来度量体积,然后求出几何体是单位体积的多少倍,多少个倍数就是几何体的体积数值.通常把棱长等于单位长度的正方体所占空间的大小作为一个体积单位.只要直接把单位正方体尽可能地堆在所量的几何体内,就可以确定所量几何体的体积的量数.所以初中学习过的长方体的体积等于长乘宽乘高这个公式是可以严格证明的.我们来看看具体的证明过程.

师：已知长方体的底面的边长是 au,bu,高是 cu(u 表示长度单位,如 m),求证：长方体的体积是 $V_{长方体}=abcu^3$.

生：证明要分三种情况.第一种情况,设 a,b,c 都是正整数,长方体的底面共有 ab 个单位正方形,每一个单位正方形上放一个单位正方体,底层一共可以放 ab 个单位正方体.因为长方体的高是 cu,所以沿着高一共可以放 c 层.因此,整个长方体内一共恰好可以放 abc 个单位正方体.所以 $V_{长方体}=abcu^3$.

师：很好.第二种情况,设 a,b,c 中有一个或两个是正有限小数,其余是正整数(如 $a=4.701,b=2.42,c=5$);或者全部是正有限小数.如果有限小数中小数位数最多的是有 l 位小数,那么 a,b,c 可以分别写成 $a=\dfrac{a_1}{10^l},b=\dfrac{b_1}{10^l},c=\dfrac{c_1}{10^l}$(这里 a_1,b_1,c_1 是正整数).例如,$4.701=\dfrac{4\,701}{10^3},2.42=\dfrac{2\,420}{10^3},5=\dfrac{5\,000}{10^3}$,取较小的单位 u_1,使得 $u=10^l u_1$(如 1 m$=10^3$ mm),那么 $au=\dfrac{a_1}{10^l}u=\dfrac{a_1}{10^l}\cdot10^l u_1=a_1u_1$,同理 $bu=b_1u_1,cu=c_1u_1$.例如 4.701 m$=4\,701$ mm,2.42 m$=2\,420$ mm,5 m$=5\,000$ mm.因为 a_1,b_1,c_1 都是正整数,所以 $V=a_1b_1c_1u_1^3$.又因为 $1u_1=10^l u_1$,所以棱长等于长度单位 u 的正方体的体积 $1u^3=10^l\cdot10^l\cdot10^l u_1^3=10^{3l}u_1^3$,因此 $1u_1^3=\dfrac{1}{10^{3l}}u^3$,所以 $V=a_1b_1c_1u_1^3=\dfrac{a_1}{10^l}\cdot\dfrac{b_1}{10^l}\cdot\dfrac{c_1}{10^l}u^3=abcu^3$,如 $4\,701\times2\,420\times5\,000$ mm$^3=4.701\times2.42\times5$ m^3.

生：第三种情况,设 a,b,c 中有一个或两个是正无限小数(循环小数或无限不循环小数),其余是正整数或者正有限小数;或者全部是正无限小数.这类情况我们

可以取 a,b,c 的有限小数的不足近似值 a_1,b_1,c_1,有限小数的过剩近似值 a_2,b_2, c_2,则易得 $a_1b_1c_1<V<a_2b_2c_2$.当 a,b,c 的不足近似值和过剩近似值(有限小数)的小数位无限增加时,a_1 和 a_2,b_1 和 b_2,c_1 和 c_2 分别趋近于 a,b,c,则 $a_1b_1c_1$ 和 $a_2b_2c_2$ 的值就趋近于 abc.这时长方体 OD_1 和 OD_2 的体积 V_1 和 V_2 趋近于 V.

师:综合上面的三种情况,可知长方体的体积就是长乘宽乘高.同时我们还可以得出两个推论.推论 1 为长方体的体积等于底面积乘高,推论 2 为正方体的体积等于棱长的立方.

师:已知长方体和正方体这两个特殊的棱柱的体积公式,那么它们与一般棱柱的体积公式有什么关系吗? 我们可以回顾一下,当我们知道长方形体积公式时,我们是如何利用这个已知公式来度量其他平面多边形的面积的?

生:因为任意多边形都可以分割成若干个三角形,三角形可以补成平行四边形,平行四边形可以割补成长方形,所以任意平面多边形的面积都可以度量(图1).

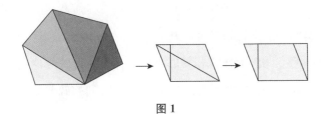

图 1

师:很好.同样的道理,任意棱柱也可以分割成三棱柱,三棱柱补成平行六面体,平行六面体割补成直平行六面体,再将直平行六面体割补成为长方体(图2).这样就可以达到度量一般棱柱体积的目的.但是这个过程比较复杂,不容易直接得出棱柱的体积公式,所以我们换一个角度来研究,但是这一思路却给了我们研究的方向,我们需要寻求长方体的体积公式与一般棱柱体积之间的关系.

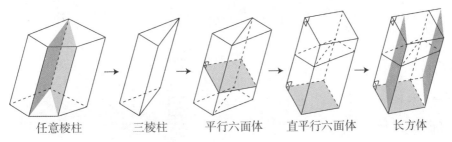

任意棱柱　　三棱柱　　平行六面体　　直平行六面体　　长方体

图 2

师：所以我们还是从平面图形面积的研究入手来看这个问题．请大家看以下的三个问题：

（1）等底等高的长方形和平行四边形的面积有何关系？

（2）等底等高的任意三角形的面积有何关系？

（3）等底等高的任意梯形面积有何关系？

生：根据面积公式我们可以得到以上三个问题中的面积均相等．这是因为任意平面多边形的面积都可以用割补的方法转化为长方形的面积得到．同时，我们不仅知道面积相等，也可以得到三角形、平行四边形、梯形的面积公式．

师：同时我们在利用几何画板动态演示的过程中，能不能发现多边形面积相等的条件——用平行于底边的任意直线截两个多边形，得到的线段长度总相等．

生：这是可以的，因为线可以看作是由无穷多个点构成的，面是由无穷多条线构成的，几何体是由无穷多个平面构成的．所以我们可以得到"夹在两条平行直线之间的两个平面图形，被平行于这两条直线的任意直线所截，如果所得的两条截线长度相等，那么这两个平面图形的面积相等"．

师：类比到两个空间图形体积相等的条件有什么相似的结论呢？

生：用平行于底面的任意平面截两个空间图形得到的截面面积总相等，则这两个空间图形的体积相等．

师：这个结论对吗？我们可以用一些数学实验来验证一下：取一叠裁切相同的纸张堆放在水平桌面上，然后用手推一下以改变其形状．请问：推斜以后的体积变化了吗？

生：没有，因为几何体所占空间的大小不变．

师：推斜前后的两个几何体（前为长方体，后为平行六面体）还有什么共同之处？

生：高度没有改变，每页纸张的顺序和面积也没有改变．

师：我们当然也可以用一摞不同的书，推移成各种形状（不一定是棱柱）（图3）．上述的这些探讨结论也均是正确的．

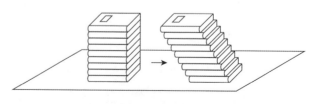

图3

师：这些数学实验的共同之处是不是就是两个几何体体积相等的条件呢？

生：是的，就是用平行于底面的任意平面截两个空间图形得到的截面面积总相等，则这两个空间图形的体积相等。

师：事实上，在中国南北朝时期，著名的数学家祖暅经过实践得出了这个结论，我们称为祖暅原理，其内容为"夫叠幂成立积，缘幂势既同，则积不容异"。这段话里"幂"是指水平截面的面积，"势"是指高。即体积可看成是由面积叠加而成，用一组平行平面截两个空间图形，若在任意等高处的截面面积都对应相等，则两个空间图形的体积必然相等。还可表达为：夹在两个平行平面间的两个几何体，被平行于这两个平面的任意平面所截，如果截得的两个截面的面积总相等，那么这两个几何体的体积相等。祖暅原理实际上是一个定理，但证明它需要用到高等数学的相关知识，中学阶段不能证明。它只能判定两个几何体是否等积，不能用它具体求出某几何体的体积。要想完成求体积的任务，还必须已知一个几何体的体积作为基础。

师：所以我们要利用祖暅原理推导棱柱体积，首要的是构造一个几何体。这个几何体必须符合两个条件：①它的计算公式是已知的；②它符合祖暅原理的条件，即该几何体与棱柱能夹在两个平行平面之间，且用平行于这两个平面的任意一个平面去截它们时，截得的截面面积总相等。

生：如果一个柱体与一个长方体的高相同（都为 h）且底面面积相等（都为 S），那么当我们用一个与底面平行的平面去截它们时，可以证明截面的面积都等于各自底面的面积 S。根据祖暅原理可知，柱体的体积与长方体的体积相等，即 $V_{棱柱}=Sh$，其中 $V_{棱柱}$ 表示棱柱的体积，S 表示棱柱底面的面积，h 表示棱柱的高。

师：我们写作命题的形式——如图 4，棱柱的底面积为 S，高为 h，圆柱的底面积为 S，底面半径为 r，高是 h。求证：$V_{棱柱}=Sh$，$V_{圆柱}=Sh=\pi r^2 h$。

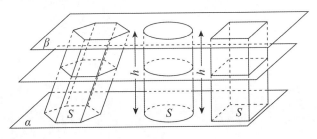

图 4

生:设长方体的底面积为 S,高为 h,则可将棱柱、圆柱、长方体的下底面放在同一个平面 α 上,因为它们的上底面各自和它们的下底面平行,并且它们的高都相等,所以它们的上底面都在和平面 α 平行的平面 β 上,因为用与平面 α,β 平行的任何平面去截它们时,所得的截面都分别与它们的底面全等,所以这些截面的面积都等于 S.根据祖暅原理,得

$$V_{棱柱}=V_{圆柱}=V_{长方体}=Sh,\text{所以 } V_{棱柱}=Sh,V_{圆柱}=Sh=\pi r^2 h.$$

师:知道了圆柱和棱柱的体积公式以及祖暅原理,接下来我们来看具体的例题.

例1 已知三棱柱 $ABC-A'B'C'$ 的底面为直角三角形,两直角边 AC 和 BC 的长分别为 4 cm 和 3 cm,侧棱 AA' 的长为 10 cm,求满足下列条件的三棱柱的体积.

(1) 侧棱 AA' 垂直于底面;

(2) 侧棱 AA' 与底面所成的角为60°.

解:(1) 因为侧棱 $AA'\perp$ 底面 ABC,所以三棱柱的高 h 等于侧棱 AA' 的长,而底面三角形 ABC 的面积 $S=\dfrac{1}{2}AC\cdot BC=6$ cm²,于是三棱柱的体积

$$V=Sh=6\times10=60 \text{ cm}^3.$$

(2) 如图 5,过点 A' 作平面 ABC 的垂线,垂足为 H,于是 $A'H$ 为三棱柱的高.因为侧棱 AA' 与底面所成的角为60°,所以 $\angle A'AH=60°$,计算可得 $A'H=AA'\sin 60°=5\sqrt{3}$ cm.

又由(1),可知底面三角形 ABC 的面积 $S=6$ cm²,故三棱柱的体积 $V=S\cdot A'H=6\times5\sqrt{3}=30\sqrt{3}$ cm³.

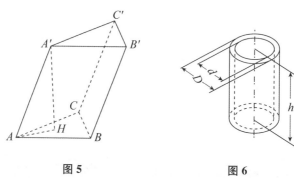

图 5　　　　　　**图 6**

例 2　如图 6,一根无缝钢管的外直径 $D \approx 1.2 \times 10^2$ mm,内直径 $d \approx 9.3 \times$ 10 mm,长 $h \approx 1.9 \times 10^2$ mm,求它的质量.(钢的密度 $\rho = 7.8$ g/cm³,π 取 3.14)

解:钢管体积 $V = \pi \left(\dfrac{D}{2}\right)^2 h - \pi \left(\dfrac{d}{2}\right)^2 h = \dfrac{\pi h}{4}(D^2 - d^2) \approx \dfrac{3.14 \times 190}{4}(120^2 - 93^2) \approx 8.57 \times 10^5$ mm³.

所以钢管的质量 $m = \rho V \approx 8.57 \times 10^2 \times 7.8 \approx 6.7 \times 10^3$ g.

答:钢管的质量约是 6.7 kg.

例 3　在 xOy 平面上,将两个半圆弧 $(x-1)^2 + y^2 = 1(x \geq 1)$ 和 $(x-3)^2 + y^2 = 1(x \geq 3)$,两条直线 $y = 1$ 和 $y = -1$ 围成的封闭图形记为 D,如图 7 所示的阴影部分.记 D 绕 y 轴旋转一周而成的几何体为 Ω,过 $(0, y)(|y| \leq 1)$ 作 Ω 的水平截面,所得截面面积为 $4\pi\sqrt{1 - y^2} + 8\pi$.试利用祖暅原理、一个平放的圆柱和一个长方体,求 Ω 的体积.

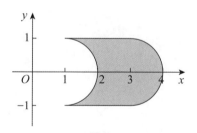

图 7

解:根据提示,取一个半径为 1、高为 2π 的圆柱和一个高为 2、底面面积为 8π 的长方体,并将它们如图 8 所示平放.将这两个几何体与 Ω 放在一起,根据祖暅原理,每个平行水平面的截面面积都相等,故它们的体积相等,即 Ω 的体积值为 $\pi \times 1^2 \times 2\pi + 2 \times 8\pi = 2\pi^2 + 16\pi$.

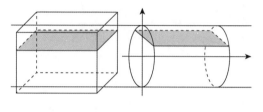

图 8

三、反思凝练

　　这节课的主要内容有两个.一是棱柱体积公式的推导.所采用的方法是利用祖暅原理,根据长方体的体积公式推导出棱柱的体积公式.应用祖暅原理可以根据已知几何体的体积求未知几何体的体积,这是一种求体积的方法,但要注意是否满足祖暅原理的条件.二是应用棱柱体积公式解决实际问题.在具体问题中要结合直观图,认真分析棱柱的底面积和高从而得到体积.事实上,这节课的重点在于让学生体会和发现祖暅原理的来源,即它是怎么被发现的.希望学生回顾一系列平面图形面积的推导过程,从而可以由得出两个平面图形面积相等的条件类比猜想到两个空间图形体积相等的条件,然后在实践中理解论证.

七　用向量求点到平面的距离

一、目标分析

点到平面的距离其实在立体几何中已经通过直线与平面垂直定义过了,点到平面的距离、直线到平面的距离、平面到平面距离都是立体几何的重点内容,也是学生较难准确把握的难点问题之一.利用向量求点到平面的距离为学生提供了一种不一样的角度,更为重要的是让学生体会"图形、向量、坐标运算三位一体". 基于此,学生自主学习的目标是:

1. 探究如何利用向量这一工具求点到平面的距离;

2. 体会利用向量求点到平面的距离最终是依靠向量的坐标表示相应的距离;

3. 将求点到直线的距离的方法迁移到求点到平面的距离、直线与平面的距离和平面与平面的距离;

4. 感受数学的"化归思想".

二、问题指向

在学生自主学习的环节中设置了 5 个问题,这些问题都是为了帮助学生更好地达成自主学习的目标.

序号	问题内容	指向
1	解析几何中是如何推导点到直线的距离公式的?	目标 1

（续表）

序号	问题内容	指向
2	探究是否可以同样利用向量——用与先前求点到直线的距离同样的方法——得到点到平面的距离公式？如果可以，请给出推导过程；否则请说明理由．	目标1、目标2
3	点到平面的距离，直线与平面的距离和平面与平面的距离有什么联系？	目标3、目标4
4	点到平面的距离公式是什么？	目标1
5	点到平面的距离公式与点到直线的距离公式有什么区别？	目标1、目标2

三、结果观察

1. 解析几何中是如何推导点到直线的距离公式的？

几乎所有学生都知道平面解析几何中点到直线距离公式推导的过程．

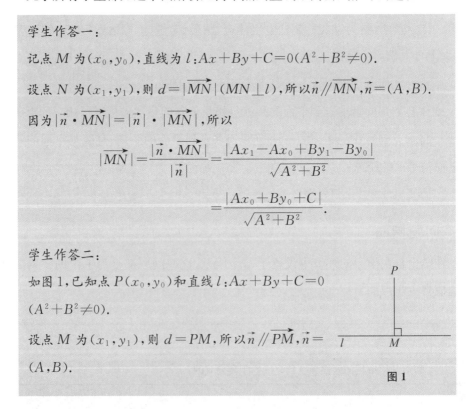

学生作答一：

记点 M 为 (x_0, y_0)，直线为 $l: Ax+By+C=0(A^2+B^2\neq0)$．

设点 N 为 (x_1, y_1)，则 $d=|\overrightarrow{MN}|(MN\perp l)$，所以 $\vec{n}//\overrightarrow{MN}, \vec{n}=(A, B)$．

因为 $|\vec{n} \cdot \overrightarrow{MN}|=|\vec{n}| \cdot |\overrightarrow{MN}|$，所以

$$|\overrightarrow{MN}|=\frac{|\vec{n} \cdot \overrightarrow{MN}|}{|\vec{n}|}=\frac{|Ax_1-Ax_0+By_1-By_0|}{\sqrt{A^2+B^2}}$$

$$=\frac{|Ax_0+By_0+C|}{\sqrt{A^2+B^2}}.$$

学生作答二：

如图1，已知点 $P(x_0, y_0)$ 和直线 $l: Ax+By+C=0$

$(A^2+B^2\neq0)$．

设点 M 为 (x_1, y_1)，则 $d=PM$，所以 $\vec{n}//\overrightarrow{PM}, \vec{n}=$

(A, B)．

图1

又因为 $Ax_1+By_1+C=0$,所以

$$|\overrightarrow{PM}|=\frac{|\vec{n}\cdot\overrightarrow{PM}|}{|\vec{n}|}=\frac{|Ax_1-Ax_0+By_1-By_0|}{\sqrt{A^2+B^2}}=\frac{|Ax_0+By_0+C|}{\sqrt{A^2+B^2}}.$$

学生作答三:

记 $\vec{n}=(A,B),Ax+By+C=0,Q(x,y),P(x_0,y_0)$.

则 $d=\dfrac{|\overrightarrow{PQ}\cdot\vec{n}|}{|\vec{n}|}=\dfrac{|A(x-x_0)+B(y-y_0)|}{\sqrt{A^2+B^2}}=\dfrac{|Ax_0+By_0+C|}{\sqrt{A^2+B^2}}$.

2.探究是否可以同样利用向量——用与先前求点到直线的距离同样的方法——得到点到平面的距离公式? 如果可以,请给出推导过程;否则请说明理由.

大部分学生给出了错误的解释.因为问题的关键是在于"用与先前研究点到直线的距离同样的方法",但学生未能理解问题,盲目地利用教材的求解过程.有极少数学生给出了正确的解答.

学生作答一:

可以.

设平面 α 外一点 A 和平面 α 上一点 B.由点 A 作面的垂线,垂足为 D.连接 $BD.AD$ 的长即为点 A 到平面 α 的距离.

由 $\overrightarrow{AB}\cdot\vec{n}=|\overrightarrow{AB}|\cdot|\vec{n}|\cdot\cos\theta$,得 $|\overrightarrow{AB}|\cdot\cos\theta=\dfrac{\overrightarrow{AB}\cdot\vec{n}}{|\vec{n}|}$,则 $|\overrightarrow{AD}|=$

$\dfrac{|\overrightarrow{AB}\cdot\vec{n}|}{|\vec{n}|}$,即 $d=\dfrac{|\overrightarrow{AB}\cdot\vec{n}|}{|\vec{n}|}$.

学生作答二:

不可以.

因为没有直接给平面定位的平面方程,不能直接用同样的方法.

3. 点到平面的距离,直线与平面的距离和平面与平面的距离有什么联系?

几乎所有学生都可以正确给出解释,知道这三者之间的关系.

学生作答一:

直线与平面的距离和平面与平面的距离都可以回归到点到平面的距离.

学生作答二:

直线与平面的距离、平面与平面的距离都可具体到点到平面的距离来求解.

4. 点到平面的距离公式是什么?

所有学生都能给出正确的答案,其实这个问题是为后一问题作铺垫.

5. 点到平面的距离公式与点到直线的距离公式有什么区别?

几乎所有学生的答案都是聚焦在空间三维和平面二维的差异上,但是本问题的关键其实在于说明因为知道直线方程以及点的坐标从而可以代数化、坐标化,最终得到点到直线的距离公式 $d = \dfrac{|\overrightarrow{AM} \cdot \vec{n}|}{|\vec{n}|} = \dfrac{|Ax_0 + By_0 + C|}{\sqrt{A^2 + B^2}}$;但是因为不知道平面的方程,所以最终不能代数化得出用坐标表示的点到平面的距离公式.

学生作答一:

点到平面的距离公式是在三维空间,点到直线的距离公式在二维空间.

学生作答二:

点到平面的距离公式是放在三维空间里的,点到直线是确定一个平面后放在二维空间中的.

学生作答三:

点到平面是三维,点到直线是二维.

一、重点分析

通过对学生自主学习结果的观察以及对学生给出答案的分析,发现学生了解利用向量这一工具求点到平面的距离的基本方法,但是为什么用这样的办法还是不清楚;同时,对于"图形、向量、坐标运算三位一体"理解不够到位.教学过程的推进以及课堂教学问题的设置,都是围绕以上重点和难点来展开的.

二、教学过程

师:我们学习过向量,把既有大小又有方向的量称为向量,向量本身就是一个几何概念;我们也学习过复数,知道复数可以用向量表示并且进行运算,由于复数与向量的密切联系,也促进了向量的代数化和坐标化;我们还学习过解析几何,知道解析几何就是坐标几何,即建立平面直角坐标系,使得点具有坐标,利用坐标的代数性质,去研究图形的几何性质;解析几何开创了代数方法研究几何问题的新纪元,也使得数形进一步结合.数形结合使得向量的应用更为广泛,而向量的坐标表示也使得数形结合更为密切.例如,学习解析几何时,我们在已知点 A 的坐标和直线方程的情况下,借助向量这一工具,利用向量的坐标表示,得到了点到直线的距离公式(可以回顾一下我们当初是如何得到公式的).而如今,我们研究是否可以同样利用向量——用与先前求点到直线的距离同样的方法——求点到平面的距离.

生:答案是否定的.因为之所以可以利用向量解决点到直线的距离问题,关键在于已知条件——点的坐标和直线的方程,倘若我们可以用同样的方法求点到平面的距离,则已知必须是一样的,即已知点的坐标和平面的方程,点的坐标建立直角坐标系可以得到,但是平面的方程却是不知道的.所以我们不可以依葫芦画瓢,用先前求点到直线距离的方法来求点到平面的距离.

师:怎么办呢? 用什么样的方法来求点到平面的距离呢?

师:首先我们想想看,在点到直线的距离中,直线方程的作用是什么?

生:是用来确定直线的位置.

师：对！而直线的位置一定要通过直线方程来确定吗？

生：不是！还可以通过直线上一点和直线的方向来确定.

师：对！那么已知直线 l 的法向量 $\vec{n}=(a,b)$ 和直线上某一定点 $M(x_1,y_1)$，直线外一点 $A(x_0,y_0)$，如何求点 A 到该直线的距离 d 呢？

生：如图 2，连接 AM，过点 A 作 $AB \perp l$，垂足为 B.设 $\angle MAB=\theta$，则 $d=|AB|=|AM|\cos\theta$. $|AM|$ 已知，现在只要用已知条件表示出 $\cos\theta$ 即可. 又 $\cos\theta=\dfrac{|\overrightarrow{AM}\cdot\vec{n}|}{|\overrightarrow{AM}||\vec{n}|}$，所以 $d=|\overrightarrow{AM}|\cos\theta=\dfrac{|\overrightarrow{AM}\cdot\vec{n}|}{|\vec{n}|}$.

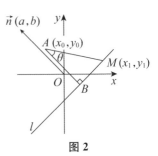

图 2

师：事实上利用向量数量积的几何意义 $|\overrightarrow{AM}|\cos\theta=\dfrac{|\overrightarrow{AM}\cdot\vec{n}|}{|\vec{n}|}$，直接可以得出该公式，再利用向量的坐标表示就可以得出点到直线的距离公式.

师：回到我们要解决的问题上来，刚才因为不知道平面的方程，所以点到平面的距离没有解决.那我们想想看，平面方程的作用是什么？

生：确定平面的位置.

师：对！确定平面的位置也不一定需要知道平面的方程.可以通过确定平面上一定点和平面的方向来确定平面的位置.

已知平面的法向量 $\vec{n}=(a,b,c)$ 和平面上某一定点 $M(x_1,y_1,z_1)$，平面外一点 $A(x_0,y_0,z_0)$，如何求点 A 到该平面的距离 d 呢？

生：类似于求点到直线的距离（图 3），也可以得到公式 $d=\dfrac{|\overrightarrow{AM}\cdot\vec{n}|}{|\vec{n}|}$.

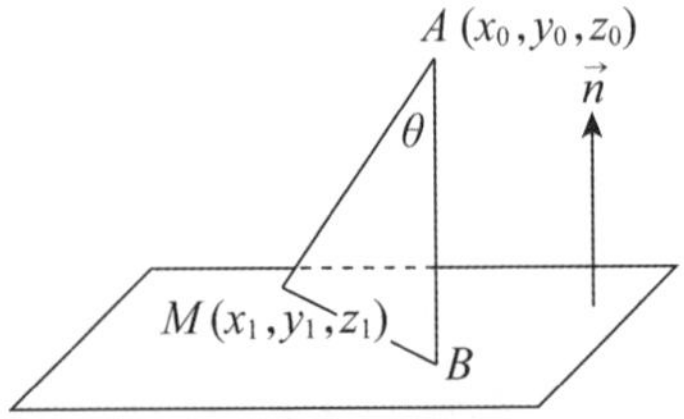

图 3

师：现在我们看例题.

例1 正方体 $ABCD-A_1B_1C_1D_1$ 的棱长为2，E,F,G 分别是 CC_1,D_1A_1,AB 的中点，求点 A 到平面 EFG 的距离.

解：建立如图4所示的空间直角坐标系.则有 $E(0,2,1),F(1,0,2),G(2,1,0),A(2,0,0)$.所以 $\overrightarrow{EF}=(1,-2,1),\overrightarrow{EG}=(2,-1,-1)$.

设平面 EFG 的法向量为 $\vec{n}=(x,y,z)$，则

$$\begin{cases} x-2y+z=0, \\ 2x-y-z=0, \end{cases}$$ 所以 $x=y=z$.

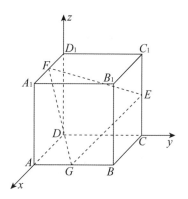

图4

所以取 $\vec{n}=(1,1,1)$.

又 $\overrightarrow{GA}=(0,-1,0)$，所以 $d=\dfrac{|\overrightarrow{GA}\cdot\vec{n}|}{|\vec{n}|}=\dfrac{1}{\sqrt{3}}=\dfrac{\sqrt{3}}{3}$.

通过该例题我们体会到：

① 利用公式再依靠向量的坐标运算可以方便地算出点到平面的距离，而且通过例题我们可以体会到图形、向量、坐标运算三位一体.

② 这一公式不仅可以求点到直线的距离、点到平面的距离，还可以求直线与平面的距离（直线与平面平行）和平面与平面的距离（平面与平面平行）.体现了数学的"化归思想".

所以应该将这个结果和推导过程合理地应用在解题中.

例2 长方体 $ABCD-A_1B_1C_1D_1$ 中，$BB_1=2,AB=1,AD=3$，P,Q 分别为 BC,CD 的中点.

（1）求 BD 到平面 C_1PQ 的距离；

（2）若 M,N 分别为 A_1B_1,A_1D_1 的中点，求平面 C_1PQ 和平面 AMN 间的距离.

解：建立如图5所示的空间直角坐标系.

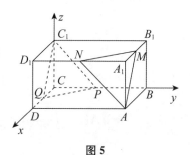

图5

（1）由题，知 $P\left(0,\dfrac{3}{2},0\right)$，$Q\left(\dfrac{1}{2},0,0\right)$，

$C_1(0,0,2),B(0,3,0),D(1,0,0).$所以$\overrightarrow{C_1P}=\left(0,\dfrac{3}{2},-2\right),\overrightarrow{C_1Q}=\left(\dfrac{1}{2},0,-2\right).$

设平面C_1PQ的法向量$\vec{n}=(x,y,z)$,则

$$\begin{cases}\dfrac{3}{2}y-2z=0,\\[2mm]\dfrac{1}{2}x-2z=0,\end{cases}\text{所以}\begin{cases}y=\dfrac{4}{3}z,\\[2mm]x=4z.\end{cases}$$

所以取$\vec{n}=\left(1,\dfrac{1}{3},\dfrac{1}{4}\right).$而$\overrightarrow{BD}=(1,-3,0),\overrightarrow{BD}\cdot\vec{n}=0,$所以直线$BD$与平面$C_1PQ$平行.

因为$\overrightarrow{BP}=\left(0,-\dfrac{3}{2},0\right),$所以$d=\dfrac{|\overrightarrow{BP}\cdot\vec{n}|}{|\vec{n}|}=\dfrac{\left|-\dfrac{1}{2}\right|}{\sqrt{1+\dfrac{1}{9}+\dfrac{1}{16}}}=\dfrac{6}{13}.$

(2) 同理,可以利用两个平面的法向量平行来证明两个平面平行,进而求两个平面的距离.

由题,知$A(1,3,0),$则$\overrightarrow{AC_1}=(-1,-3,2).$

又因为$\vec{n}=\left(1,\dfrac{1}{3},\dfrac{1}{4}\right),$所以$d=\dfrac{|\overrightarrow{AC_1}\cdot\vec{n}|}{|\vec{n}|}=\dfrac{\left|-\dfrac{3}{2}\right|}{\sqrt{1+\dfrac{1}{9}+\dfrac{1}{16}}}=\dfrac{18}{13}.$

例3 已知E,F分别是正方体$ABCD-A_1B_1C_1D_1$的棱BC,DD_1的中点,若正方体的棱长为1,求四面体$A-B_1EF$的体积.

解:建立如图6所示的空间直角坐标系,则有

$A(0,0,0),F\left(0,1,\dfrac{1}{2}\right),E\left(1,\dfrac{1}{2},0\right),B_1(1,0,1).$

因为$|AE|=|AF|=\dfrac{\sqrt{5}}{2},|EF|=\dfrac{\sqrt{6}}{2},$所以$\triangle AEF$为等腰三角形.设$EF$上的高为$h,$则

$$h=\sqrt{AE^2-\left(\dfrac{1}{2}EF\right)^2}=\sqrt{\dfrac{7}{8}}=\dfrac{\sqrt{7}}{2\sqrt{2}}.$$

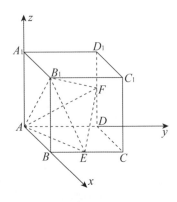

图6

所以 $S_{\triangle AEF}=\dfrac{1}{2}|EF|\cdot h=\dfrac{1}{2}\times\dfrac{\sqrt{7}}{2\sqrt{2}}\times\dfrac{\sqrt{6}}{2}=\dfrac{\sqrt{21}}{8}.$

记点 B_1 到平面 AEF 的距离为 d.

设平面 AEF 的法向量 $\vec{n}=(x,y,z)$，又因为 $\overrightarrow{AE}=\left(1,\dfrac{1}{2},0\right),\overrightarrow{AF}=$

$\left(0,1,\dfrac{1}{2}\right)$，则

$$\begin{cases} x+\dfrac{1}{2}y=0, \\ y+\dfrac{1}{2}z=0, \end{cases} \text{所以}\begin{cases} z=-2y, \\ x=-\dfrac{1}{2}y. \end{cases}$$

所以取 $\vec{n}=(-1,2,-4).$

又因为 $\overrightarrow{B_1E}=\left(0,\dfrac{1}{2},-1\right)$，所以 $d=\dfrac{|\overrightarrow{B_1E}\cdot\vec{n}|}{|\vec{n}|}=\dfrac{|1+4|}{\sqrt{1+4+16}}=\dfrac{5}{\sqrt{21}}.$

所以 $V=\dfrac{1}{3}Sh=\dfrac{1}{3}S_{\triangle AEF}\cdot d=\dfrac{1}{3}\times\dfrac{\sqrt{21}}{8}\times\dfrac{5}{\sqrt{21}}=\dfrac{5}{24}.$

师：今天上课，我们共同回顾了旧知识，探讨出可以利用向量工具求点到平面的距离、直线与平面的距离和平面与平面的距离，得到了公式 $d=\dfrac{|\overrightarrow{AM}\cdot\vec{n}|}{|\vec{n}|}$。利用向量的坐标表示，可以方便求出所求距离，体现了"图形、向量、坐标运算三位一体"，也凸显了数学的"化归思想"。希望大家掌握。

三、反思凝练

"求点到平面的距离"的关键在于能否将以前学过的利用向量求点到直线的距离的方法迁移到求点到平面的距离上来。若能，是怎样"能"；若不能，为什么？整个教学过程关键在于以启发思维温故知新，并从数学思想方法上点明向量之所以能成为广泛应用的工具，是由于图形、向量和坐标运算相辅相成、三位一体，进一步强化数形结合和化归思想。

参考文献

［1］中华人民共和国教育部.普通高中数学课程标准(2017年版)［S］.北京:人民教育出版社,2018.

［2］史宁中,王尚志.普通高中数学课程标准(2017年版)解读［M］.北京:高等教育出版社,2018.

［3］汪晓勤.HPM:数学史和数学教育［M］.北京:科学出版社,2017.

［4］上海市中小学(幼儿园)课程改革委员会.高级中学课本数学高中一年级第一学期(试用本)［M］.上海:上海教育出版社,2015.

［5］上海市中小学(幼儿园)课程改革委员会.高级中学课本数学高中一年级第二学期(试用本)［M］.上海:上海教育出版社,2015.

［6］上海市中小学(幼儿园)课程改革委员会.高级中学课本数学高中二年级第一学期(试用本)［M］.上海:上海教育出版社,2015.

［7］上海市中小学(幼儿园)课程改革委员会.高级中学课本数学高中二年级第二学期(试用本)［M］.上海:上海教育出版社,2015.

［8］上海市中小学(幼儿园)课程改革委员会.高级中学课本数学高中三年级(试用本)［M］.上海:上海教育出版社,2015.

［9］上海市中小学(幼儿园)课程改革委员会.高级中学课本数学高中三年级拓展II(理科)(试用本)［M］.上海:上海教育出版社,2015.

［10］上海市中小学(幼儿园)课程改革委员会.高级中学数学教学参考资料高中一年级第一学期(试用本)［M］.上海:上海教育出版社,2015.

［11］上海市中小学(幼儿园)课程改革委员会.高级中学数学教学参考资料高中一年级第二学期(试用本)［M］.上海:上海教育出版社,2015.

［12］上海市中小学(幼儿园)课程改革委员会.高级中学数学教学参考资料高中二年级第一学期(试用本)［M］.上海:上海教育出版社,2015.

［13］上海市中小学(幼儿园)课程改革委员会.高级中学数学教学参考资料高中二

年级第二学期(试用本)[M].上海:上海教育出版社,2015.

[14] 上海市中小学(幼儿园)课程改革委员会.高级中学数学教学参考资料高中三年级(试用本)[M].上海:上海教育出版社,2015.

[15] 上海市中小学(幼儿园)课程改革委员会.高级中学数学教学参考资料高中三年级拓展 II(理科)(试用本)[M].上海:上海教育出版社,2015.

[16] 谢应平.复旦大学附属中学数学教学讲稿选辑[M].上海:学林出版社,2005.

[17] 李秋明.复旦大学附属中学初高中数学衔接教学讲义[M].上海:复旦大学出版社,2011.

[18] 复旦大学附属中学数学教研组.复旦大学附属中数学教学讲义辑[M].上海:复旦大学出版社,2008.

[19] 李秋明,张雄.讲台上的舞者——中学数学教师专业成长路上的思考与行动[M].上海:复旦大学出版社,2016.

图书在版编目（CIP）数据

高中数学专题学习："三有"自悟教学策略的实践研究 / 杨丽婷著.
—上海：上海教育出版社，2021.3
ISBN 978-7-5720-0571-8

Ⅰ.①高… Ⅱ.①杨… Ⅲ.①中学数学课－教学研究－高中
Ⅳ.①G633.602

中国版本图书馆CIP数据核字(2021)第039940号

责任编辑　周明旭
封面设计　周　吉

高中数学专题学习——"三有"自悟教学策略的实践研究
杨丽婷　著

出版发行　上海教育出版社有限公司
官　　网　www.seph.com.cn
地　　址　上海市永福路123号
邮　　编　200031
印　　刷　上海颛辉印刷厂有限公司
开　　本　700×1000　1/16　印张14.75
字　　数　230千字
版　　次　2021年3月第1版
印　　次　2021年3月第1次印刷
书　　号　ISBN 978-7-5720-0571-8/G·0424
定　　价　59.80元

如发现质量问题，读者可向本社调换　电话：021-64377165